現代スペインの諸相

多民族国家への射程と相克

坂東省次 監修
牛島 万 編著

明石書店

はしがき

　かつての独裁者フランコが亡くなって40年が経つ。今日までの歩みはいわゆる民主化スペインの歩みと言える。ここで、私はあえて「民主化」であることを強調しておきたい。それは、民主主義が根づく過程の40年であって、決してそこに到達し終焉したわけではないと考えるからである。かつてフアン・リンスが祖国であるスペインを、民主主義体制が崩壊する移行過程の事例として取り上げ研究したように、この国の民主化にはそれが定着しない要因がいくつか見られた。例えば、サルバドル・マダリアガは、「イギリス人は歩きながら考える。フランス人は考えた後で走り出す。スペイン人は走った後で考える」と述べたように、スペイン人は「情熱的」な国民性であるがゆえに、触発されると一瞬にして大きな変化（改革）を起こそうとするのであるが、その明確な到達目標も定かでなければ、その改革に対する渾身の努力を重ねることもない。さらに、そのプロセスにおけるチェック機能や軌道修正に対する思慮深さや実行力の乏しさが現代スペイン社会においても問題視されていると言えよう。オルテガ・イ・ガセーが論述したように、スペイン大衆の動きは複雑であり、一筋縄ではいかないという側面も有する。少なくともフランコ死後11年間、民主化の途上にあったスペインはポルトガルと並んで当時のECに加盟が認められる「民主主義国家」ではなかった。その後はどうか。本書はこれに一定の見解を提示するものである。

　さて、現代スペインはなにも民主化だけで語れるものではない。政治的な民主化は経済の自由化、および90年代以降のグローバル化と結びついて現代スペインを変容させてきた。またスペインがEUの域内にあることもその変容に加担してきた。もともとスペインが有する「遠近法主義」（パースペクティヴィズム）、換言すれば、多言語・多文化国家的様相の中で、文化や社会、および個人の価値観もさらなる近代化の過程でより多様化してきており、スペイン国家はその多様性を概して寛大に受け入れてきた。まさに多文化共生や人権の思想が

この国の発展過程に関与していると見て間違いない。その上で、将来的にスペインが多民族国家であることが憲法上規定される日が来る可能性もまったく否定はできまい。ところが、ここにきてカタルーニャの分離独立運動に見られるように、スペインの多民族国家への射程とは別の方向性が提示されてきている。

　他方、既知のごとく、これらとは異なる別のベクトルが働いていることも事実である。EU経済危機以降とりわけ増えているマドリード中央政府に対する不信感や反発、あるいは外国人不法入国者の増加とこれに対する排斥の動き、さらには失業や給料削減などによる貧富の格差はこれまで以上に増大し、治安も悪化し、もはや人間の安全保障までもが危惧されている。そこで、国家権力がカタルーニャの分離独立の動きを何としても阻止し、中央集権化を一段と強化しようとする動き、さらに従来のPP（国民党）とPSOE（社会労働党）による2大政党の両極化に訣別し、新たな政党政治を展開しようとする萌芽的な政治力の誕生など、それは何世紀にもわたるグローバル・ヒストリーにおける「半周辺」や「周辺」性から脱却できず、結果としてこの置かれた状況を甘受せざるを得ないスペインの現在の姿を投影しているのかもしれない。そして、まさに今、現代スペインがこれまでの歩んできた道に対して、審判が下されようとしているのではないか。これまでの民主化や経済の自由化から、スペイン国家や国民が得ることのできた教訓はいかなるものであろうか。そして彼らはどこへ向かっていくのであろうか。スペインの多文化や多言語、さうには多民族性が果たして現実の多民族国家を可能とさせるのかどうか。本書は、それぞれの専門の立場からこの点を踏まえつつ現代スペインの諸相へ接近し、その基礎となった歴史的背景、さらには将来の有意性について検討するものである。この点で近年他に類書はないと思われる。

　ところで、本書の出版は、折しも坂東省次教授が長年奉職されてきた京都外国語大学を退職された年と重なった。先生のもとで学び、その後も縁あって現在まで30年もお付き合いさせていただいている編者にとって、あたかもひとつの時代の幕が閉じられたかの感がしないでもない。感無量の思いを禁じ得ない。しかし、それはひとつの「区切り」であることを願っている。先生には今後もこれまで以上に執筆活動を続けていただき、スペイン学に対する啓発と後継者育成にご尽力いただくことを大いに願う次第である。ただ今回は、監修の立場

に徹したいというお考えがあったようで、どこかでご執筆いただくという編者の願いは叶わなかったが、本書作成の過程の中で先生の貴重なご意見、ご指摘に鑑み、編者がそれをまとめる形で、編集作業は進められたことを明らかにしておきたい。

　最後に、本書執筆、編集の過程で、何人かの方にお世話になった。とりわけ古畑正富先生（京都外国語大学）、関根徹先生（獨協大学）、西尾憲子先生（高岡法科大学）、山崎孝多朗氏（京都外国語大学大学院博士後期課程）、兼子千亜紀氏（明石書店編集部）、および編集実務の労をとっていただいた岩井峰人氏には記して感謝の意を示したい。

　加えて、本書の出版に際して、編者の勤務先である京都外国語大学から出版助成金の支援を受けた。京都外国語大学理事長・総長　森田嘉一先生、同学長松田武先生、同国際言語平和研究所所長　堀川徹先生、及びその他関係諸氏に心より御礼申し上げます。

2016年7月27日

　　　　　　　　　　　　　　　　執筆者を代表し洛西の研究室にて
　　　　　　　　　　　　　　　　　　　　　　牛島　万

現代スペインの諸相
多民族国家への射程と相克

*

目　次

はしがき　牛島　万　i

第1章　スペイン政治社会の変遷　川成　洋　1
はじめに　1
1．フアン・カルロス1世の即位からスアレス内閣の総辞職　2
2．「23－F」クーデター　6
3．社会労働党（PSOE）政権から、その後の多党制政権　13
おわりに　16

第2章　スペイン移民社会の変遷　中川　功　21
1．フランコ体制下の移民送り出し　21
2．スペイン人移民の帰還とスペインへの外国人の本格的受け入れ　24
　（1）スペイン人移民の母国帰還　24
　（2）送り出しつつ受け入れが始まった　25
3．経済危機と外国人受け入れの継続　26
　（1）在留モロッコ人とイスラーム人口の増加　27
　（2）在留エクアドル人と母国への帰還　29
　（3）「外国人労働者」としてのルーマニア人　32
　（4）ライフスタイル移住者としてのイギリス人　35
4．スペインにおける「移民」の出入国新現象　37
　（1）スペイン人の国外移住　37
　（2）スペインにおける難民の受け入れと不法侵入　38
5．今後の課題──むすびにかえて　39

第3章　アンダルシアの社会経済の変遷
塩見　千加子 …………… 47

　はじめに　47
　1．アンダルシア自治州の成立とフェリペ・ゴンサレス政権　48
　2．高い失業率　50
　3．古くからの土地の問題と新しい農業　52
　4．工業および他の産業の現状と問題点　54
　5．伝統的な移民流出地域としてのアンダルシア　56
　6．多文化社会の到来と課題　57
　7．再び移民流出地域へ　59
　8．文化と価値観の変容　60

第4章　直接投資とスペイン経済の変遷
成田　真樹子 …… 69

　はじめに　69
　1．スペインの直接投資の動向　70
　　（1）EU（EC）加盟前（1975年から1985年）　70
　　（2）EU（EC）加盟後：対内直接投資拡大期（1986年から1992年）　74
　　（3）低迷期（1993年から1997年）　75
　　（4）対外直接投資拡大期（1998年から2007年）　78
　　（5）危機期（2008年から2013年）　83
　2．スペイン直接投資の要因分析　84
　　（1）対内直接投資拡大期（1986年から1992年）　85
　　（2）低迷期（1993年から1997年）　87
　　（3）対外直接投資拡大期（1998年から2007年）　88
　3．スペインの直接投資と経済の発展段階　90
　4．2度の危機とスペイン直接投資　92
　むすびにかえて　94

第5章 スペイン外交問題の変遷　細田　晴子 ……………… 101

はじめに　101

1．地中海諸国・中東諸国とスペイン：西欧との懸け橋　103
2．南北アメリカとスペイン：2国間から多国間へ　105
3．欧州のスペイン：欧州が解決、からスペインが解決策へ？　106
4．スペインのパブリック・ディプロマシー：情報発信の多様化　107

おわりに　109
　（1）民主主義国家スペイン　109
　（2）国際社会への復帰、立ち位置　109
　（3）理念の変化　110

第6章 カタルーニャ分離独立をめぐる相克とその行方　牛島　万 ……………… 119

はじめに　119

1．2006年自治憲章の違憲判決　120
2．スペイン自治州制度上の問題　121
3．カタルーニャ自治州の言語政策　125
4．カタルーニャの分離独立の明暗を決める法的根拠　129

むすびにかえて――独立国カタルーニャを想定する　134

第7章 民主化によるバスクの変遷　梶田　純子 ……………… 147

1．フランコ死後の民主化の中でのバスク　147
2．ナショナリズムとETA　147
3．"Gure esku dago"「私たちの手にある」　150
4．バスク語復権運動　152
5．スポーツとナショナリズム　153
　（1）自転車　153

（2）サッカー　155
　　（3）闘牛　156
　6．バスク高速鉄道網　"Y vasca"　156
　7．バスクの企業　157
　　（1）ビルバオ・ビスカヤ・アルヘンタリア銀行　157
　　（2）イベルドローラ社　158
　　（3）ペトロノール社　158
　　（4）モンドラゴン協同組合企業体　159
　8．2015年12月の総選挙　160
　9．終わりに　161

第8章　ガリシアにおける新しいナショナリズム
　　　　　　　　　　　　　　　　　　　大木　雅志 …………… 165

　はじめに　165
　1．ガリシア・アイデンティティの特殊性　167
　2．「新しいナショナリズム」の誕生　172
　3．ナショナリズム政党の結集と総選挙の実施　173
　4．ガリシア自治憲章及び自治政府の成立　175
　5．ガリシア自治州議会選挙の実施　176
　6．保守長期政権「パックス・フラギアーナ」　178
　7．ヌンカ・マイス運動と環境意識の高まり　182
　8．現代におけるナショナリズムとBNGの分裂　184
　結論　188

第9章　現代スペイン社会における「宗教性」のゆくえ
　　　　　渡邊　千秋 ……………………………………… 193
　1．前史―「国教とはカトリック」だった時代―　193

2．宗教関連事項の法的枠組み―民政移行期以降― 195
 3．スペインに居住する人々の宗教性、その変化 196
 4．数値から見る宗教的マイノリティの存在 198
 5．宗教教育をめぐる攻防 201
 6．「宗教」へのコミットメント
　　　―宗教的多元主義から戦闘的な宗教的中立まで― 203
 7．おわりに―スペイン社会における世俗化のゆくえ― 205

第10章　現代スペインにおける女性問題の変遷　磯山　久美子 …… 215

 1．良妻賢母から、働く女性の登場へ 216
 2．さまざまな分野での女性の可視化
　　　――第二共和政時代から内戦まで 219
 3．妻、母への回帰――フランコ独裁 221
 4．個としての女性へ 222
 　（1）高学歴化とキャリア形成 223
 　（2）女性労働の問題 224
 　（3）女性はどこへ向かうのか 226

コラム　………………………………………………………… 影浦　亮平

 コラム①　マラーノとフランス現代思想 65
 コラム②　オルテガ・イ・ガセーの大衆社会論の特徴とハイデガー 114
 コラム③　スペインの多文化性とマイモニデス 212

　索　引　230

　監修者・編著者・執筆者紹介　233

第1章　スペイン政治社会の変遷

川成 洋

はじめに

　フランシスコ・フランコ将軍（Francisco Franco）の死去（1975年11月20日）から現在までのほぼ40年間と言えば、スペインの王政復古、民主化、自由化、欧州復帰など、言ってみれば「フランコ体制の負の遺産」を払拭する時期でもあった。それは、激しく揺れる「政治の季節」とも言えようか。この時期で最も衝撃的な出来事と言えば、1981年2月23日に勃発した「23－F」クーデター事件であろう。

　日本でもテレビニュースで、ほんの数分間であったが、このクーデター事件のニュースが流れた。2月23日18時23分、国会で首相指名の投票中に、武装した治安警備隊員を引き連れて下院本会議場に不法侵入したテヘロ中佐（Antonio Tejero）が、議長席で拳銃を振り上げて、仁王立ちになっていたのだった。

　スペインにおいて、国会で審議中の議事堂に武装した軍人が不法突入する事例は、テヘロ中佐だけではなかった。1874年1月、パビア将軍は騎馬姿で堂々と議事堂に乗り込んで国会を解散させ、次いで同年12月、カンポス将軍がサグンドで王制復古のクーデターを起こし、スペイン第一共和国を崩壊させた。このように、19世紀中葉からスペインの陸軍高官が政局の混迷と彷徨に乗じ、軍事力を背景にして「プロヌンシアミエント」と称する軍事クーデター宣言を布告し、戒厳令を発令し、政治権力を掌握しようとした。ちなみに、1840年から1936年7月のフランコ将軍の軍事蜂起、その後の2年8ヵ月間続いた「スペイン内戦」と第二共和国の崩壊までを含めると、その規模の大小合わせて、実に207回も軍事クーデターが勃発した。大雑把に言って、年に2回の割合である。

こうした軍部による政治干渉という悪しき伝統のために、ヨーロッパの列強と比肩するほどの、スペインの国全体の安定や発展も覚束なかったであろう。

ところで、本稿は、この「23－F」クーデターが勃発するまでの5年3ヵ月間の「フアン・カルロス（Juan Carlos）1世の即位から、スペインの民主化を驀進させたアドルフォ・スアレス内閣（Adolfo Suarez）の総辞職」、「23－Fクーデターの顛末」、「50年ぶりに誕生した社会労働党（PSOE）政権、そしてその後の多党制政権」の3節立てで、この40年間を鳥瞰してみたい。

1．フアン・カルロス1世の即位からスアレス内閣の総辞職

1975年11月20日、フランコ将軍が静脈瘤の悪化のために死去した。ここに36年間にわたる独裁制に終止符が打たれた。

フランコの葬儀の前日、11月22日に国会で39歳のフアン・カルロス王子が新国王としての即位宣言を行った。1931年の祖父のアルフォンソ（Alfonso）13世の退位と国外亡命以来、実に44年ぶりのブルボン朝スペインの王政復古であった。

フアン・カルロスの即位宣言では、まずフランコの功績が讃えられ、次にこれから国王が推進する方針として「国民の協調による真の合意があってこそスペインの未来がある。そのための目的と義務を全うするため先頭に立つのが国王である[1]」などと述べられた。

フアン・カルロス1世の即位宣言は、フランコ体制は揺るぎないものと確信していたフランコ主義者にとってはまさに寝耳に水であったろう。フランコの宮殿で27年間も「フランコ式帝王学」をみっちり教育・監督されてきた新国王が、あろうことか、民主化、ヨーロッパ化を目指しているとは、この点で、新国王は、きっぱりと「7月18日の王（フランコの内戦蜂起の記念日の王）」ではないということを明言したのである。

その翌日の23日、フランコの亡骸は、エル・エスコリアルの「戦没者の谷」に埋葬された。この「戦没者の谷」は、内戦終了直後の1940年、フランコが内戦期の戦没者の慰霊のために聖堂を建営する政令を公布し、聖堂をすっぽり収めている大岩盤の頂に152メートルもの十字架を建設した。これが完成したのは1959年。この建設に苦役として動員され、多大な犠牲をしいられたのは、2

万人もの共和派の捕虜であった。そしてこの「戦没者の谷」に葬られているのは、フランコ陣営の将兵だけであった。この聖堂の真正面のど真ん中に埋葬されたフランコの棺の上に1トン半の墓石が置かれたのである。

　フランコの死去から1ヵ月弱の1975年12月、国王は今まで首相だったアリアス・ナバロ（Carlos Arias Navarro）に組閣を命じた。第三次アリアス・ナバロ内閣、つまり王制初代内閣は、体制内改革派のフラガ・イリバルネ（Manuel Fraga Iribarne）とホセ・マリア・デ・アレイルサ（José María de Areilza）をそれぞれ内相兼第二副首相、外相に据えて、残りの閣僚をフランコ時代のキリスト教民主派や、フランコ時代に唯一の政党である国民運動から選抜して組閣した。これでは、保守的な政治姿勢を根本的に変えることにはならなかった。1976年の年明けにはすでに不穏な空気が漂っていた。1月5日の賃上げを訴えるマドリードの地下鉄職員のスト突入、それに国鉄や郵政関係職員のストが続いた。1月28日、アリアス首相は国会で、2院制議会の設置、共産党（PCE）やアナキスト政党以外の政党の合法化といった限定的な政治改革を示唆する政策プログラムを発表するが、アリアス首相の本来の政治姿勢のためか、これもあくまでも旧守派を意識した改革案に過ぎなかった。3月3日、バスク地方の工業都市ビトリアで大規模なゼネストが勃発。1万8000人を超えるスト参加者と警察隊との激突で5人の死者を出した。アリアス首相は非常事態の発令を促したが、この事態の直接の責任者となったスアレス国民運動担当大臣は、今までのフランコ時代の任務とは真逆の対応をしたのだ。つまり彼は、首相の提案に反対し、最悪の事態を回避することができた。5月21日、アメリカ建国200年祭に隣席する国王に父であるドン・フアン（Don Juan de Borbón）がフランコ寄りのアリアスの退陣を強く迫る。6月2日、国王はフォード米国大統領を表敬訪問する。上下院合同セッションでフランコ体制と訣別し、民主的社会を樹立しようとする熱い思いを流暢な英語で演説する。具体的には、個人の権利、スペインの将来の政治的方向性、国民に開かれた君主制、法治国家の堅持、国民の意志に基づく政権交代、米国との相互主義に基づく安全保障の責任などであった。議員たちはスタンディング・オベーションで応えた。アメリカの有力紙はこぞって国王を「改革のエンジン」と称した。続いて、キッシンジャー国務長官との会談で、国王は共産党がスペインの労働運動を支配することの懸念

を述べると、国務長官は共産党の合法化を行わず、その勢力を排除する形でスペインの民主化を推進してほしい、と進言した。しかし、スペイン側としては、今や共産党を除外した「内戦の和解」はあり得なかったために、すでに３月に、ルーマニアのチャウシェスク大統領の仲介を受けた特使を通じてスペイン共産党と接触し、共産党合法化の代わりに同党から君主制支持について内諾を得ていた。国王の開かれた外交として、10月に70年ぶりにフランスを公式訪問する。フランコ体制がもたらした両国間の「異常な関係」に終止符を打ち、スペインの欧州復帰の足場を築いた。

　７月１日、アリアス内閣は総辞職する。国王顧問会議が推薦した３人の次期首相候補者の中から、最も知名度の低いアドルフォ・スアレスが国王によって新首相に任命された。スアレスの任命には、国民は大いに失望した。というのも、彼はフランコ体制末期の十数年間も国民運動事務総長であり、アリアス内閣では国民運動担当大臣を務めていたからだった。７月７日、スアレス首相は閣僚を発表する。42歳の首相もさることながら閣僚も若手で、キリスト教民主派がその大半を占めていた。経験不足の小粒政治家からなる「非常勤講師内閣」などと揶揄された。退陣するアリアスは、体制内改革派のアレイルサやフラガではなくてスアレスが後継に収まったことに大いに満足していると首相本人に伝える一幕もあった。ジャーナリズムからも「フランコ後初代フランコ内閣」と命名されるほど親フランコ派の内閣の誕生と批判されたために、フランコ主義者たちはほっと安堵の胸をなでおろし、強烈な敵対行動を差し控えたのだった。

　しかし、こうした予想や不安と裏腹に、国王の意を体したスアレスは、着々と民主化路線を突き進む。まず７月にテロ行為以外の政治犯に対する一般恩赦を実施する。ついで政治改革法案であるが、この時点ではまだフランコ体制の法的枠組みが生きているので、フランコが定めた「基本七法」の延長に、第八番目の基本法として政治改革法を成立させることにした。11月の国会での政治改革法の承認は、賛成425票、反対59票、棄権13票で可決された。この政治改革法によって、直接選挙による二院制議会の設立と新憲法が制定されることになった。ついで、12月に政治改革法に関する住民投票が行われ、投票率77％、賛成94％、反対３％であった。ここまで到達するには、すでに、スアレスは非

合法組織や「共和制」を党是とする反体制陣営と積極的に接触し、PSOE書記長フェリペ・ゴンサレス（Felipe González）と秘かに会談をした。また軍部や守旧派の反発をかわすために、軍首脳部の28人の将軍たちを首相官邸のモンクロア宮殿に招いて政治改革法案の承認を取り付けた。こうして最終的には国民投票によって新政治体制を選択するという民主化プロセスの大きな第一歩を記したのだった。翌1977年1月、政治改革法の公布。2月、スアレスは共産党書記長サンティアゴ・カリージョ（Santiago Carrillo）との秘密の会談。3月、総選挙法の公布。4月、フランコ体制の残滓である国民運動と官製の労働組合である俗称「垂直組合」（シンディカト・ベルティカル）（正式名「スペイン組合組織」）の解散。自由組合法の公布。検閲制度の廃止。共産党の合法化。内戦期から海外に亡命していた詩人ラファエル・アルベルティ（Rafael Alberti）の帰国。5月、同じくソ連に亡命していた共産党議長ラ・パッシオナリア（ドロレス・イバルリ：Dolores Ibárruri）の38年ぶりの帰国などが続いた。

　6月15日、第一回総選挙（憲法制定議会選挙）の実施。これは、共産党の合法化をせずに総選挙を、というアメリカ政府が持ち込んだ冷戦の論理を一蹴しての総選挙であった。内戦直前の1936年2月16日の総選挙以来、実に41年ぶりの総選挙であった。この選挙に157の政党が名乗りを上げた。全党員が1台のタクシーに乗り込めるくらいの人数で政党を組織したので、「タクシー政党」と皮肉られた。国民の関心や期待が高かったために投票率79％であった。スアレスが党首の、総選挙のために18の政党が俄（にわか）に大同連合した民主中道連合（UCD）が、下院350議席のうち165議席を獲得し与党の座を確保したが、過半数ではなかった。PSOEが118議席で野党第一党となった。総選挙後の臨時国会の議長には、慣例に従い、最高齢者の議員である83歳のラ・パッシオナリアが就いた。

　7月に成立したスアレス内閣は、2つの焦眉の課題に取り組んだ。経済の停滞のために、慢性的な財政赤字、インフレの昂進、失業者の増大といった深刻な社会問題を惹起させていた。1977年10月、政府と議会主要7政党の代表者が首相官邸のモンクロア宮殿に参集し、政治情勢の不安定化を招来させずに本格的な不況対策について粘り強い交渉の結果、「モンクロア協定」と呼ばれる合意が成立した。これで、2年間という条件付きであるが、与野党が共通の目標

を掲げて連帯したことが注目されよう。次に、新憲法の制定である。これの最大の争点は、「王制」か「共和制」であったが、後者を主張するPSOEと共産党が今までの国王の民主化への積極的な言動を評価して、「王制」に落ち着いた。この憲法は草案から発布で1年5ヵ月もかかり、1978年12月6日、国民投票が実施された。投票率は67％だったが、賛成87.9％、反対7.8％で、実に47年ぶりに新しい憲法が制定された。12月29日に発布された新憲法（1978年憲法）によりフランコ体制の「基本七法」は全て廃止された。

1979年3月、新憲法下での第二回総選挙の実施。今回も、UCDは168議席、PSOEは121議席で、引き継ぎスアレスが政権を担当する。フランコ時代の継承を訴えた極右勢力は共産党の得票数にも及ばず完敗した。その1ヵ月後の4月に48年ぶりに実施された統一地方選挙において、大都市部の首長選ではPSOEが勝利し、地方議会議員選ではUCDが勝利した。この地方選挙によって、フランコ時代からの首長の任命制は廃止された。結局スアレスは都合2回の総選挙に辛勝したに過ぎず、相変わらずの経済不況、それから激しくなったバスク祖国と自由（ETA）による警官や治安警備隊、軍隊に対するテロなど国民を不安に陥れる事態になんら有効な方策を打つこともできず、さらにPSOEから提出された内閣不信任案を否決したものの、もともと確固たるイデオロギーや政策すら持ち合せていない寄り合い所帯のUCDのために内部抗争が頻発し、スアレスが収拾できなくなっていた。

1981年1月29日、就任以来、民主体制の確立に貢献してきたスアレスが、突如、テレビで辞職声明を発表した。「われわれがようやく獲得した民主主義体制をスペイン史の中の束の間の挿話として終わらせたくない。そのために私は首相を辞任するのです」[15]と彼は述べた。翌日に同党で次期首相にカルボ・ソテロ（Leopoldo Calvo Sotelo）第二副首相を選出し国会に上程した。下院議場で次期首相指名投票中にとんでもない事件が勃発した。

2．「23－F」クーデター

スアレス首相の後継として、2月20日、下院で、カルボ・ソテロの信任に関する投票が行われ、賛成は169票、反対は158票、棄権は17票、信任されるには7票足りなかった。[16]それで、23日18時から第二回の投票を行うことになり、

まさしくその投票の最中に320人の治安警備隊員を乗せた3台のバスが国会に到着し、テヘロ中佐がその先導車から飛びおり、軽機関銃で武装した部下を率いて「国王の名のもとに」と叫んで国会議事堂内に乱入したのだ。同時に部下の隊員たちは閣僚と国会議員を人質にした。かねてから閣僚や代議士を侮辱して足元に侍（はべ）らせようと目論んでいたテヘロは、「静かにせよ、全員、床に伏せろ、伏せるんだ」と叫び、天井に向けて拳銃を撃った。それに対して、唯一の軍人である副首相のグティエレス・メジャド中将（Manuel Gutiérrez Mellado）は毅然と立ち上がって、軽機関銃を構えた隊員たちを睨み付け、この場から立ち去れと命令するが、3人の隊員が荒ら荒らしくメジャドを撥ねのけた。テヘロは、議長席からスピーカーを通じて、何回も大声で「われわれは、国王およびバレンシア師団長ミランス・デル・ボッシュ大将（Jaime Milans del Bosch）の命令に従っているのである」[17]と告げた。その後、フェリペ・ゴンサレス、サンティアゴ・カリージョ、アルフォンソ・ゲラ（Alfonso Guerra）、メジャド、スアレスなど数名の最有力政治家たちを「最重要人質」としてひどく寒い「時計の部屋」と呼ばれる部屋に押し込み、彼らはそこから翌朝まで出られなかった。[18]テヘロは議事堂から出て、ミランスに電話をかけた。「将軍、全く平静です。全て順調です。全く平静です」。

　6時45分。ミランス将軍がバレンシアで戒厳令を発令し、現地の放送局から15分おきに自分の主張を放送させた。その前口上は、きまって「首都の状況および政治中枢部の空白状態などをかんがみ、国王の指令を拝命するまで、本官の指揮のもとで秩序を維持するのが義務であると思う」[19]であった。その後、公務員の武装化、21時以降の外出禁止、政治的活動の禁止などの命令を立て続けに発令し、戦車隊を市内の主要な拠点に出動させ、さらにまるで極右陣営の常套手段であるかのように労働組合や左翼政党の事務所などを急襲し、内部書類や資料を木端微塵に粉砕したのだった。

　この知らせを聞いて、かねてから治安警備隊と敵対関係だった地方主義者、ETA関係者、左翼系政治家や活動家などがこぞって、バスク地方から車でフランスに向かった。[20]アストゥリアス地方のPSOEや労働者総同盟（UGT）は合同でこのクーデターに対して非難声明を発表し、またその地方の炭鉱組合は緊急のゼネストを宣言した。

ミランス将軍は、内戦緒戦期のトレド攻防戦（1936年7月21日～9月29日）にアルカサルに籠城したモスカルド大佐指揮の叛乱軍に将校として加わっていた。また、第二次世界大戦期の独ソ戦（1941年）に際して、フランコは、総勢5万人の反共義勇軍「青の師団」を編成して、東部戦線のドイツ軍の最前線に送り込んだ。フランコの厚い信頼を受けていた彼は、指揮官のひとりとしてそれに従軍し、大戦後マドリード防衛を主任務とするブルネテ機甲師団司令官を任じられていたが、民主化路線のスアレス内閣によってバレンシアの第三師団司令官に左遷された。1977年9月、彼は、バレンシア地方のハティバの町で、3人の元陸軍大臣、5人の超右翼の将軍や提督と密かに会った。この「ハティバの会合」のメインテーマは、フェルナンド・デ・サンティアゴ中将（Fernando de Santiago y Díaz）を首班とする将官だけの「救国内閣」を組閣し、現在進行中のスアレス内閣の民主化路線にストップをかけ、最終的には民主主義を葬ることであった。内戦の敗者たちに政権を委ねるわけにいかない。そのためには、現在の合法政府を転覆させることである。彼らは国王宛の連判状を作成した。それにはスアレス首相の退陣と2年間の国会休会を要求するものだったが、万が一の場合、「国王に対する直接的な軍事行動」も辞さないであろうといった脅迫的な文面が記されていた。しかし、陸軍省のスポークスマンは非公式であるが、この連判状は国王には届いていないと述べた[21]。

この2人のクーデター主義者の他に、もうひとり、というかこの2人の黒幕的存在の将軍がいた。アルフォンソ・アルマダ将軍（Alfonso Armada）である。彼はミランス将軍と同様に、「青の師団」の指揮官のひとりとしてソ連軍と戦った。そして戦後はフアン・カルロスの王子時代（1950年代後半）の軍事教官を拝命し、1975年11月22日のフアン・カルロス1世の即位式にはカルロス夫妻の直ぐ後ろに参列していた。1976年から翌77年にかけて王室軍事侍従長を務めるが、その後、やはり民主化路線を驀進するスアレス政権によってカタルーニャ地方のレリダ県の軍政長官に左遷され、このクーデター直前に陸軍副参謀総長として軍中央に返り咲いた。そのようなキャリアであるが、彼は同僚には「王の親友」と公言していた。従ってアルマダ将軍がクーデターに参加するなら、それは国王のお墨付きを得たのと同然であった。事実、この事件後にテヘロ中佐が当局に自白したことであるが、アルマダ将軍は、これは王制の強化のため

であり、国王によって支持されている作戦であり、ただし国王は「移り気な人物」なので、午後6時から、自分がサルスエラ王宮の中で一部始終国王のそばにいて、彼の気持ちが変わらないように監視するから大丈夫と断言したという。このテヘロの供述をアルマダは否定しているが。[22]

　国会突入後間もなく、双子の妊娠5ヵ月の身重であり、妊婦ドレス姿のカタルーニャ社会党のアンナ・バジェトボ議員が、議場内の隊員に願い出てなんとか議場の外に出ることができた。国会の近くにある3人の社会党議員の事務所から、今現実に進行しているクーデターを国王に電話連絡しようとしたが、国王の執務室の電話番号など誰も分かるはずがない。カタルーニャ自治政府のジョルデ・プジョール大統領（Jordi Pujol）から電話番号を教えてもらい、国王の執務室に電話すると、王室侍従長のモンデハル侯爵が彼女の身元の確認をしてようやく国王との電話を繋いでくれた。実は、国王は、ちょうどクーデターが勃発した時、3人の仲間とスカッシュの最中で、側近がラジオの臨時ニュースでそれを知り直ちに国王に知らせたのだった。従って、国王は、着替えをせずトラックスーツのまま執務室に戻った。国王は彼女の情報から、議事堂内部のおおよその状況を把握することができ、今度は彼女が「これから何をなさいますか」と尋ねると、「国王はスペインの最も大切なものに奉仕するのです」「そして？」と彼女が重ねて尋ねると、「そして民主主義のために」と彼は付け加えたのだった。[23]

　国王は、軍部の動きを探るために、参謀総長室に電話を入れると、参謀総長が不在のため、たまたまアルマダ将軍が電話口に出る。彼の話の内容から微塵も緊迫感が感じられない。間もなく議場内を調査した書類を提出するために王宮に参上するということだった。国王の直感であろうか、アルマダこそ張本人に違いないと警戒する。国王はいま執務室がとても混乱しているので来ては困ると伝える。彼が王宮に来ることを許せば、彼が王宮の執務室から放つ指令はことごとく国王が承認したという印象を与えることになる。午後9時30分ごろ、国王はみずから全国の9管轄の師団長に電話して、このクーデターを絶対に支持していない、従って参加しないようにと要請し、国王への忠誠の確認を取り付けたのだった。9人の師団長のうち、国王の要請に従わなかった者がたったひとりいた。ミランス将軍だった。10時30分頃、国王の決然とした電話に、

彼は他の師団長は全て国王に忠実であると判断せざるを得なかった。

　ようやく、国王の執務室が、スペイン国営放送局と電話連絡が取れる。果たせるかな、放送局はクーデター部隊に占拠されていた。局長は軟禁状態に置かれ、全ての出入り口は封鎖されていた。これではテレビクルーが王宮に来てもらえない。時間の経過とともに、クーデター陣営からの無責任な流言飛語が飛び出し、収拾がつかなくなるだろう。事態を一刻も早く鎮静化させるために国王の声明をテレビ放映しなければならないと焦る国王の執務室にとって、全くの偶然にも、占拠した部隊の将校のひとりを電話口に出させることに成功したのだ。そこで、国王が電話の相手の若き大尉に、テレビクルーが王宮に来られるようにと指令する。大尉は二つ返事だった。

　国王の執務室がテレビクルーを待っている間、別な動きが発生する。国会の筋向かいにあるホテル・パレスの管理室に治安警備隊の臨時司令部が置かれ、総司令官ホセ・アランブール・トペテ将軍（José Aramburu Topete）が陣頭指揮を執っていた。アルマダは12時近くに臨時司令部に着く。アランブールは副官ひとりを帯同して直接テヘロに会い、降伏を命令する。これに対してテヘロから、「アルマダ将軍だったら話し合う用意がある」とにべもない返事が返ってきた。将軍は腰の拳銃のカバーを外そうとするが、テヘロの部下が軽機関銃を構えて将軍を囲んでしまった[24]。

　ついで、アルマダ将軍が国会の入り口に着き、大きな声で「アウマーダ公爵！」と叫んだ。アウマーダ公爵とは、1844年に創設された治安警備隊の創設者であり、「アウマーダ公爵！」はクーデターの合言葉であった[25]。アルマダは入り口ドアの中に入った。そこでテヘロと会う。彼はあくまでもこの国難的な状況を解決するための正規軍側の使者として振る舞ったのだ。彼は閣僚名簿を用意してきた。この閣僚名簿を人質状態にいる全議員に明示し、自分を首班とする軍民連合政府、国会の承認、クーデターの合法化を目論んでいたのだった。その名簿には、PSOEの政治家の名前も記されていた。さすが、国王が「アルマダ将軍は軍服をまとったマキャベリ[26]」と言っただけの食わせ者であった。議事堂のドア付近でテヘロがその閣僚名簿を一瞥するや否や、将軍を絶対に議場に入れないと言い張った。今まで、議場でテヘロは、「やがてやむごとなき方がここにお見えになる」と言ってきたのは、実はアルマダ将軍のことだったのだ。

後に世間では、この将軍は「白象(エレファンテ・ブランコ)」と呼ばれるようになる。「無用の長物」という意味である。実際、彼は耳が異常に大きく、長い鼻で、悲しげな厚皮動物的雰囲気の人物でもあった。

　午後11時35分、2組のテレビクルーが王宮に到着した。日付が変わり、24日の午前1時15分、例のトラックスーツから3軍の総司令官の軍装をまとったフアン・カルロス国王は、テレビカメラを前にして、毅然とした口調で声明を発表した。この決定的な声明が放映された時、アルマダは国会からホテル・パレスへの路上を歩いているところだった。

　　今現在、われわれが直面している異常な状況の中で、私は全てのスペイン人に簡明な言葉で申し上げたい。それは、冷静さをもっておのれを信じて対処していただきたい、ということです。私は、先刻全ての責任者に次のような命令を下しました。「国会議事堂で起きている異常事態にかんがみ、またこれからの混乱を避けるため、文民当局ならびに参謀長会議に対し、現行法の範囲で憲法上の秩序を維持するために必要な全ての方策を取ること。そして、全ての軍事的行動は参謀長会議の事前の承認を必要とすることを厳命する」と。祖国の永続と統一の象徴である国王は、国民投票によりあの日スペイン国民が自らの意志により選んだスペイン憲法の中に定められた民主主義を、暴力により妨げようとする者の、その行為をいかなることがあって容認することはありません。

　この放映が終わって、1時45分頃、国王は再び、第三師団に電話して、ミランス将軍を呼び出して、貴殿は直ちに市内に配置している全戦車を基地に戻すこと、テヘロにはクーデターを撤収し、降伏して国会議事堂から退去するよう命じなさい、と厳命した。将軍はいろいろと弁明し、自己正当化を試みるが、国王は一切容認せず、すっぱりと電話を切ってしまう。その後、さらに彼に6項目の覚え書きを確認させるために、それをテレックスで送った。

　国王の声明は、午前1時23分に全国にテレビ放映された。これで、スペインの4000万人の国民は、クーデターは失敗で終わった、と安堵の胸をなでおろした。午前4時、ミランスは、全戦車部隊に基地への撤退命令を下達した。午前

7時頃、テヘロがミランスに電話をすると、その受話器に副官が出て、将軍は帰宅してしまったとの返事だった。これで、万事休す、であった。テヘロは降伏するに際して条件を出す。まず人質を解放した後に、治安警備隊は国会から整然と退去すること、武装解除は兵舎で受けること、自分の部下の行動の責任は一切自分に有るので、彼らを処罰しないこと、アルマダ将軍に屈辱を味わわせるために、降伏文書の署名者にアルマダを要求することなどであった。国会議事堂近くの路上に止めてあった大型のランドローバーのボンネットの上に広げられた降伏文書に、アルマダは震える手でサインをした。これが「ボンネット協定」[30]と呼ばれるようになった。

 2月23日18時過ぎから24日の午前9時までの15時間。実に短命に終わったクーデターであった。クーデター側もそれと対峙する側も、一滴も血が流れなかったことは、不幸中の幸いであった。

 2月24日正午頃、下院議員たちは議事堂から出た。翌25日、2回目の首相指名投票が行われた。投票の前に、まず国王に対する心からの感謝をこめた拍手が長い間続いた。ただひとり、フランコ派のブラス・ピニャル（Blas Piñar）だけが席を立とうとしなかった。共産党席でもカリージョ書記長が音頭をとって、同志全員が握り拳（スペイン内戦期の共和派の挨拶）を突き上げて国王の名を唱えた。ついで投票に移り、前回の棄権の17票が賛成に回り、賛成は186票、反対は158票でようやくソテロが首相として承認された。[31]

 その前日の24日の夕方、国王は、今回の事件に巻き込まれたアドルフォ・スアレス、フェリペ・ゴンサレス、アグステイン・ロドリゲス・サアグン（Agustín Rodríguez Sahagún）、サンティアゴ・カリージョ、マヌエル・フラガを、ねぎらいのために王宮に招いた。[32]

 2月27日、全国各地で、300万人のスペイン人が、「民主主義の擁護」を叫んでデモ行進をした。[33]マドリードだけに限れば、夕方、大雨にもかかわらず、150万人が集結し、カリージョとフラガが腕を組んで先頭を歩き、さらに大多数の左翼系の政治家たちも、「国王万歳！」と叫びながらデモ行進した。後にフラガは、誰も握り拳を振り上げるべきではないと思ったが、もし「国王万歳！」と叫びながら握り拳を振り上げるのであれば、それでもよかろう、と述べた。[34]

 それにしても、スペインの朝野を震撼させたこのクーデターが「ドタバタ喜

劇風の陰謀」[35]で終わったために、フランコ亡き直後から始まった「民主化路線」、つまりスペインで言うところの「トランシシオン・エスパニョーラ」に対するフランコ主義者の武力による妨害行為は噴飯ものに過ぎなかった。これで、スペインがひとまず軍部による政治干渉といった悪しき伝統を断ち切り、民主主義に基づく立憲君主制をより確かなものにしたのである。また個人主義者というべきか、求心力の弱いスペイン人にとって、ようやく国王が国家統合の象徴になったと言えよう。

3．社会労働党（PSOE）政権から、その後の多党制政権

「23－F」クーデターの2日後の2月25日、カルボ・ソテロが国会で首相に指名される。2月27日に正式に組閣したカルボ・ソテロは、UCDの内部分裂に全く対応できず、12月2日に挙党一致体制を構築すべく、第二次カルボ・ソテロ内閣を組閣するが、この間に大物議員が続々と離党し、他党に移籍した。ちなみにスアレスも離党して新しく社会民主中道（CDS）という政党を立ち上げた。カルボ・ソテロ政権はテロ対策と経済不況の克服という2大政策目標に然るべき成果を上げられず、国民から不評を買い、自滅寸前状態であった。外交に関してはEC加盟を最終目標にしていたために、1982年5月、NATOに加盟する。16番目の加盟国になる。これに反対するPSOEは国民投票によるNATO加盟の問い直しを公約にする。こうした政局の混迷を打開するために、国会が解散される。

1982年10月、第三回総選挙。PSOEは、ゴンサレス書記長が中心となって1879年の結党以来党是として掲げていた「マルクス主義」の綱領を削除するなど、一挙に左翼路線から中道穏健路線に切りかえ、「改革のために」をスローガンに掲げ、この選挙戦に臨んだ。選挙公約は、当面の失業対策を最優先政策として、週労働時間の短縮、定年退職年齢の引き下げ、義務教育の上限年齢の引き上げなどで、4年間に80万人の雇用創出。EC加盟の早期実現。それにNATO「加盟」の是非を問う国民投票の実施、などであった。

PSOEは202議席を獲得した。圧倒的勝利であり、ヨーロッパで最年少の弱冠40歳のゴンサレス単独政権の発足であった。これは、第二共和国時代の1936年9月に誕生したラルゴ・カバジェーロ（Francisco Largo Caballero）内閣

以来、実に46年ぶりの社会労働党政権であった。これ以降、PSOEは、1996年までの14年間の4回の総選挙に勝利し、安定的な長期政権を維持することになる。

　ゴンサレス内閣の難題は、NATO「加盟」問題だった。総選挙前から一貫して、NATO「脱退」の立場から国民投票の実施を公然と主張していたものの、EC加盟とNATO加盟は表裏一体であるために、臨時党大会で、党内左派やその傘下の労働組合、そして青年部の反対にあったが、EC加盟のためにNATO「残留」も止む無しと決定した。1986年1月にEC正式加盟を果たし、3月になりようやく実施したNATO「残留」の国民投票で、約53％の賛成を得て、残留を決定的にした。しかし、このように国論を二分したNATO加盟によって、NATO軍の一員たるスペイン軍に期待される役割が明確となり、また文民統制も確実となり、軍による政治介入という忌わしい悪弊は過去のこととなった。

　内政問題のうち、経済不況はスペイン社会の宿痾というべきであり、ようやく80年代後半から経済が好調になり、その利潤を労働者に還元すると期待されたが、政府の緊縮基調政策のために賃上げの抑制に固執し、労働組合の不満は高まった。しかもインフレと失業のしわ寄せを労働者に押しつけることになった。UGTは1888年の創設以来、PSOEの最大の支援母体だったが、88年12月、共産党の労働組合である労働者委員会（CCOO）と共闘して、500万人の参加者を得て、全国的なストに突入した。UGTが、ゴンサレス率いるPSOE政権の経済、社会政策に異議を唱えたのは、内戦勃発時の両者の乖離・対立以来、実に54年ぶりであった。さらに、1991年5月、同じくUGTと労働者委員会が統一地方選挙直前に、24時間ストに突入する。これには国営企業の労働者が9％賃上げを要求したが、政府は91年のインフレ率の目標である5％以上の賃上げに応じない方針を貫いたからだった。

　90年代初頭になって、ゴンサレス政権をめぐってさまざまなスキャンダルが噴出する。副首相アルフォンソ・ゲラの兄が権力を悪用して不正な金を横領した事件、現政権が不正に資金を調達した「フィレサ事件」、国防省所轄の諜報機関が国王を含む各界有力者多数の電話を盗聴した事件、1983年から87年にかけて、バスクの非合法テロ組織であるETAのメンバーの誘拐、拷問、殺害などに関与した治安警備隊員や元警察官の右派秘密組織「反テロリスト解放グ

ループ」(GAL) を政府が支援していたとされ、その首謀者としてホセ・バリオヌエボ元内相 (José Barrionuevo) が起訴された事件。こうした大疑獄事件が次々と明るみになるにつれて、「清廉な百年」というイメージを喧伝してきた PSOE の面目は丸つぶれであったろう。

　1993 年 6 月の総選挙において、恥辱にまみれ起死回生の妙手を持たないまま PSOE は選挙戦に臨んだが、大方の予想に反して 159 議席を獲得し、第一党を確保した。第二党は 141 議席を獲得した国民党 (PP)。この政党は国民同盟 (AP) を改称した政党で、新党首に 37 歳のホセ・マリア・アスナール (José María Aznar) がおさまった。ゴンサレスは、地方主義政党であるカタルーニャ同盟 (CiU) の閣外協力を得て、政権を維持できた。ところが、1995 年末、党内の右派と左派との対立、党と労働組合との確執などを繰り返す PSOE に愛想を尽かしたためか、CiU は閣外協力から離脱し、1996 年の国家予算案を否決した。これで、一気に繰り上げて国会解散、総選挙を迎えることになる。

　1996 年 3 月の総選挙において、両陣営の選挙公約は経済問題が主流となっていることからも、さほど相違点がなかったが、アスナールが率いる国民党が 156 議席、PSOE が 141 議席、それぞれ獲得する。5 月、アスナールは、CiU の閣外協力を取り付け、国民党内閣を組織する。CiU は協力の見返りにカタルーニャ自治区への所得税収入の分配率引き上げを国民党に認めさせた。アスナール政権は、欧州通貨統合への参加を最優先し、財政健全化政策を実施した。

　2000 年 3 月の総選挙は、国民党の 183 議席、PSOE の 125 議席という結果だった。いよいよ国民党単独政権の誕生であった。アスナール首相は、第一次内閣時に推進した経済の自由化、税制改革、労働市場改革、ETA に対する強硬政策などを継続し、さらに「経済、技術の発展」のために、財務、科学技術の 2 閣僚ポストを新設する。2002 年 6 月、政府の失業手当削減方針に反発した UGT や労働者委員会などが 8 年ぶりに抗議ストに突入する。スト主催者側の発表によると、スト参加者は労働者の人口の 50％に当たる 1600 万人だったという。2003 年 2 月、アスナール政府はアメリカのイラク攻撃の支持を発表。5 月、約 1400 人の部隊をイラク中南部に派遣する。4 月、フセイン政権崩壊を「歴史的瞬間」と歓迎する。2004 年 3 月 11 日、マドリードのアトーチャ駅、郊外の 2 つの駅で計 10 個の爆弾がほぼ同時に爆発した。192 人が死亡、約 1800 人以上

が負傷した。スペイン史上最大のテロであり、政府はETAの犯行を仄めかす声明を発表するが、アルカイダ系の国際テロ組織が犯行声明を出した。この事件は「11－M」と呼ばれ、その3日後の3月14日に総選挙が行われた。

　国民党は、次期総選挙において、首相引退を宣言しているアスナールの後継者にラホイ第一副首相（Mariano Rajoy）を選出する。イラク派兵に反対するPSOEは164議席を獲得し、8年ぶりに政権の座を奪還した。4月18日、PSOEのホセ・ルイス・ロドリゲス・サパテロ書記長（José Luis Rodríguez Zapatero）が首相となる。5月21日、サパテロ政府はイラク残留部隊の撤退を完了し、アメリカとの関係は冷却化する。

　2008年3月、総選挙が行われ、PSOEが169議席、国民党が153議席を獲得し、サパテロ首相が再任され、4月に新内閣が発足する。2期で引退すると公約していたサパテロ首相は次期総選挙への不出馬を表明する。

　2011年11月20日の総選挙において、ラホイ党首の率いる国民党が186議席の単独過半数を獲得し、ルバルカバ書記長（Alfredo Pérez Rubalcaba）が率いるPSOEは110議席にとどまった。翌2012年2月、政府は解雇手当の削減など労働法の改正案を承認したために、翌3月、主要労働組合はスペイン全土で抗議のゼネストとデモを実施し、約80万人がデモに参加した。11月、ラホイ政権に対する抗議デモに全国で100万人以上も参加する。スペインの経済は、欧州全体の景気回復基調を背景に改善しつつある、とデキンドス経済・競争力相が発表する。

　2014年6月19日、国王フアン・カルロス1世が退位した。王位を継承するフェリペ（Felipe）皇太子がフェリペ6世として即位する。翌日、フアン・カルロスはテレビで、76歳という高齢のために退位すると発表した。

おわりに

　以上見てきたように、この40年間の政治の潮流は、左翼勢力の右傾化、保守勢力の左傾化のために、基本的には中道路線であった。これは、「内戦」や「軍事独裁」を避けたいとする国民の英知の選択であろう。PSOEと国民党を対立軸にして、単独政権を発足させるのは、多くの場合無理であり、これも政権交代を望む国民の選択である。カタルーニャやバスクの民族主義政党と連立政権

を樹立するか、あるいは閣外協力を取りつけるか、のどちらかである。与党に協力した民族主義政党は、キャスティングボートを握ることとなり、自分たちの地方自治組織の権限拡張などに関する政策協定ができ、少しは永年の懸念であった地方自治問題の解決になるであろう。

注

1 川成洋・坂東省治・桑原真夫『スペイン王権史』中央公論新社、2013 年、374 〜 375 頁．

2 碇順治『スペイン　静かなる革命—フランコから民主へ』彩流社、1990 年、58 頁．

3 碇順治『現代スペインの歴史—激動の世紀から飛躍の世紀へ』彩流社、2005 年、108 〜 109 頁．

4 Paul Preston, *Juan Carlos: Steering Spain from Dictatorship to Democracy*, Harper Press, 2012, pp. 348-349.

5 細田晴子『戦後スペインの国際安全保障—米西関係に見るミドルパワー外交の可能性と限界』千倉書房、2014 年、144 頁．

6 Preston, *op.cit.*, p. 349.

7 *Ibid.*, p. 349. 細田晴子、前掲書、146 頁．

8 益田実・池田亮・青野利彦・齊藤嘉臣編著『冷戦史を問い直なおす—「冷戦」と「非冷戦」の境界』ミネルヴァ書房、2015 年、385 〜 386 頁．

9 Preston, *op. cit.*, p. 370.

10 関哲行・立石博高・中塚次郎編『スペイン史 2』山川出版社、2008 年、211 頁．

11 Preston, *op. cit.*, p. 356.

12 碇順治『現代スペインの歴史』116 頁．

13 益田実他編著、前掲書、386 頁．

14 若松隆『スペイン現代史』岩波新書、1992 年、123 頁．

15 Preston, *op.cit.*, p. 457.

16 *Ibid.*, p. 466.

17 *Ibid.*, p. 469.

18 *Ibid.*, p. 469.

19 Paul Preston, *The Triumph of Democracy in Spain*, Methuen, 1986, pp. 195-196.

20　*Ibid.*, p. 196.
21　Preston, *Juan Carlos, op. cit.*, p. 404.
22　*Ibid.*, pp. 466-467.
23　*Ibid.*, p. 472.
24　ホセ・ルイス・デ・ビラジョンガ『国王―スペイン国王ドン・フアン・カルロス１世との対話』荻内勝之訳、主婦の友社、1994 年、215 頁．
25　碇順治『スペイン　静かな革命―フランコから民主へ』彩流社、1990 年、256 頁．
26　ホセ・ルイス・デ・ビラジョンガ、前掲訳書、202 頁．
27　Preston , *Juan Carlos, op. cit.*, p. 470.
28　川成洋他編著、前掲書、394 〜 395 頁．
29　前掲書、395 〜 396 頁．
30　ホセ・ルイス・デ・ビラジョンガ、前掲訳書、232 頁．
31　Preston, *Juan Carlos, op. cit.*, p. 486.
32　*Ibid.*, pp. 484-485.
33　楠貞義・ラモン＝タマメス・戸門一衛・深澤安博編『スペイン現代史―摸索と挑戦の 120 年』大修館書店、1999 年、257 頁．
34　Preston , *Juan Carlos, op. cit.*, p. 487.
35　ホセ・ルイス・デ・ビラジョンガ、前掲訳書、186 頁．

参考文献

Cobos Arevalo, Juan, *La vida privada de Franco: Confesiones del monaguillo del Palacio de El Parado*, Almuzara, 2011.

Debray, Laurence, *Juan Carlos de Espana: La biografia mas actual del rey*, Alianza Editorial, 2014.

Onega, Fernando, *Juan Carlos I, El hombre que pudo reinar*, Plaza Janes 2015.

Oneto, Jose, *La noche de Tejero*, Planeta, 1981.

Preston, Paul, *The Triumph of Democracy in Spain*, Methuen, 1986.

Preston, Paul, *Juan Carlos: Steering Spain from Dictatorship to Democracy*, Harper Press, 2012.

碇順治『スペイン　静かなる革命―フランコから民主へ』彩流社、1990 年

碇順治『現代スペインの歴史―激動の世紀から飛躍の世紀へ』彩流社、2005 年

牛島信明・川成洋・坂東省次編『スペイン学を学ぶ人のために』世界思想社、1999 年

川成洋・奥島孝康編『スペインの政治―議会君主制の「自治国家」』早稲田大学出版部、1998 年

川成洋・坂東省次・桑原真夫『スペイン王権史』中公選書、2013 年

楠貞義・ラモン＝タマメス・戸門一衛・深澤安博編『スペイン現代史―模索と挑戦の 120 年』大修館書店、1999 年

関哲行・立石博高・中塚次郎編『スペイン史 2―近現代・地域からの視座』山川出版社、2008 年

立石博高・関哲行・中川功・中塚次郎編『スペインの歴史』昭和堂、1998 年

ホセ・ルイス・デ・ビラジョンガ『国王―スペイン国王ドン・フアン・カルロス 1 世との対談』荻内勝之訳、主婦の友社、1994 年

細田晴子『戦後スペインと国際安全保障―米西関係に見るミドルパワー外交の可能性と限界―』千倉書房、2014 年

益田実・池田亮・青野利彦・齊藤嘉臣編『冷戦期を問いなおす―「冷戦」と「非冷戦」の境界』ミネルヴァ書房、2015 年

若松隆『スペイン現代史』岩波新書、1992 年

第2章　スペイン移民社会の変遷

中川 功

1．フランコ体制下の移民送り出し

　内戦終結の翌年である1940年の人口センサスによれば、スペイン全体の人口は約2640万人であった。フランコが逝去した翌年の1976年には約3600万人にのぼり、フランコ体制下では約1000万人の人口が増加している。他方、独裁体制による経済運営は一国完結型の閉鎖経済政策により行われたこともあって、移民の送り出しには消極的であった。しかし第二次大戦後、他のヨーロッパ諸国の経済復興がマーシャル・プランによって動き始めると、経済政策も人の移動も変わり始めた。フランコ政権は、1946年にアルゼンチンとの移民送り出し協定を結び、これを皮切りにして閉鎖的な移民政策を開放的で積極的な政策へと転換していったのである。スペイン移民局を1956年に設立し、国外への移住に関する法律も整備していった。表1から表3は、『スペイン移民局の歴史』（Instituto de Emigración Española を略してIEEと標記）の巻末に掲載された統計集から算出し作成したものである。同統計集に含まれた移民とは、IEEによって管理統括され、何らかの支援を受けた人々のことを意味する。したがってIEEに管理統括されなかった「私的」移民も存在するが、統計上は含まれていない。

　中南米を中心とした世界各地域への同国移民は、1950年から1979年までの30年間の合計で約86万人であった。非ヨーロッパ地域への10年ごとの平均移民人数は、50年代が5.2万人と最も多く、60年代には半減し、70年代では1万人を割っている（表1）。出身地域別では、ガリシア地方が約36万人と最多となり、次いでカナリア諸島、カタルーニャ地方からの移民が多かった（表2）。

　ヨーロッパ域内へのスペイン人移民合計は、64年から石油危機の前年であ

**表1　非ヨーロッパ地域へのスペイン人移民人口の年別推移
　　　（10年ごとの年平均人数）**

(人)

1950～1959	52,081
1960～1969	25,531
1970～1979	6,509

出典：Luis M. Calvo Salgado y Otros, *Historia del Instituto Español de Emigración*, *Ministerio de Trabajo e Inmigración*, 2009., Cuadro 19. pp. 295-6 より作成

**表2　非ヨーロッパ地域へのスペイン人移民人口の出身地域別分布
　　　（1950-1982）**

(人)

ガリシア	355,851
カナリア諸島	129,373
カタルーニャ	82,039
マドリード	68,467
アンダルシア	50,020
アストゥリアス	36,166
カスティーリャ・イ・レオン	35,919
バスク	24,613
バレンシア	23,458
カンタブリア	10,180
その他8地域	41,055
合計	857,141

出典：Luis M. Calvo Salgado y Otros, *ibid*, Cuadro 21. p. 299 より作成

る1972年まで、毎年10万人から20万人の間で推移している。移民先はドイツ、スイス、フランスの順で多く、特にスイスの場合、石油危機以降も1万人規模の受け入れをしている。また雇用の形態は、3ヵ月以下の滞在許可を得る短期・季節的出稼ぎ型（**表3**のC）と、3ヵ月以上1年未満滞在型と1年以上の在留型（**表3**のB）とに分かれていた。短期・季節的出稼ぎ型は50年代から登録されており、ヨーロッパ域内向けスペイン人移民の中では、常に高い比率を占めている。特に、石油危機以降はその比率を一気に高め、独裁から民主主義政治体制への移行期には、ヨーロッパ向け出稼ぎ移民の約90％が短期・季節的出稼ぎ移民であった。石油危機に見舞われたヨーロッパの受け入れ国における移民労働

表3 ヨーロッパ地域へのスペイン人移民人口の推移

(人)

	A	3ヵ月以上1年未満滞在型と1年以上の在留型 B	3ヵ月以下の短期・季節的出稼ぎ型 C	A/B	A/C
1958	18,405		18,405		
1959	24,055		24,055		
1960	31,338		31,338		
1961	124,574	57,880	66,694	46.5	53.5
1962	154,762	86,138	68,624	55.7	44.3
1963	164,054	87,874	76,180	53.6	46.4
1964	205,642	102,146	103,496	49.7	50.3
1965	183,250	74,538	108,712	40.7	59.3
1966	155,232	56,795	98,437	36.6	63.4
1967	124,530	25,911	98,619	20.8	79.2
1968	169,721	66,699	103,022	39.3	60.7
1969	207,268	100,840	106,428	48.7	51.3
1970	203,887	97,657	106,230	47.9	52.1
1971	213,930	113,702	100,228	43.1	46.9
1972	216,710	104,134	112,576	48.1	51.9
1973	197,648	96,088	101,560	48.6	51.4
1974	149,815	50,695	99,120	33.8	66.2
1975	118,611	20,618	97,993	17.4	82.6
1976	109,403	12,124	97,279	11.1	88.9
1977	95,050	11,336	83,714	11.9	88.1
1978	106,971	11,993	94,978	11.2	88.8
1979	116,796	13,019	103,777	11.1	88.9
1980	107,596	14,065	93,531	13.1	86.9
1981	105,401	15,063	90,338	14.3	85.7
1982	104,359	16,144	88,215	15.5	84.5
1983	98,227	19,282	78,945	19.6	80.4
1984	87,840	17,603	70,237	20.0	80.0
1985	83,240	17,089	66,151	20.5	79.5
計	3,678,315	1,289,433	2,388,882		

出典：Luis M. Calvo Salgado y Otros, *ibid*, Cuadro 22, p. 300 より作成

力需要は、移民受入総数の全体数を減らすとともに、在留型（当然就労も）から短期・季節的移民へとシフトしていったことが表3から明らかになっている。

2．スペイン人移民の帰還とスペインへの外国人の本格的受け入れ[4]
（1）スペイン人移民の母国帰還

　ドイツ、フランス、スイスを中心としたヨーロッパ先進工業国におけるプル要因としての外国人労働力需要を満たすために、スペイン人は移民として移動していった。このような形態はスペインだけに起こったのではなく、南欧諸国に共通した現象であり、その背景には共通したプッシュ要因が存在していた。1974年時点の在留外国人人口は、スイスではイタリア人が最多の33.5万人、フランスではポルトガル人が最多の43万人が登録されている。ドイツではトルコ人が59万人と最多であるが、イタリア人37万人、ギリシャ人22.5万人が在留している。外国在留スペイン人人口は、フランスに25万人、ドイツに16.5万人、スイスに8万人などであることと比べると、スペインより他の南欧諸国からの送り出しの方がより大きい規模であったことが分かる。それと同時に南欧出身在留者全体の存在が、当時のヨーロッパ先進工業国で大きかった。[5]

　ヨーロッパ先進工業国は第一次石油危機を切り抜け、また日本を中心としたアジア経済との国際競争に対応するために、さらに後のスタグフレーション発生が原因で生産コストを抑制するために、さまざまな手を打った。その政策のひとつが、より短期間での調整へと進む生産計画の厳格化に伴う外国人労働力のさらなる雇用調整であった。ヨーロッパ出身外国人労働者側から見れば、それは短期季節型と非ヨーロッパ出身者の就労への代替化であった。すでに1974年の時点でドイツではそういったことが起こっていたし[6]、フランスではアルジェリア人が、ベルギーではモロッコ人が南欧出身者との代替化によって在留化が進んでいた。つまり雇用の調整弁として、南欧出身労働者は失業し、帰国する選択をしなければならなかった。かくしてスイスおよびEC（現EU）加盟国に移民・在留していたスペイン人が帰国し、その数は毎年数万人にのぼった。移民の新規受け入れの中止と在留移民の出身国への帰還が勧奨されたからである。その結果、母国帰還によりスペインの失業率が加速度的に上昇していく。移民送り出し国であったギリシャ、イタリアでも同様の現象が起こる。

他方スペイン経済も、戦後欧州の経済復興とともに「スペインの奇跡」と呼ばれる景気拡大と高度成長を 1959 年から 1973 年まで体験していた。北部のバスク地方、首都マドリード、バルセロナを中心としたカタルーニャの主要 3 地域に工業化が集中した。その結果、高度成長期には労働力需給が地方と工業地域間で調整されて失業率も低下した。1975 年でも 3.7% の低水準であった。しかし、石油危機は日欧米の経済を襲うことは襲ったが、それらの先進工業国はさまざまな技術革新を起こした上に政策変更や制度変革を加えることで、やがてはこの危機を乗り越えていってしまう。皮肉にも石油ショックが直撃したのは中所得国・発展途上国であった。したがってスペイン経済も打撃を受けた。以降、同国失業率は、EC 加盟国として仲間入りを果たした 1986 年に至るまで上昇傾向になり、21.5% を記録した。この失業率上昇要因の一部になったのが帰還スペイン人移民であった。このように、スペイン人移民の母国帰還という「受け入れ」と、次に述べるスペインへの外国人移民の受け入れが「二重」に同時進行していく事態が起こっていくのである。

(2) 送り出しつつ受け入れが始まった

スペインへの外国人受け入れは、1970 年代にも少数だが始まっていたことが在留外国人人口の推移から分かる。しかもスペイン人の送り出しも規模は小さくなりながら続いていた。本格的に受け入れが始まるのが 1986 年の EC 加盟に向けてスペイン経済が上向いていた時期である。加盟に伴う国内産業構造のリストラクチャリング（いわゆるリストラ）によって、同国の失業率もぐんぐん上昇していたが、1989 年に初めて外国人比率が 1% を超えた。99 年まで 1% 台が続き、2000 年代に入ると 2% を超える大きな変化が起こった。その典型的な増加事例がアンダルシア自治州に見られる。

EC 域内輸出に特化したアルメリア県域施設園芸農業部門におけるモロッコ人を主とした外国人受け入れは、野菜果樹生産と輸出の伸びとともに増加していった。同県の施設園芸農業は、同県の平均所得をアンダルシア自治州内で最低水準から最高水準へと引き上げるほどの経済効果をもたらした。

そこで短期季節労働を中心として労働力となって生産コスト抑制要因となったのがモロッコ出身労働者であった。スペイン全体のモロッコ人在留者は、

INE 統計によると、1980 年では約 3000 人であったが、1990 年では 1.7 万人、2000 年には約 20 万人、2010 年には 43 万人と急増している。また同県内各市町村自治体に在留する外国人の最大出身国は、依然としてモロッコとなっている。[8]

3．経済危機と外国人受け入れの継続

21 世紀に入ってからの経済成長を牽引してきた住宅建設ブームあるいはバブルが 2007 年央から減速し始め、08 年についにバブルがはじけた。2000 年代に入ってから年率 3％台の成長率を維持してきたのに対して、08 年には 0.9％、09 年にはついにマイナス 3.7％に下がった。失業率も 07 年に 7.9％にまで下がっていたのに対して、09 年には一気に 18.8％まで上昇している（**図1**）。加えてギリシャ債務危機から飛び火したスペイン債務危機の影響で、2012 年には失業率が

図1 フランコ没後 40 年間（1975 ～ 2015 年）の失業率の失業者数の推移[9]
　　（比率％と失業者実数 [100 万人単位]）

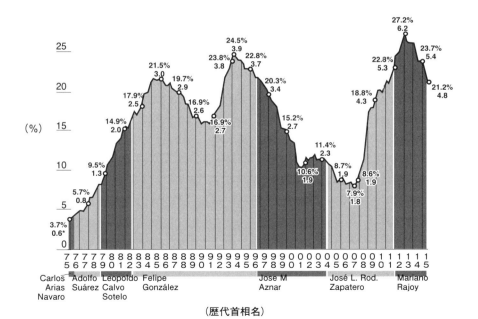

（歴代首相名）

25％を超えた。とりわけ16〜29歳の若年層は約40％を記録した。1980年代の高失業率時代に急激に逆戻りしてしまったのである。

　2013年からの景気の持ち直しを受けて、失業率も15年には21.2％まで回復したとはいうものの、スペインの経済状況を概観すると、外国人の受け入れと同在留人口は減少すると大方のひとたちは予測するであろう。しかし「移民受け入れ先進国」となったスペインの入国・在留外国人人口は、そのような変化を生み出さなかった。それどころか逆に、08年の在留外国人人口は447.3万人であるのに対して、2012年12月31日時点では497.1万人と、約50万人も在留外国人が増加していたのである。日本の90年代末のバブル崩壊後と状況が似ている。「雇用の流動性」に呼応することで受け入れと定住化が進んでいた在留外国人は、「雇用の流動性」への順応が速かった。またINEの統計によると、スペインの人口は経済危機直前の2007年から2012年末までの5年間で約4478万人から約4682万人へと約200万人増加している。外国人からスペイン人への「帰化」も毎年数万の単位で増加しており、スペイン人人口を底上げしている。

　では現在、スペインにはどのような国から外国人が在留し社会生活を送っているのか。その特徴は何か。以下では、それぞれの出身大陸を代表する出身国のみを取り上げて、国際移動する経緯や要因、またどのような社会生活を送り、問題があるのかを見ていきたい。

（１）在留モロッコ人とイスラーム人口の増加

　モロッコは歴史的にも地政学的にもスペインとは関係が深く、就労目的や亡命先の一国としてスペインが選ばれ続けた結果、在留モロッコ人人口は、1997年の約7.7万人から2015年には76万人に増加した（**表4**）。また、フランスやオランダなどと同様に同国出身者在留グループの組織化も進んでおり、政府と直接話し合う機会などもつくりだせるほどである。アフリカ出身移民全体の中でモロッコ人は約80％を占め、多数派となっている。同国同地域からの移民の送り出し要因としては、貧困、高い出生率や失業率、教育費の高負担が指摘されている。

　モロッコ人の居住地域で最も多いのがマドリードで、次いでバルセロナの2大都市である。他には、エル・エヒード、カルタヘナ、ムルシアなどのスペイ

表4　スペインにおける主要外国人在留者数の推移

(人)

年	モロッコ人	エクアドル人	ルーマニア人	イギリス人
1996	77,189	2,913	1,386	68,359
1997	111,100	4,112	2,385	68,271
1999	161,870	12,933	5,082	76,402
2001	234,937	84,699	24,856	80,183
2003	333,770	174,289	54,688	105,479
2005	493,114	357,065	192,134	149,071
2007	648,735	395,808	603,889	198,638
2009	767,784	440,304	751,688	222,039
2011	770,112	291,373	910,657	239,918
2013	785,180	223,570	928,217	265,531
2015	763,775	180,153	967,334	280,346

出所：INE, Extranjeros Residentes en España.1996～2015より作成．1996-2014年は12月31日現在の登録者数．2015年のみ6月30日現在

ン南東部の施設園芸農業や加工用農産物の生産地帯に多い。当然、これらに関連した雇用に就くことが多い。ただし2大都市居住者人口が絶対数として多いとともに、性別による就労部門の違いも大きい。2007年の統計によると、男性の場合、全産業就労モロッコ人人口に占める農業部門就労モロッコ人人口の比率は、建設業42％、商業・ホテル23％、に次ぐ13％となっている。工業労働者が10％である。女性の場合は商業・ホテルが48％、その他のサービス業が20％となっている。

　現在、モロッコ人移民にとって最大の課題は失業対策である。金融財政危機以前ではスペイン全体の失業率が7.9％にまで下がった時に、モロッコ人移民は16.6％であった。スペイン全体で2012年に27.2％にまで達してしまった中で、モロッコ人移民の失業率は、2011年には約50％、16～24歳層では70％弱にものぼっているからだ。

　このようにモロッコ人移民労働力人口の約半分が失業中であり、若年層では3分の1しか職に就けない状態にある。その結果、移民の最大目的である母国への送金額は2007年から2010年にかけて1億4410万ユーロ減少し、約3億

ユーロとなった。この影響は、スペイン国内並びに母国に居る双方の家族に悪影響を及ぼしている。とりわけ両国の若年層が教育機会を逸してしまい、そのことが就労の機会を減らしてしまうという負のスパイラルに陥っている。

近年、スペインではイスラーム人口がジワジワと増加しており、社会に大きな影響を与えている。全国規模のイスラーム団体 UCIDE の 2015 年末の時点による推計では、同国全体で約 188.8 万人の信者がおり、それらのうち約 78 万人がスペイン人であることが分かっている。それ以外はアフリカ、中近東、アジアの出身者が占める。また教会のメスキータは全国で 1177 ヵ所に所在している。

イスラーム人口が増えた要因は、モロッコ人移民が増加していること、モロッコ人を中心としたイスラーム移民がスペイン人に帰化してそのまま宗教を保持すること、モロッコ以外の出身国イスラームが増加していること、移民2世、3世が定着していること、などである。これらを法制度上支えているのが 1990 年代から成立し始めたスペイン国家と国内イスラーム団体との個別分野ごとに協議される保護協約であり、それらが 2006 年の宗教的少数者に対する支援法に結実されている。

それ以外の課題として UCIDE が指摘しているのは、教育支援の少なさである。1996 年にはイスラーム宗教教育クラスの設置が法制化されたものの、約 22 万人のイスラーム信者子弟に対する宗教教育の教員配置が特定地域に限定された上に、46 人弱しか配置が実現しなかった。これは財政・金融危機の影響が大きい。必要教員数は 400 人とされているので、10% ほどしか実現されなかったことになる。ちなみに同団体は、イスラーム向け墓地がほとんどの自治州にないことも指摘している。

（2）在留エクアドル人と母国への帰還

表5によると、エクアドルを筆頭にして中南米諸国は4ヵ国が上位を占めており、出身地域別では EU 加盟国の7ヵ国に次いで多いことが分かる。スペインと同国の歴史的経緯からすれば当然かと思われるかもしれないが、1990 年代ではアフリカ出身者が約 11.7 万人であったのに対して、中南米出身者は全体で 4.3 万人にとどまっていた。それが 2005 年の経済成長時に逆転し、12 年末では 146.4 万人とわずか7年間で 34 倍の伸びとなった。この期間に猛烈な勢いで、

表5 スペインの在留外国人出身国別一覧（2015年6月末）

（人）

1	ルーマニア	967,334
2	モロッコ	763,775
3	イギリス	280,346
4	イタリア	225,232
5	中国	189,853
6	ブルガリア	185,251
7	エクアドル	180,153
8	ドイツ	150,692
9	ポルトガル	145,886
10	コロンビア	132,353
11	フランス	127,909
12	ボリビア	109,441
13	ポーランド	91,957
14	パキスタン	66,673
15	ペルー	66,490
	在留者総数	4,933,231

出所：INE, Extranjeros Residentes en España. 2015 より作成

スペイン在留外国人人口の勢力分布が変化したのである。

　エクアドル人に限定すると、2015年末で約18万人が在留している（**表4**）。その最大規模が2009年の44万人であったので、大幅に減少した。地域別特徴では、バルセロナ、スペイン南東部のムルシア州、マドリードの順に在留者が多いことが国立統計局の統計から分かる。

　まずエクアドル人が増加した発端は、2001年にスペインとの間で締結した「移民協定」にある。同協定書によると、1960年には社会保障協定が、1963年には査証相互免除協定が、1964年に二重国籍協定が、それぞれ合意し締結されていた。このように両国間に共通した歴史性、文化性、良好な二国間関係に鑑み、スペインで働こうとするエクアドル人労働者に対して便宜供与をはかることが了解された。エクアドル人在留者は1980年代では1000人以下の在留者数であった。それが、90年代に1万人以下にまで増加し始め、2000年には約3.1

万人に達していた。協定が締結された 2001 年には 8.5 万人に急増し、09 年にピークに達し、2000 年代で約 5 倍に増加したのである。ただしビザ無しで入国できるので観光や親族訪問後も滞在し続ける人数も相当数にのぼると推定されている。

　移民協定へとつながった 90 年代エクアドルのプッシュ要因について、ゴメス・シリアノ（Gómez Ciriano）他（2007）[19]の研究を援用して整理したい。エクアドルの社会経済情勢は、以下のような状態にあった。インフレ率は 92 ～ 98 年には平均すると 36％、国家予算に占める社会保障費負担比率が約 25％、対外債務はピーク時の 95 年には国家予算の 54.5％ に達した。中南米 3 大産油国に次ぐ中堅産油国であるエクアドルは、原油価格下落によって石油収入が減少し財政を逼迫させていた。エルニーニョ現象が水産業に被害を及ぼし、中でも伊勢エビが不漁となり、FAO（国連食糧農業機関）の推計によると被害総額は 10 億ドルとされた。またエルニーニョ現象は農業をも襲い、干ばつと不作が発生し、特に一大主要作物であるバナナへの影響が大きかった。農水産業の中心地帯であるエクアドル沿岸部は壊滅的被害を受けていた。以上が経済財政的要因である。社会的要因としては、90 年代に格差が拡大し、失業率は 95 年に 6.9％ であったが、97 年には 9.2％ に上昇したことがあげられる。

　こうした状況に、1990 年代後半は 2 ～ 4％ の経済成長を経験していたスペインへの移民ブームが起こり、スペインが EU の玄関口であることの魅力も移民、人口移動に拍車をかけた。その結果、移民によるエクアドルへの送金が増加し、国外からの送金額の財政・歳入額に占める比率が高まり、92 年には 1.5 億ドルにすぎなかった国外からの送金額が 98 年には 9 億ドルを超えた。同年の 9.2 億ドルの石油収入に匹敵するほどの歳入源となったのである。このような移民からの送金は、「移民ドル」（migradólares）と呼ばれ、2000 年代におけるエクアドルからの急激な移民の伸びを呼び起こした。

　エクアドル人のスペイン在留状況はどうであったか。スペイン全体では 2011 年 3 月よりエクアドル人在留人口の減少が始まっているので（**表 4**）、ムルシア州で主に就いていた農業労働から建築ブームに伴う他産業への移動があったと思われる。実際、建築業、家事労働、ホテル業などの雇用の伸びは、1996 年と比較すると、2008 年の金融危機前には 2 倍に伸びていた。[20]労働許可証を保有し

ているエクアドル人は 1996 年には 91.3% がサービス業に従事しており、97 年でも受入割当認定制度による就労分野は 90% が家事労働であった。したがって、居住地域は大都市部が多くを占める。

しかし以下では2大都市圏のサービス業ではなく、在留者数が2番目に多いムルシア州とエクアドル人の関係性について見ていきたい。同州に在留するエクアドル人は、2005 年の 5.6 万人がピークで、以降毎年減少し、2012 年には約 4 万人となった。同国人に代わって、モロッコ人が漸増していき、同年には 7.3 万人と、エクアドル人の2倍近くに達している。[21]

同州は、野菜や果実の主要生産地で、主に EU 向けに輸出されている。2000 年代前半までは露地栽培が中心であった。近年、穀物栽培などは大型機械が導入され、野菜の種子栽培などは施設園芸が導入されているようであるが、野菜の収穫などは依然として人手が中心になっている。そこの労働力需要に外国人労働者が雇用されるしくみは代わっていない。エクアドル人労働者の需要はまさにそこにあった。近年の母国への帰還政策によって減少したエクアドル人労働力は、モロッコ人労働力に代替されているようである。

（3）「外国人労働者」としてのルーマニア人

1990 年代後半では平均で毎年約2万人のルーマニア人が国外に移民しているが、ベルリンの壁崩壊後よりは4分の1に減少していると推計されている。[22] この時期の移民先は依然としてドイツ中心であった。98 年にドイツと二国間移民協定が結ばれ、期間 18 ヵ月限定雇用が 2600 人、3ヵ月限定雇用が 5500 人の割当があり、それらに応じて一時的に移民した者が多かった。ドイツ以外の国との協定では、イスラエルとの季節雇用契約が6万から 10 万人規模で締結され、ハンガリーやイタリアとも 1000 人規模で結ばれている。ただし、これらの移民送り出しは例外的であった。

2000 年代に入るとルーマニア経済が成長し始め、GDP 成長率は 01 年に 5.3%、02 年に 4.3% を記録する。皮肉なことに、この時期からルーマニアからの移民送り出しが増加していく。2002 年時点では同国センサスによると 36.1 万人が国外居住し、うち 21 万人が就労していると OECD は報告している。[23] 移民滞在先はハンガリーとイタリアで、それぞれ 4.7 万人、9.6 万人である。スペインに

は 90 年代後半からルーマニア移民が増え、95 年の 0.9 万人から 02 年の 3.8 万人にまで増加している。そして、ブルガリアとともに EU に加盟した 07 年には、スペインにおいては 60 万人のルーマニア人が在留し、2015 年には 96.7 万人へと急増している（**表 4、表 5**）。加盟前年の 06 年の在留者数は 21.1 万人なので加盟と同時に移民した様子が読み取れる。しかも、ジェトロ世界貿易投資報告（2008 〜 12 年）によると、スペインでルーマニア人が急増した 06 年から 08 年のルーマニア経済は、6％ 〜 7％ 台の高い成長率を記録していた。07 年の新加盟に伴って同国への投資が活発になったにもかかわらず大量の移民がヨーロッパ圏に流出していることは、経済成長が国外への移民脱出を抑制する要因として働いていないことを意味する[24]。OECD によると、EU 加盟国には 250 万人以上のルーマニア人が滞在し、その数は同国労働力人口の 4 分の 1 に相当すると推測されている[25]。

　この移民プッシュ要因として考えられるのは、ルーマニア経済の開発事情に起因していると考えられる。NHK 特派員報告「新加盟ルーマニアの光と影」（2007 年放送）によると、ルーマニアからの送り出し要因は、同国一人あたりの GDP が先進加盟国などの 4 分の 1 から 3 分の 1 にあたる域内経済格差と指摘していた。2007 年における東欧 2 ヵ国の EU 加盟は、かつてスペインが担った低コスト生産拠点としての役割を期待されたものであり、その条件を求めて域内加盟国企業が同国への対外投資を活発化させた。日本企業もそれを求めて同国市場に参入した。極端なケースでは、EU 加盟国衣料メーカーが同国に投資し、労働力は中国からの外国人労働力を雇用し、全世界に輸出する製造工程が同番組で紹介されていた。

　ルーマニア人労働者が EU 域内に流出してしまい、国内労働力人口が減少し、それらの投資企業とルーマニア政府は外国人労働者を受け入れることに合意しているのである。ルーマニア国内の外国人として最も多いのがモルドバ共和国からで、次いで中国からが多い。60 〜 70 年代スペインに見られた、スペイン人がドイツ、スイスなどへと出稼ぎに行くと同時に、スペインはモロッコやアルゼンチンなどから労働者を受け入れていた「玉突き移民」と同じ状況である[26]。

　スペインにおける東欧出身者や南米出身者の計画的受け入れ促進は、10 年間続いた好況期の初期に 2 国間協定を結ぶかたちで始まった[27]。2001 年から 03 年

にかけて、国籍別外国人で在留者数が1位2位のルーマニアとエクアドルはこの時期に相互協定を締結したのである。直近の協定は09年で、EU非加盟国であるウクライナと締結した。この目的は、スペイン農業部門などでより低廉な労働力の確保が、経済危機下であるがゆえに続けられていることを示している。

　ルーマニアは全部で13ヵ国のEU加盟国と期間限定派遣2国間協定を締結したが、それらの協定は現在5ヵ国との間でのみ有効になっていると思われる[28]。ルーマニア人を最も受け入れているのがイタリアで、次いでスペインである。主に農業部門や介護・サービス業で就労している。労働力需要が高い産業部門での就労であるゆえに、スペイン社会との摩擦は少ないと思われるが、スペインでも外国人労働者の失業者が多いことから、出身国への帰還を奨励するキャンペーンが行われた。これは2008年に社会労働党のサパテロ政権の時に実施され、失業保険の40％をスペインで支払い、残りの60％は出身国で支払う方式であった[29]。ただし域内移動の自由権には配慮が必要とされた。ちょうど同じ時期に日本でも「日系人離職者に対する帰国支援事業」が実施されていた。支給された場合、3年間は日本に再入国ができないという条件と期間も同じであった。しかしスペインの場合、この政策が在留者の減少にすぐにはつながらなかったことは、統計が示している。

　また、スペインがルーマニア人に対して労働許可証の取得を要請したことに対して、EUは、「スペイン労働市場の大混乱を考慮すると例外的に認めざるをえない」[30]との判断を下した。さらにこの時期には他のEU加盟国でもルーマニア人の域内移動の自由を一時制限したりする処置がEUに申請されている。人の移動の自由の完全実現には多くの時間と対策が必要となっているのが現状である。

　在留ルーマニア人の居住地域は、全国にくまなく拡散しているという特徴がある。2015年6月末ではマドリードで20.1万人と最も多く、各々14万人のアンダルシアとバレンシアが続いている。カタルーニャが12万人と4番目であるが、大都市バルセロナに集住しているわけではない[31]。就業分野に関する研究では、未熟練労働が最も多く、とりわけ女子に集中している。次いで多いのは、工業・建築技術者で、圧倒的に男性が従事している。3番目に多いのは流通・サービス業で、圧倒的に女性に集中している[32]。

（4）ライフスタイル移住者としてのイギリス人

　イギリス出身者は、上記（1）～（3）のルーマニア人、エクアドル人、モロッコ人在留者とは違う目的で入国している。2015年の人口統計によれば、在留イギリス人約28万人（**表4、表5**）のうちの多くは、バレンシア州のアリカンテ、アンダルシア州のマラガ、アルメリア、ムルシア州などの地中海沿岸部か、またはバレアレス諸島やカナリア諸島などの島嶼部に居住している。いずれも典型的な国際的リゾート地である。リゾート地でもあり経済活動拠点でもあるバルセロナにも多くが集住している。つまりスペインにおいて在留外国人の8割を占める労働およびその家族の移民ではなく、「ライフスタイル移住」[33]と呼ばれるようになった退職後の年金を生活資金として国外へ移住する移民である。

　在留イギリス人が多いポルトガル、スペイン、イタリア、マルタに関する「退職者国際移民研究」[34]によると、イギリス人が好む移住先としてスペインは、オーストラリア、アメリカに次いで人気が高いことが分かる。イギリス政府統計局による航空旅行者アンケートでは、15歳から44歳の層ではスペインは3番目の人気だが、59歳以上の層になるとスペインが1番人気という結果が出ている。[35]実際に南欧への移住目的として、日照時間の長さ、健康的でスローな生活習慣の魅力などが挙げられている。また移住先の選定理由は、イタリアやマルタのように退職後の外国人受け入れの歴史が長い国々は家族での休暇滞在経験が1位であり、次いで幼少時の滞在やその後の就労も多いのに対して、スペインの場合は家族での休暇滞在経験が圧倒的に多い。つまりイギリス人の就労機会・体験がスペインでは少ないことを意味している。このことは同国経済事情からすれば容易に理解できる。

　イギリス人在留地の特徴としては、圧倒的に地中海沿岸地域に多く分布しており、在留地が全国に分散している就労型の移民とは全く異なっている。ライフスタイル移民は、多くがバレンシア州のアリカンテ県に集住している。同県在留外国人人口統計では38.5万人（2014年末）と、スペイン2大都市に次ぐ規模になっている。そのうちイギリス人在留者は9.3万人で同県在留外国人の中で最大グループを形成している。

　極端に人口構成が変化したケースがある。アリカンテ県の市町村自治体であるサン・フルヘンシオは、2011年センサスによると、スペイン人比率は22％に

すぎず、外国人比率が約78％を占め、そのうちEU圏出身者が71％と多数派を占めている。中でもイギリス出身者が多く、イギリス以外で最多のイギリス人集住地域を構成している[36]。町の人口はピークの2013年では1万2688人だが、2001年には4100人にすぎず、この間に約3倍の伸びとなった[37]。退職後の年金受給移住者が大多数を占めている。2015年ではイギリス人人口は3781人で外国人人口の42％を占めている。

同県で在留外国人人口比率が76.3％（2013年）とスペイン全国市町村の中で最も高かったのが同県ロハレス市（Rojales）であった。同市の人口のピークは2012年の2万2006人で、2013年から外国人流出が始まっているのでその後は絶対数も比率も下がっているが[38]、それでも2015年の外国人在留比率は71.5％と高い。イギリス人人口は6665人で外国人人口の51.4％を占めている。

外国人人口比率では70.7％を占めるリィベル村（Lliber）も注目すべきだが、イギリス人在留者比率が高いテウラダ町（Teulada）は、2015年では全人口1万1460人のうち外国人人口が6366人と全人口の55.5％を占め、そのうちイギリス人人口は2408人と外国人人口の37.8％になっている。

人口比以外のもうひとつの指標としては、住宅の種類の違いが挙げられる。同町の全住宅は約6000軒である。そのうち主たる生活拠点としての住宅は30％にしかすぎず、残りの多くが「別荘」での登録になっていることである[39]。このように、イギリス人高齢住民を中心とした多国籍の住民が共存する外国人集住都市は、休暇時には2万人近くにまで人口が膨張する。医療・福祉・治安など

表6　スペインにおけるイギリス人在留者の地中海沿岸部分布

(人)

カタルーニャ州	24,815
バレンシア州	78,351
バレアレス諸島	24,301
ムルシア州	14,329
アンダルシア州	80,607
カナリア諸島	32,554
マドリード州	14,221

出所：Ministerio de Emoleo y Seguridad Social a 30 de junio de 2015 より作成

が未整備であることから、対応できずに社会問題化している[40]。スペインの住宅を販売するに際して、現地で建設した開発会社がある一国のみを対象にして販売することで、このような集住形態が起こるという指摘もなされていることに注目しておきたい[41]。

建築ブーム真っ盛りの2006年に、スペインでは約76万戸の住宅が建設された[42]。これは、「イギリスで登録された住居の5倍であった」と推定されている。ライフスタイル移民は、確実にスペイン経済成長に貢献したと言える。建設ブームが去った今でもスペインの沿岸部で退職後を過ごす夢は、イギリス人にとって実現性が高いままであるならば、今後の同国移住者人口が減ることはないと、スペインの銀行や不動産業者は顧客としての狙いを下げてはいないようである。実際、スペインの住宅市場での外国人購入者ランキング2013では、イギリス人が16.7%を占め、第1位となっている[43]。2007年の35%からは大きく下げてはいるが[44]、外国人のスペイン在留者比率だけでなく不動産市場においてもイギリス人の存在は依然として大きい。ただしポンド安などが長期にわたって続くとスペインでの年金受給額が目減りしてしまい、イギリスへの帰還要因になることもあるので為替変動に左右される側面も指摘されている。

4．スペインにおける「移民」の出入国新現象
（1）スペイン人の国外移住

働くことを主として在留している外国人と、ライフスタイル移住が目的で在留している外国人とをこれまで見てきた。しかし直近の現状から言うと、スペインは外国人を「受け入れつつ（スペイン人を）送り出す」国に再びなったと言える。というのも、外国へと移民していくスペイン人が増える傾向にあるからである。スペインから毎年移住していくスペイン人人口（フロー）は、2008年から2013年の間に約2倍になり（**表7**）、その結果世界に在留しているスペイン人人口（ストック）も2009年から2015年までに60万人増加し、200万人台に達した（**表8**）。

この現象はスペイン人だけではなく、エクアドル人を中心とした中南米系在留者とEU加盟国在留者も本国へと帰国している統計が発表されている。つまりスペインの外国人がスペインから出国することで同国人口が減少に転じてい

表7　国外へ移住したスペイン人人口

(人)

年	2008	2009	2010	2011	2012	2013
移住者	288,432	380,118	403,379	409,034	446,606	532,303

出所：INE, Migraciones exteriores desde 2008 より作成

表8　世界に在留するスペイン人人口

(万人)

年	2009	2010	2011	2012	2013	2014	2015
在留者	147.2	157.4	170.3	181.7	193.1	205.8	218.3

出　所：INE, Principales series de población desde 2009. Secretaría General de Inmigración y Emigración Ministerio de Empleo y Seguridad Social, Red Europea de Migración. より作成

るのである。これらを総称として「危機にある人口」と再び減少に転じた人口動向を表現している。[45]移民研究の第一人者であるイスキエルド教授（Izquierdo）[46]は、近年、若い世帯の国外移民が増えていると分析している。国内で職に就けたとしても賃金が低すぎることに見切りを付けて、より良い賃金を求めて国外に職を求めて移民すると指摘している。

（2）スペインにおける難民の受け入れと不法侵入

戦後最大規模の難民移動と言われており、EUの人の移動の自由を根本から覆すような状態が生まれている。1979年に創設されたスペイン難民支援協会の2015年度報告書によると、2014年にEUに申請があった難民庇護申請数は62.5万人であった。ドイツが20.3万人と突出して多く、他の加盟国へは3万人から9万人の申請数であったのに対して、スペインには5947人の申請数であった。[47]EU全体の0.95%にすぎないと報告されている。申請者のうち1679人がシリア人であった。ただし全ての申請者が認定されたわけではない。

スペインにとっては北アフリカからの不法侵入に長く悩まされてきた。その現状をスペイン国務省が発効している2014年の年報によって紹介する。[48]2014年にスペインの海岸に不法に到着した（つまり入国した）人数は4552人であった。前年より40%増加している。2000年代前半の1万～2万人規模に比べると減少してはいるものの、EUの南玄関口への入国移民圧力は継続している。ジ

ブラルタル海峡を渡る時期は夏になると特に急増する。8月を除く11ヵ月の平均渡航人数が約260人であるのに対して、8月には1712人と6.6倍に上る。スペインへの中継地点となっているモロッコ内のスペイン領の自治都市セウタとメリーリャへの不法「入国」者数は約7500人と増加した。アフリカ経由でシリア難民約3300人が押し寄せた事が起因している。セウタとメリーリャへの不法な入国方法のひとつは、モロッコとの国境沿いに設けられた高い柵を越えることである。しかし統計によると、約2.1万人が挑戦し、「柵越え」に成功した人数は2872人にすぎない。それでも何回も「柵越え」に挑戦する。それほどにアフリカからのプッシュ要因も高いままである。

5. 今後の課題——むすびにかえて

フランコ以後の40年間に、スペインは経済規模も人口規模も拡大した。外国人人口は2015年末に498.2万人と再び増加の傾向を示し、外国人人口比率は9.6%に達した。そのうち、EU市民とEU圏以外の出身者とはほぼ半々の比率になっている。外国人人口が増加する中で、スペインはかつての自国民「送り出し中心」から、自国民を「送り出し」つつ外国人を同時に「受け入れ」る状態へと変化し、特に2000年代に入ってから「受け入れ中心」になり、現在は「受け入れつつ送り出す」時代、国へと変容した。アフリカと東欧からの強すぎる移民プッシュ圧力と、EU経済とグローバル経済の原理に基づくコスト抑制圧力による低コスト労働力需要とのマッチングは、EU経済とグローバル経済が生み出すものと言える。

本論で見てきたような人口動態で言えば、移民先進国のように移民の定住化が進み、同国籍への帰化も進んだ。移民政策としても、非正規の正規化を何回か経験した。結果は非正規の流入阻止にはつながらなかった中で、受け入れへの国民意識はおおむね寛容さを示してきた。また政府は人口減少対策のひとつとして社会保障の担い手になることを外国人に期待したりもした。スペイン人の国外移民の増加によって、この目標は相殺されてしまうのだろうか。これらも今後の研究課題である。さらに、いくつかの課題が山積している。フランコ没後40年間と現在起こっているスペインの現象から明らかになったことをさらにいくつか指摘することで、結びに代えたい。

ひとつ目はライフスタイル移民の利点である。為替変動によってスペインにおける年金受給額が増減するが、年金を生活資金とする消費はスペイン経済にとって大きな成長要因となることである。国外移民による出身国への国外送金と同じ役割を持っている。また年金額が固定しているゆえに、滞在国の景気と物価変動に大きくは左右されないことも有意である。さらにアリカンテ県の統計分析から分かったことは、外国人比率が高い自治体の失業率が4％台と低いことである。どのような相関性があるのか、今後の分析対象としたい。ライフスタイル移民の喫緊課題としては、イギリスのEU離脱問題であろう。もし離脱することになると、どのような影響がスペイン在留者に及ぶのか。

　2つ目として、スペインの人の移動史から浮かぶ疑問は、なぜスペイン人の国外への「送り出し」が再開されたのかということである。20％を超える失業率が一因になっていることは本文で触れた。しかし同国名目GDPは世界で14位とオーストラリア・韓国と並んでいる。これら両国の失業率はスペインほど高くはない。国内産業構造が脆弱なのは明らかであるが、ギリシャと同じように国内就労者数に占める公務員の割合が高いという財政依存体質なのか。これらは南欧に共通の特質とよく言われる。あるいは教育の高度化は進んだが産業の高度化が遅れて、ミスマッチが起こっていることも考えられる。スペイン人「新」移民に関する分析が必要だ。

　3つ目は、フランコ時代並びにフランコ没後に何回かの雇用の調整弁機能を体験しているスペインにおいて、国内における移民の排斥の動きが他のEU諸国より少ないのはなぜか。国民アンケートでも、近年国内に移民が多すぎると考える回答が増えているが、しかし排斥運動が過激になったり、反移民を政治目標として掲げる政党がないということである。

　最後に、このようなかなり大きな変化を体験したスペインを見てくると、日本との比較をしておかなければならないと強く思う。10数年前日本はスペインと同じ外国人比率が1％弱であった。しかしその後スペインは、シェンゲン協定に基づくEU市民域内移動の自由もあって10％近くまで上昇した。それに対して日本は外国人比率がほとんど変わらないままである。その背景には、旧態然とした「ヒトの移動観」や「日本特殊論」を日本が保守していることが挙げられる。EUに加盟し加盟国と共同歩調をとる中で、現実と理念との狭間で苦

難を経験しながらも、スペインは人のグローバル移動に対応した。日本の人的移動に関する実態と意識の「遅れ」は、早急に「改善」される必要がある。

注

1 Censo de la Población de España en 31 de Diciembre de 1940.
2 José Babiabo y Ana Fernández Asperilla, *Fenómeno de la Irregularidad en Emigración Española de los Años Sesenta（El）,Documentos de Trabajo*, 2002 marzo, p. 4.
3 Luís M. Calvo Salgado y Otros, *Historia del Instituto Español de Emigración, Ministerio de Trabajo e Inmigración*, 2009, p. 5. および pp. 293 〜 307 掲載の Anexo1 より。
4 本第 2 章の「2．スペイン人移民の帰還とスペインへの外国人の本格的受け入れ」から「4．スペインにおける「移民」の出入国新現象」は中川功「移民の国の社会生活」『地理』第 58 巻（2013 年）7 月号 pp. 30-38 を大幅に加筆修正したものである。
5 中川功「入ってくる移民－その多元化過程－」（『地中海ヨーロッパ（朝倉世界地理講座 7）』朝倉書店、2010 年、332 頁．
6 さらに注目すべきは、あとで述べる外国人の多元化・多国籍化が、すでに 70 年代以前にドイツでは起こっていたことである。注 4 の「入ってくる移民」の統計表にその実態があらわれている。
7 立石博高・塩見千加子編著『アンダルシアを知るための 53 章』第 34 章「アルメリアの新しい農業」として中川が紹介している。
8 José Francisco Jiménez Díaz, *Procesos de desarrollo en el Poniente Almeriense: Agricultores e inmigrados en Revista de Estudios Regionales*, nº 90（2011），p. 199.
9 "40 años del 20N, Trabajo, Economía, Historia de un paro que no cesa," *EL PAÍS* 2015/11/20.
10 中川功（2010）「移民受け入れ先進国となったスペインの移民政策と経済成長」『経済志林』（法政大学）第 77 巻第 4 号．
11 在留許可証が発行されている正規滞在者のみである。統計値は、2008 年は Ministerio de Trabajo e Inmigracion より、2012 年は Ministerio de Empleo y Seguridad Social より引用した。

12　Colectivo Ioé（2012），*Crisis e Inmigración Marroquí* en España, 2007-2011, p. 3. http://www.colectivoioe.org/（最終アクセス 2016 年 10 月 9 日）
13　Colectivo Ioé（2012）参照。
14　Colectivo Ioé（2012）参照。
15　UCIDE とは Unión de Comunidades Islámicas de España の略。同団体のホームページによると、1978 年憲法で信教の自由が保障され、イスラームが公的に認識されるようになったあと、組織化が始まり、1992 年にそれまで存在した 2 つのイスラーム団体が同国法務省登記宗教団体に登記が決定し、現在に至る。
16　UCIDE, *Estudio demográfico de la población musulmana*, 2016, pp. 5-9. イスラームの出自についての統計によると、78 万人のうち、56％がイスラーム継承者、32％がスペイン国籍帰化者となっている。このようなイスラーム人口の増勢を背景に、同国初のイスラーム政党 el Partido Renacimiento y Unión de España、略して PRUNE が誕生している。
17　UCIDE（2013）*Estudio demográfico de la población musulmana*, p. 7.
18　BOE núm.164（10 de julio, 2001），*Acuerdo entre el Reino de España y la República del Ecuador relativo a la regulación y ordenación de los flujos migratorios*.
19　Emilio José Gómez Ciriano, Andrés Tornos Cubillo y Colectivo Ioé（2007），*Ecuatorianos en España. Una aproximación sociológica*, Ministerio de Trabajo y Asuntos Sociales.
20　Centro Regional de Estadística de Murcia, Padrón Municipal de Habitantes de la Región de Murcia の各種統計参照。
21　Colectivo Ioé（2007），La inmigración ecuatoriana en España, p.10. http://www.colectivoioe.org/（最終アクセス 2016 年 10 月 9 日）
22　OECD, *Trends in International Migration 2000*, p. 244.
23　OECD, *Trends in International Migration 2004*, p. 259.
24　このようなあまりに強い送り出し圧力が原因で、これら両国は、EU の人の移動の自由を定めたシェンゲン協定に加盟はしているが実効できない状況にある。加盟国内民の雇用維持に影響が出ることが懸念されているからである。EU 加盟国で同協定に加盟していないのは英国だが、まさにその懸念が強くて加盟していない。英国 EU 離脱論の根拠のひとつにもなっている。

25 OECD (2010), *International Migration Outlook* (SOPEMI), p. 236 参照。

26 中川功 (1994)「外国人労働者の送り出しと受け入れの一国内並存状態の発生」『拓殖大学論集・社会科学』第211号参照。その結果、多文化共生社会となった歴史的経緯については、中川功「入ってくる移民－その多元化過程－」(『地中海ヨーロッパ (朝倉世界地理講座7)』朝倉書店、2010年、331～336頁を参照のこと。

27 Ministerio de Empleo y Seguridad Social de España ホームページの Convenios de flujos migratorios laborales 参照 (extranjeros.empleo.gob.es/es/normativa/internacional/flujos_migratorios/ 最終アクセス2016年10月9日)。ならびに Agencia Estatal Boletín Oficial del Estado (www.boe.es/buscar/doc.php?id=BOE-A-2002-23465 最終アクセス2016年10月9日) によると、2001年にドミニカ共和国、モロッコ、エクアドル、コロンビアと締結している。ルーマニアとは2002年に締結している。

28 OECD (2012), *International Migration Outlook* (SOPEMI), p. 264 参照。

29 *Cinco Días*. com, 09/05/2012, http://www.cincodias.com/articulo/economia/espana-negocia-rumania-plan-retorno-inmigrantes/20120509cdscdieco_2/ (最終アクセス2016年10月9日)

30 *Europa Press*, 11/08/2011, http://www.rtve.es/noticias/20110811/bruselas-acepta-espana-exija-permiso-trabajo-inmigrantes-rumanos/453805.shtml (最終アクセス2016年10月9日)

31 Ministerio de Empleo y Seguridad Social, *Extranjeros Residentes en España_Principales Resultados a 20150630_Residentes Tablas*.

32 Andreu Domingo, Fernando Gil Alonso y Vicente Maisongrande, *Inserción Laboral de los Inmigrantes Rumanos y Bulgaros en Eapaña*, Cuadernos de Geografía de Universidad de Valencia, núm. 84, p. 229.

33 Karen O'Reilly (2007), "Emerging Tourism Futures: Residential Tourism and Its Implications" や、Benson, M., K. O'Reilly (2009) による *Lifestyle Migration. Expectations, Aspirations and Experiences*, Ashgate. などによって lifestyle migration をキーワードにして研究が位置づけられて始まった。日本では長友淳氏の『日本社会を「逃れる」―オーストラリアへのライフスタイル移住』彩流社 (2013) という先駆的研究がある。かつては retirement migration や non-economic migation などの用語をキーワー

ドとしていた。スペインでは 1970 年代から turismo residencial と定義づけて調査・研究が進められてきた。

34　R. King, A. M. Warnes and A. M. Williams（1998），"International Retirement Migration in Europe," *International Journal of Population Geography* 4, pp. 91-111.

35　Office for National Statistics, Long-Term International Migration estimates from International Passenger Survey 2000-2010.

36　*El Mundo*, 15/05/2012, Welcome to San Fulgencio !

37　Generalitat Valenciana, IVE（Institut Valenciá d' Estadística） *Ficha municipal Actualización 2012*, San Fulgencio.

38　*INFORMACION* 26/06/2015 "Alicante es ya el municipio con mas vecinos extranjeros."

39　Caja España, *Datos Económicos y Sociales, San Fulgencio*（Ficha municipal 2012）.

40　定年退職組だけではなく、早期退職組も加わっていることが日本でも新聞報道されている。『朝日新聞』2007 年 8 月 27 日付。

41　Joan Carles Membrado, "La Costa de Los Jubilados," *METODE* de la Universidad de Valencia 4（2014）.

42　*El Confidencial*. com, 17/11/2012 "¿Fin del boom de los jubilados británicos en la costa español?"

43　*La Vanguardia*, 23 de Septiembre de 2014, "Los extranjeros compran una de cada cinco viviendas."

44　Consejo General del Notariado, *Estadísticas correspondientes a operaciones realizadas en 2013*, p. 3.

45　Centro de Documentación de las Migraciones, *Historias de la Emigración* número 37（Noviembre de 2015），p. 1.

46　*El Mundo*, 4 de diciembre de 2015. "Los inmigrantes vuelven a venir a Espana pero siguen marchandose los españoles."

47　CEA〔R〕（Comisión Española de Ayuda al Refugiado），*Informe 2015：Las personas refugiadas en España y Europa*. Resumen ejecutivo, p. 9. 同報告書の表紙は、EU の旗をモチーフに模した恐ろしい図柄である。海を旗の青に見立て、そこに浮かぶ難民の死体とトランクが 12 の星の位置に並べられている。

48 Ministerio del Interior, *Lucha contra la inmigración irregular Balance* 2014.
49 外国人人口のピークは 2012 年の 497.1 万人であったが、その後 2 年連続で減少していた。(Ministerio de Empleo y Seguridad Social, Extranjeros Residentes en España, Principales Resultados a 20151231, Residentes Tablas)

第3章 アンダルシアの社会経済の変遷

塩見 千加子

はじめに

　アンダルシア地方は8県からなり、17の自治州のうち第2位の面積（8万7268平方キロメートル）と最大の人口（840万1760人、2016年1月現在）を有する自治州である。フェニキア、ローマ、ヴァンダル、西ゴート、イスラーム、ユダヤ、そしてカトリックと、さまざまな民族や宗教の影響を受けたこの地は、独特の文化をもつと言われてきた。19世紀以降、『カルメン』の作者メリメをはじめとする外国人も魅了され、現在も観光客に最も人気がある地方のひとつである。しかしアンダルシアでは、中世より続く大土地所有制（ラティフンディオ）の影響で、少数の土地所有者と大農場で働く大勢の日雇い農民の社会経済的格差が常に問題であった。これを解決するためにも、20世紀初頭にはブラス・インファンテ（Blas Infante）を中心とする知識人たちが、アンダルシアには独自の文化をもつ「民族」が存在すると考え、当時隆盛していたカタルーニャ、バスク、ガリシアの民族主義運動に対抗する地域主義運動（アンダルシスモ）を起こした。しかし、独自の言語をもつ3地方に比べ文化的基盤が脆弱なため、この運動が根づくことはなかった。その後、フランコ独裁政権下、各地の民族主義運動は一掃されたが、1975年のフランコの死後、急速に民主化したスペインで運動が再興した結果、スペイン全土が17の自治州に再編され、アンダルシアも1981年に自治州となった。

　それからはや30年以上が過ぎた。その間に、アンダルシアも政治的・社会経済的・文化的に大きな変容を遂げた。

1. アンダルシア自治州の成立とフェリペ・ゴンサレス政権

　フランコ死後フアン・カルロス1世が即位し、スペインは、19世紀以来ヨーロッパ諸国が目指してきた「国民国家」ではなく、78年に制定された現憲法の第2条に「スペインを構成する諸民族および諸地域の自治」を認めるとあるように、「自治州国家」としての道を歩むことになった。まず3つの「歴史的自治州」が自治権を獲得するが、アンダルシアも他地方と同等の権利を主張し始めた。すでにフランコ時代末期から、アンダルシスモに関する論稿の出版が相次いでいたし、アンダルシア社会主義同盟（ASA）などの地域主義政党や、農業労働者組合（SOC）が水面下で活発に運動を始めていたので、フランコ死後の動きは早く、76年初めにはセビーリャの市庁舎にアンダルシアの旗が掲げられたという。77年、民主化後初の自由選挙が行われ、全国レベルではアドルフォ・スアレス（Adolfo Suárez）の民主中道連合（UCD）が勝利するが、アンダルシアではセビーリャ出身のフェリペ・ゴンサレス（Felipe Gorzález）が率いる社会労働党が勝利する。その年の秋、アンダルシア諸県選出の国会議員が集会を開き、12月4日には歴史上初めて「アンダルシアの日」を祝い、セビーリャでは住民が市庁舎に続くメイン通りを埋め尽くした。しかしマラガでは、デモに参加した19歳の若者が警官に撃たれ死亡した。この若者は、ブラス・インファンテとともに自治要求運動のシンボルとなった。翌78年の同日には、政治諸勢力が自治権獲得のために協定を結び、その2日後新憲法が承認され、地方自治に正式にゴーサインが出た。

　憲法には自治州成立の要件は143条と151条にあり、アンダルシアが選んだのは151条で、住民投票を必要とする点が143条と異なりハードルが高いが、その代わり与えられる自治権が大きかった。この151条による手続きを選んだのは、3つの「歴史的自治州」とアンダルシアである。ただ、「歴史的自治州」は第二共和国の時代に住民投票を済ましているので、アンダルシアのみがこれを実施した。ところが、当時のUCD政権は、「歴史的自治州」以外の州の平等性を重視し、アンダルシアが151条を選択することに反対し、住民投票の棄権を呼びかけた。その結果、1980年2月28日に実施された住民投票では、151条が定める各県の絶対多数の賛成という要件を、アルメリア県が実現できなかった。

アルメリアはUCDの地盤がかたく、アンダルシア全体としてはPSOEが勝利した77年と79年の総選挙の両方で、UCDが最多票数を獲得している。実は、アンダルシアがひとつのまとまりのある地方かどうかは以前から疑問視され、東西のアンダルシアが別々に自治州となるという構想もあった。レコンキスタの時期の違いの結果、東と西では文化的・社会経済的にずいぶん異なると指摘されてきたからである。西の主な部分は13世紀にレコンキスタが完了したが、東には1492年までナスル朝グラナダ王国が存続した。その東の中で最も東に位置するアルメリアは、アンダルシアの他県より、隣県のムルシアとの類似性がしばしば指摘され、この2県で自治州を形成するべきという意見もあった。しかしながら、その後PSOEはUCDと協定を結び新たな法案を提出し、アルメリアの発議を国会が代行することを取りつける。1981年10月、新たに住民投票が行われ、アンダルシア自治州が正式に誕生した。アンダルシアの地方自治獲得プロセスで主導権を握り続けたPSOEは、その後82年5月の自治州議会選挙で絶対多数を得て、同年10月の総選挙でも勝利した。PSOEに完全勝利をもたらしたのは、カリスマ的政治家、フェリペ・ゴンサレスであった。

　セビーリャの労働者地区ベジャビスタ生まれのフェリペは、セビーリャ大学在学中に当時違法組織であった社会党青年部に加入し、地下活動を行った。ベルギーにも留学し、帰国後は母校で労働法を教えるとともに、労働問題専門の弁護士事務所を開き、労働争議を指揮した。長髪で革ジャンにジーパンという型破りの弁護士だった。74年、フランスのシュレーヌで開かれた党大会でPSOEの第一書記長に選ばれ、77年の総選挙で野党第一党のリーダーとなった。そして82年、約80％という高い投票率の総選挙で絶対多数を獲得し、40歳で首相となる。前年に極右の治安警備隊員によるクーデター未遂が起こり、社会不安が続く中、内戦を知らず政治的なしがらみとは無関係、何か事を起こしてくれそうな若者に、国民は希望を託した。それから96年まで4期、首相を務めた。

　フェリペは、ペセタ切り下げ、金融引締め、賃上げ抑制などの緊縮政策とともに、企業の投資促進を重視して経営者団体および労働者組合との三者間協定、つまり「ネオ・コーポラティズム」体制を採用するなど、社会民主主義的な経済改革を実行した。また、大規模な労働市場改革も実施し、最長2年、受給額

は失業前の給与の 60 〜 70％という手厚い失業保険も導入した。1986 年には欧州共同体（EC、現 EU）への加盟を達成し、コロンブスのアメリカ大陸到達からちょうど 500 年の 1992 年、バルセロナではオリンピックが、セビーリャでは万国博覧会が開催された。

　しかし、90 年代初めは湾岸戦争の勃発により世界経済が後退し、92 年の大イベントも大きな経済効果をあげなかった。その頃から政府と企業の癒着を示すスキャンダルが次々と発覚し、さらにバスク祖国と自由（ETA）の約 30 名のメンバーを殺害した反テロリスト解放グループ（GAL）に対する政府からの情報提供疑惑が深まり、結局 96 年の総選挙で中道右派の国民党（PP）に負けた。しかし、フェリペの発言は以後も影響力をもち、自治州議会では PSOE が現在まで一度も途切れることなく政権政党となっている。

2. 高い失業率

　アンダルシアでは、土地がレコンキスタの功労者に報奨として分割された結果、中世より大土地所有制が根づき、農業の中心であるグアダルキビル川流域の肥沃な穀倉地帯に特に影響が残っている。わずかな数の大土地所有者が社会経済的特権を享受する一方で、機械化の結果、大農場で年に数か月の季節労働にのみ従事する大量の日雇い農民は常に困窮状態にあった。そこで 50 年代後半から、スペイン北部や他のヨーロッパ諸国へ多くの人々が移住した。ところが、この動きも 70 年代のオイルショックにより収束し、アンダルシアは再び失業者であふれていた。そこで当時、経済面の難題は、第一に高い失業率、そして第二に農業地域の富の不均衡分配であった。1981 年の自治憲章にも、「全生産部門における完全雇用の実現と、特に若い世代に対する仕事の保証」という文言が第一の目標として述べられている。それから 30 年以上経過した現在、経済状態はどうなったのか。

　アンダルシアには 1981 年に約 39 万 7300 人の失業者がいた。ところが、2013 年の 36.2％をピークに、近年はわずかに減少傾向が認められるものの、2015 年に失業者は 127 万 5000 人、失業率は 31.5％であり、30 年余りで 3 倍以上に増加している。同年、スペイン全体では約 22％であり、アンダルシアは 17 の自治州の中でほとんどいつも最高である。この数値は EU に属する 276 の地域の

中でも最高で、25歳以下の若者に関して言えば55.4％にもなる。1970年代後半以降、失業率の上昇傾向は顕著に表れているが、下がった時期も2度あった。1度目はわずかではあるが1987年から90年までで、この時期特に公共事業が推進された。EC加盟によりもたらされた補助金の影響が大きく、1992年のセビーリャ万博開催へ向けて、鉄道、道路などの交通網や都市インフラの整備が進んだ。2度目は1994年から2007年にかけてであり、いわゆる不動産バブルの結果であった。

しかし、その後の2007年以降の失業率の上昇は驚異的であり、現在貧困率はきわめて高い。2014年、経済的に発展しているマドリードやカタルーニャでは15％前後であるのに対し、アンダルシアでは33.3％に達している。2012年には、全労働力が失業中である家庭の数が最高で全体の約23％である。これはマドリード（9.3％）の2倍以上で、平均所得も2015年にマドリードより約25％低い。

セビーリャで暮らす筆者のまわりにも、長年勤めていた会社を突然解雇された人が何人もいて、失業保険や家族の援助で暮らしている。好景気の頃は、銀

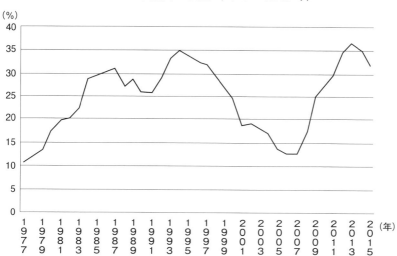

グラフ1　アンダルシアの失業率の変遷（1977〜2015年）

出所：SIMA、INE

行がどんどん貸し付けをしたため頭金をほとんど払うことなく住居を購入できた。しかし、失業により高額ローンの返済が滞り、自宅を手放さざるをえなくなった人々が大勢いる。しかし、他に行くあてがなくそのまま居座り、行政や警察の介入によって無理やり自宅を接収されたというニュースが後をたたない。民間の支援団体もあるが限界があり、行政が手を差し伸べるべきであるが、経営破綻状態にある大手銀行への財政支援や、教育・医療費の大幅削減を打ち出している政府にその力はない。2015年の地方自治体選挙では、新興政党ポデモスを中心とする左派が勢力を拡大し、マドリード、バルセロナ、バレンシア、サラゴサなどの大都市の他、アンダルシアでは長年PPの力が強かったカディスにおいても、ポデモス系の市長が誕生した。人々の変革への強い欲求を反映しているのだろう。だが、アンダルシアの経済状態はどうしてこんなにも悪化してしまったのか。

3. 古くからの土地の問題と新しい農業

　アンダルシアの農業従事者の総労働者に対する割合は、1981年に22.8％であったが、2015年にはわずか7.9％である。ただし、4.1％というスペイン全体の割合に比べれば多く[14]、農業は現在も重要な産業である。自治州誕生当時、農業面での最大の課題は前述したとおり土地の不均衡分配であった。1981年の自治憲章にも農地改革の必要性が述べられており、人類学者のイシドロ・モレノは、農地改革はアンダルシアの人々のアイデンティティのマーカーのひとつであると言っている[15]。そこで、積年の問題への対処は早く、1984年には成文化の動きが現れた[16]。

　一方、当時の大土地所有者たちは経営転換を迫られていた。EC加盟をひかえ、ヨーロッパ諸国との競争が激しくなる中、昔のように経営を全て農場管理人に任せ、市長や市会議員の職に就き社会的特権を享受したり、セビーリャやマラガなどの大都市に居住したりする生活を送ることは不可能となり、有限会社を設立するなどして、農場経営に真剣に取り組むようになっていた。そんな状況下で制定された農地改革法は、効率的な生産が行われていた農場は適用外とされた上に、農地の強制接収が、私的所有権に抵触するという違憲判決が出て、結局断念せざるを得なくなった。そこで、未解決のままの日雇い農民の困

窮に対処して、アンダルシア自治州とエストレマドゥーラ自治州にのみ適用される特別助成制度が設置されたが、あいかわらず彼らの生活は不安定で、必要な時のみ、農業、観光業、建設業などの産業部門に便利に割り当てられる労働力となってしまった。

ところで、農地改革が注目されてきた一方で、アルメリア県は1990年代までにビニール温室栽培によるトマト、ピーマン、キュウリを中心とする野菜の生産で劇的な発展を遂げていた。アルメリアを含む東部は伝統的に小規模土地所有制で重要な農業地域ではなかったが、現在生産量は増加し、EU諸国にも出荷され大成功をおさめている。この生産増を実現したビニール栽培は、「点滴灌漑」という、地下水やわずかな土地など自然資源をうまく利用した方法である。他方、種苗はオランダなどの多国籍企業に頼りコストを抑え、利益を生み出した。当時タイミングよく市場がヨーロッパ諸国へ拡大したことも大きい。

しかし、アルメリアの野菜生産にも問題がある。莫大な投資のわりには生産性が低く、ほとんどの農民が大きな借金を抱えている。そうなると、最も生産が安定しているのは、ハエン県を中心とするオリーブ栽培であろう。生産量は

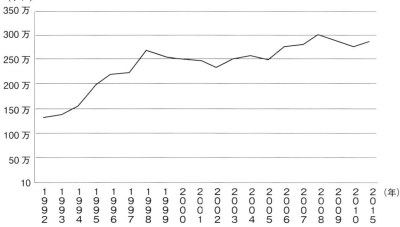

グラフ2　アルメリア県における野菜の生産の推移（1992〜2015年）

出所：SIMA、Principales producciones agrícolas.

1992年の263万トンから2011年の596万トンと、約20年間で倍増している[17]。1986年から共通農業政策（CAP）の補助金が出たことに加え、肥料の使用、収穫の機械化、搾油機の改良が促進された結果である。ただし、窒素肥料や除草剤、殺虫剤のせいで、近年ダムや河川の水質汚染が続き、山間部のオリーブ生産地帯では不毛の土地が増加しているという[18]。また、ほとんどのオリーブ農家は小規模経営の兼業農家であり、CAPの補助金があるからオリーブ生産を家計の足しに行っている。つまり、アンダルシアのオリーブ生産は、CAPに左右される非常に不安定なものであると言える。しかし、特に近年進んだ収穫の機械化は生産性向上を実現した。1ヘクタール内のオリーブの本数を増やし、オペレーターがひとりで動かすことができる収穫機で、50日で200ヘクタール以上も収穫が可能になったという[19]。また、アンダルシアでは市場に出るオリーブオイルのうち80％が現地で精製されているが、アンダルシアにある14の精製所は、植物油のグローバル市場をコントロールしている5つの大企業グループの傘下にあり、CAPの度重なる変更にも対応している[20]。

4. 工業および他の産業の現状と問題点

1981年の自治憲章には、工業についても、「アンダルシアの調和のとれた成長の基盤としての工業発展[21]」、そして2007年の改正自治憲章には「イノベーションと科学研究に基づいた工業および技術の発展[22]」が目標として挙げられている。というのも、1970年代末、アンダルシア工業がスペイン全体に占める割合は10％にすぎなかったからである。ところが2011年には8.9％に減少している[23]。アンダルシアの人口がスペインの総人口の17〜18％を占めることからすると、この数値はきわめて低い。主要工業は伝統的に食品加工業である。1990年代初めまでは、砂糖、アルコール飲料、製粉業、パン生産などが、スペインの全生産の30％以上を占めていた。現在はテーブルオリーブおよびオリーブ油の加工業のみが、スペイン全生産の50％を占める重要産業となっている[24]。

現在、多くの食品加工業は世界的な大企業グループの傘下にある。アンダルシアの大企業のひとつに、世界第2位の売り上げのビール会社、ハイネケングループに1999年に買収されたクルスカンポ社がある。もともとセビーリャの中心街に近い場所にあった工場の敷地は、市街地再整備により住宅地となったた

め莫大な利益を生み出し、2008年にセビーリャ市郊外に何倍もの規模のりっぱな新工場を設立した。他にもカディス県ヘレス・デ・ラ・フロンテーラ市に本社があり、「ティオ・ペペ」の銘柄で世界的に有名なシェリー酒醸造のゴンサレス・ビアス社や、フランスの乳製品企業の傘下にあるグラナダのプレバ社などが、ローカル企業でありながらもグローバル化に対応して生き残っている。

　ところで、クルスカンポ社のケースからもわかるように、1990年代から2007年まで最大の経済の起爆剤は建設業であった。90年代半ばまで、全労働者に対する建設業従事者の割合は10%前後を推移していた。ところが、これ以降増加の途をたどり、2007年と2008年には15%以上となっている。90年頃にも、セビーリャ万博開催のためのインフラ整備により増加しているが、2000年代の建設業界の発展はこれを上回るものであった。しかも、アンダルシアは建設業への依存が大きかった。2008年の国内総生産に占める建設業の割合は、マドリードやバルセロナ、バスクなど経済的に豊かな自治州では約10%であるのに対して、アンダルシアでは14.4%である[25]。その結果、後の住宅バブルの崩壊により、非常に多くの失業者を出した。

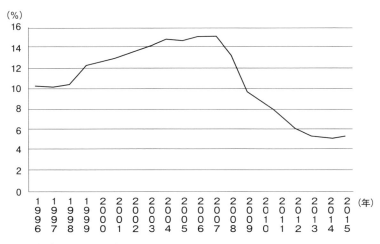

グラフ3　アンダルシアの全労働人口に占める建設業従事者の割合
　　　　（1996～2015年）

出所：SIMAおよびINE

こうした用地の再整備に伴う完璧な投機ビジネスは政党と企業が密室で生み出したもので、一般の人々には何の富も生み出さなかった。政治家はその後起こったことに責任をとらず、辞任する者さえいなかった。経済学者のナレードは、利益は少数の者のためだけにあり、この状況は「民主政治という看板のもとでの寡頭政治の再建」であると述べる[26]。

　そこで、現在のアンダルシアで最も重要な産業は、サービス業、特に観光業であろう。2015年、総労働者に対するサービス業従事者の割合は78.4％である[27]。アンダルシアには、恵まれた気候、コスタ・デル・ソル（太陽海岸）を代表とする美しい海岸、セビーリャのカテドラルとアルカサル、コルドバのメスキータ、グラナダのアルハンブラ宮殿などの世界遺産、フラメンコや闘牛という独特の芸術、セマナ・サンタ（聖週間）やフェリア、カーニバルなど多彩な祝祭があり[28]、観光客の数は近年増加している[29]。しかし、観光業従事者のほとんどが季節雇用による不安定な状況にあることは、深刻な問題である。

5. 伝統的な移民流出地域としてのアンダルシア

　アンダルシアは伝統的な移民流出地域である。先述したとおり、特に1950年代半ばから70年代初めにかけて、多くの農民が出稼ぎに行った。行き先は、カタルーニャ、バスク、マドリード、バレンシアなどの工業地域であった。特にバルセロナは「アンダルシアの9番目の県」と呼ばれるほど移住者が多かった。バルセロナ市には「アンダルシア人の家」や県人会があり、多くの出身者がオスピタレー・デ・リョブレガーなどの郊外の町で現在も暮らしている。そこには高層団地が立ち並び、アンダルシアの産物・料理をあつかう商店やレストラン、フラメンコや闘牛の愛好家のための会員制クラブや、アンダルシア各地のサッカーチームのファンクラブもある。また、ブラス・インファンテの銅像もあるし、セマナ・サンタの宗教行列やフェリアなどの祝祭が小規模ながら開催されている。アンダルシア出身者は移住先で子供ができ、子供がそこで進学、就職、結婚したので、定年退職後も変わらずその土地で暮らす。

　当時アンダルシアの人々は他のヨーロッパ諸国へも向かった。政府は、経済的好況により安い労働力を必要としていたヨーロッパ諸国と協定を結んだ。移民局の集計では、1959年から72年までに移住したスペイン人の数は150万人

近くとなっている。ドイツが最多であり、フランス、スイス、オランダ、ベルギー、イギリス、オーストリアなどが続く。

　筆者は、ベルギーにわたった男性にインタビューをしたことがある。1957年に、ベルギーとスペインの政府間協定により初めてベルギーの炭鉱に送られた約300人のうちのひとりで、その後転職し、定年までベルギーで暮らした。毎年夏期休暇には故郷に戻り家族と過ごしていたし、収入や社会保障がよかったからベルギーに住み続けた。ブリュッセルには、スペイン料理のレストランや食料品店、里帰りの手配をしてくれる旅行代理店、サッカー、闘牛、フラメンコの愛好会、そして多数の政治団体があったという。当時、スペイン国内で集会の自由はなかった。しかし、他のヨーロッパ諸国における移民たちの経験、豊かな物資やファッション、そして彼らが直接触れた自由主義思想は、手紙によって、または一時帰国の際に国内の人々に伝わり、フランコ時代末期に生まれた反体制運動に影響を与えたと考えられる。

6. 多文化社会の到来と課題

　オイルショックの影響により、70年代半ばにはアンダルシアからの人口流出は止まった。ところがその後しばらくして、アンダルシアは移民受け入れ地域となる。北アフリカや中南米、東欧諸国の出身者が多く、海岸には、北アフリカから妊婦や子供までが乗る違法船舶が頻繁に到着している。また、近年は中国人がビジネスを拡大し、不況で次々とスペイン人が店舗を閉める中、中国人所有の店舗が占める工業団地や倉庫街も多い。一時期、スペインは合計特殊出生率（ひとりの女性が一生にもつ子供の数）が日本より低かったが、外国人の急増により2008年までの10年間は上昇した。アンダルシアでは、1998年、外国人の割合は1.4％にすぎなかったのが、2015年には7.6％となっている。そこで、アンダルシアの人々も多文化社会の到来に対応せざるをえなくなった。しかし当初は、アルメリア県エル・エヒード市で起きた悲劇のように、反発は相当大きかった。

　前述したとおり、アルメリアは野菜生産に特化し大きな成功をおさめているが、そこで働くのは主に外国人である。彼らはすし詰めのアパートでの共同生活か、バラック小屋で電気もガスもない生活を送っていた。2000年2月、モ

グラフ4　スペインおよびアンダルシアにおける外国人の割合
　　　　（1998～2015年）

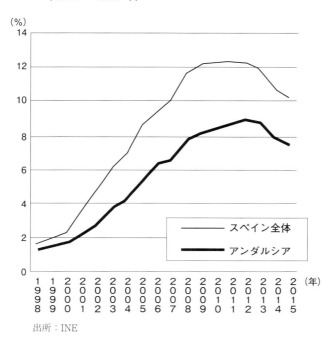

出所：INE

ロッコ人の男性がスペイン人女性を殺害した。以前よりこの町では、移民による強盗事件が多発し、殺人も起きていたので、新たに被害者が出たことで住民の怒りが爆発し、一部のスペイン人がモロッコ人経営の商店を襲撃し、所有車に火を放った。これにモロッコ人たちも応酬し、他の町にも暴動は広がった。

　当時、スペインはもとよりEUでさえ移民政策の整備が遅れていたが、事件の翌年、外国人法改正により居住権を与える基準が緩和され、外国人の権利と自由を尊重し、社会的統合が進められることになった。2005年には、大量の不法滞在の外国人に対して居住権を与える措置がとられた。EUでは2000年頃から「市民」概念が用いられていたので、スペイン政府も2007年、『市民と統合のための戦略計画』を承認し、世界市民意識の重視、外国人の基本的人権の尊重、そして同時に社会参画の義務を負うことが提起された。そうした中、人々

も外国人との共存や外国人の文化を尊重することの重要性を認識し始めた。

ただ、スペイン社会学研究所（CIS、以下、社会科学研究所とする）の調査によれば、外国人居住者の増加とともに、これを不安視する人、移民の数が多すぎるし、政府の政策が寛容すぎると答える人が増加した。もっとも、経済危機以降外国人の数も減少し、彼らに対して否定的な態度をとる人も減っている[32]。時間の経過とともに外国人との共存に慣れてきたとも言えるだろう。

7. 再び移民流出地域へ

ところが、現在のアンダルシアからは再び移民が流出している。スペインの25歳から34歳の人々の2015年の大学進学率は41％であり[33]、現在若者の間で高学歴化が進んでいるが、失業率の高いこの国は就職できない若者であふれている。地下経済が発達しているので、統計に表れない仕事に従事する者もいるが、短期雇用、低賃金である。近年若者は、月給がだいたい1000ユーロ前後であるため、「ミル・エウリスタ」と呼ばれてきた。この給与では、ユーロ導入で物価が高騰したスペインで、住宅や車のローンを支払いながら暮らすことは難しい。しかし、最近はさらに状況が悪化し、短期・時短雇用で月給が400～600ユーロという話も頻繁に聞く。

そこで、若者は公務員試験や教員採用試験を受験するが、競争率が非常に高いため、何年も繰り返し受験し、その度に若干の加点がありやっと合格できる。しかも現在、公務員の数の削減や教育費の大幅削減が打ち出され、給与カット、新規採用募集の停止が相次いで実施されている。就職できないのでとりあえず大学院に進学する人も多いが、その後得る職も期間限定の研修生である。

このような状況の中、ドイツやイギリス、フランスなど他のヨーロッパ諸国で仕事を探す若者が増加している。以前の移民は、工場や鉱山での労働やサービス業など非専門職従事者であったが、現在ヨーロッパ諸国に向かうのは、エンジニア、経営学、情報科学などを勉強した若者である。まず住み込みのシッ

表　ヨーロッパ諸国で暮らすアンダルシア出身者の数

（人）

2009年	2010年	2011年	2012年	2013年	2014年	2015年
96,125	98,927	101,890	105,336	109,164	113,588	118,669

出所：IECA, Andaluces en el exterior

ターとして数年働き、その間に語学力を身につけ就職活動をして社会的地位を得る女性もいる。また、中国経済の恩恵を受けることを期待し、中国語を学ぶ若者も増加している。中国語を教える小中学校もあるそうだし、金持ちの家庭では子供たちに中国人のシッターをつけるのが流行している。

8. 文化と価値観の変容

　ここまで政治的、社会経済的なアンダルシアの近年の変容について見てきた。最後に文化面と人々の価値観の変容について考えたい。

　外国人の流入による多文化社会の到来は、アンダルシアの人々に新たな価値観をもたらした。筆者が90年代半ばにセビーリャに来た時に必ず聞かれたのが「セビーリャは好きか。日本よりいいだろう？」であった。ある若者からは「アンダルシアがいちばんすばらしいから、他のどこにも行く必要はない」と言われたこともある。外国の文化に憧れていた筆者には衝撃的で、とても閉鎖的な社会であると思われた。しかし、20年たった現在では、周囲に多くの外国人が住んでいるし、就職を海外で考える若者もいる。彼らは子どもの頃からパリのディズニーランドへ出かけ、ローコストの飛行機で海外旅行をしており、外国の文化に対する考え方がずいぶん変わったと感じる。

　しかし、アンダルシア社会には昔から何も変わっていない面も多い。経済の停滞はあいかわらず深刻である。先日衝撃的なニュースを聞いた。スペインで最も貧しい15の地区のうち7つがセビーリャにあるという[34]。一方、セビーリャには裕福な地区もあり貧富の差が大きい。現在のアンダルシアには表面上は民主化以前の面影はないが、こうした貧富の差はフランコ時代から何も変わりがない。さらに、工業が未発展の結果であろうか、アンダルシアには近代的で発展した社会に典型的な価値観が欠如していると感じることがある。それは、合理性、効率、生産性、能力主義などである。

　もちろん、民主化以後変化したことは他にもある。世俗化は大きな変化である。教会によらない婚姻に離婚、条件つきではあるが中絶が認められ、2005年には同性婚も認められた。フランコ時代の国家カトリック主義下のスペインからすると急激すぎる変化で、反発は当然ある。もっとも、アンダルシア各地で毎年盛大に行われるセマナ・サンタの宗教行列を見るにつけ、社会は世俗化し

たと言えるのか、疑問に思う。若者でさえ熱心に参加し、涙を流しながら見学している。ところが、人々が日常的にミサに通っているかと言えばそうでもなく、セマナ・サンタに対する熱狂が何であるかは別に考察が必要である。

　このように、アンダルシアの人々は、少しずつではあるが、伝統的な価値観から脱却し、確実に変化を経験している。ある社会調査によると、経済状態の改善が多くの人々にとっては最重要課題であるので物質主義的傾向があいかわらず強いが、持続可能性、生活の質、職場環境、自由、団結力などを重視する、ポスト物質主義へと移行する様相も認められるという。一方で、何よりも家族や友人を重視する伝統的な姿勢は現在も変わらず、時にそれが過度の縁故主義という形で現れ、現在スペインで大問題となっているさまざまな政治経済的スキャンダルもこれに起因するのであろうが、アンダルシアの人々が、新旧の価値観のバランスをとりながらどのように変化していくか、今後も注目したい。

注

1　スペイン統計局 INE（Instituto Nacional de Estadisticas. www.ine.es/ 最終アクセス 2016 年 10 月 15 日）による。

2　アンダルシアで使用される言語はカスティーリャ語（スペイン語）であるが、スペイン中北部の標準スペイン語とは特に音声面で異なる「アンダルシア方言」である。

3　大土地所有制および 1950 年代の日雇い農民の生活については、ベルナル（1993 年）や Martinez Alier（1968）という古典的名著がある。

4　Estatuto de Autonomía de Andalucía 1981. Título preliminar disposiciones generales. Capítulo 12. 3-1.

5　アンダルシア統計地図局 IECA（Instituto de Estadística y Cartogrfía de Andalucía）の統計資料、SIMA（Sistema de Información Multiterritorial de Andalucía. http://www.juntadeandalucia.es/institutodeestadisticaycartografia/sima/index2.htm 最終アクセス 2016 年 10 月 15 日）による。

6　INE、Encuesta de Población Activa（EPA）による。

7　ただし、アフリカ沿岸部の 2 つの特別自治都市のひとつ、メリーリャのほうが高い。

8　Eurostat（ec.europa.eu/eurostat 最終アクセス 2016 年 10 月 15 日）によると、2015 年の失業率は NUT（地域統計分類単位）2 に表れる 276 地域の中で最も高い（ただ

し、自治都市メリーリャを除く）。
9   INE, EPA の 2015 年第 4 四半期の結果より。スペイン全体の 25 歳以下の若者の失業率は 46.3％で、やはり高い。
10 INE, Encuesta de condiciones de vida より。貧困層というのは世帯収入が平均より 60％以下のグループを言う。
11 INE, EPA の 2012 年第 2 四半期の結果より。
12 INE, Encuesta trimestral de coste laboral の 2015 年第 4 四半期の結果による。
13 2005 年以降の数値は新しい統計方法に基づく。
14 1981 年の数値は SIMA、2015 年の数値は INE, EPA より。
15 Estatuto de Autonomía de Andalucía 1981. Título preliminar disposiciones generales. Capítulo 12. 3-11.
16 Moreno (2008), p. 209.
17 SIMA, Principales producciones agrícolas. より。
18 Delgado Cabeza (2012), p. 100.
19 以前は 1 ヘクタールに 250～400 本であったのが、オリーブ間の間隔が 2 メートル以下で 1500~2500 本に増加。*Ibid.*, p. 102.
20 *Ibid.*, p. 102.
21 Estatuto de Autonomía de Andalucía 1981. Título preliminar disposiciones generales. Capítulo 12. 3-10.
22 Estatuto de Autonomía de Andalucía 2007. Título preliminar. Capítulo 10, Objetivos básicos de la Comunidad Autónoma. 3-11.
23 INE, Contabilidad regional de España. Base 1986. Serie 1980.
24 Delgado Cabeza, *op.cit.*, p. 105.
25 INE, Contabilidad regional de España. Base 2008. Serie 2008-2013.
26 Delgado Cabeza, *op.cit.*, p. 110.
27 SIMA および INE, EPA より。
28 他に、ウベダとバエサのルネサンス様式建造物群、ドニャーナ国立公園、アンテケーラのドルメン遺跡が世界遺産として登録されており、セビーリャではインディアス古文書館、グラナダではヘネラリフェ宮やアルバイシンも世界遺産である。
29 INE, Encuesta de ocupación hostelera によると、国内外からの観光客の数は 1999 年

には約 1067 万人、2014 年には約 1559 万人である。

30　当時のヨーロッパ諸国への移民については Gregory（1978）に詳しい。

31　Banco Mundial の統計（datos.bancomundial.org　最終アクセス 2016 年 10 月 15 日）より。1996 年に 1.16 であったのが、2008 年には 1.45 まで回復した。ただし、その後は減少し、2014 年には 1.27 である。

32　CIS が毎月行っているアンケート調査（www.cis.es/cis/opencm/ES/1_barometros/index.jsp　最終アクセス 2016 年 10 月 15 日）では、心配事のひとつとして、2000 年頃から移民を挙げる人が増加し始め、2006 年には約 59% に達している。しかしその後減少し、2011 年以降は 10% を切る。ただ、2008 年から同研究所が度々実施した「外国人居住者に対する態度」調査（www.cis.es/cis/opencm/ES/1_encuestas/estudios/ver.jsp?estudio=9680　最終アクセス 2016 年 10 月 15 日）では、外国人の数は多すぎる、政府の移民政策が寛容すぎると答えた人の数が半数近くいる。しかし、2014 年の調査（www.cis.es/cis/opencm/ES/1_encuestas/estudios/ver.jsp?estudio=14056　最終アクセス 2016 年 10 月 15 日）では 3 割ほどに減少した。

33　大学進学率とは、OECD の統計（datos.oecd.org　最終アクセス 2016 年 10 月 15 日）で使っている第三期の教育（tertiary education）への進学率のことである。35 歳から 44 歳では 43.2％であり、その上の世代（45 〜 54 歳）が 30.9％であるので、高学歴化が進んでいると言える。

34　例えば、このニュースはスペインの日刊紙、El Mundo, "Así es el barrio más pobre de España."（2016 年 3 月 19 日）（www.elmundo.es/andalucia/sevilla/2016/3/19/56e2fef9ca4741e83b8b45e7.html　最終アクセス 2016 年 10 月 15 日）にある。

35　Bericat Alastuey y Marín Cassinello (2009), pp. 146-147.

参考文献

Bericat Alastuey, Eduardo y Marín Cassinello, Elena, "El cambio cultural en Andalucía, 1996-2006." En Jaime Castillo, Antonio M. (coord.), *La sociedad andaluza del siglo XXI. Diversidad y cambio*, Sevilla: Centro de Estudios Andaluces, 2009.

Delgado Cabeza, Manuel, "La economía andaluza durante las tres últimas décadas. 1981-2011." En Jiménez de Madariaga, Celeste y Hurtado Sánchez, José (coords.), *Andalucía. Identidades culturales y dinámicas sociales*, Sevilla: Aconcagua Libros,

2012.

González Jiménez, Manuel, *Andalucía a debate. 2ª edición*, Sevilla: Universidad de Sevilla, 1998.

Gregory, Devid D., *La odisea andaluza. Una emigración hacia Europa*, Madrid: Tecnos, 1978.

Lacomba Abellán, Juan Antonio, *Blas Infante y el despliegue del andalucismo*, Málaga: Sarriá, 2000.

Martín Díaz, Emma *La emigración andaluza a Cataluña. Identidad cultural y papel político*, Sevilla: Fundación Blas Infante, 1992.

Martinez Alier, Juan, *La estabilidad del latifundismo. Análisis de la interdependencia entre relaciones de producción y conciencia social en la agricultura latifundista de la Campiña de Córdoba*, Paris: Ruedo Ibérico, 1968.

Moreno, Isidoro (ed.), *La identidad cultural de Andalucía. Aproximaciones, mixtificaciones, negacionismo y evidencias*, Sevilla: Junta de Andalucia, 2008.

Pérez Yruela, Manuel, Sáez Méndez, Hilario, y Trujillo Carmona, Manuel, *Pobreza y exclusión social en Andalucía*, Consejo Superior de Invesitagaciones Científicas, 2002.

Talego Vázquez, Félix, *Cultura jornalera, poder popular y liderazgo mesiánico. Antropología política de Marinaleda*, Sevilla: Fundación Blas Infante, Universidad de Sevilla, 1996.

立石博高・塩見千加子編『アンダルシアを知るための53章』明石書店、2012年

野々山真輝帆『スペインの紅いバラ―フランコからフェリペへ』白水社、1984年

ベルナル、A. M.（太田尚樹他訳）『ラティフンディオの経済と歴史―スペイン南部大土地所有制の研究』食料・農業政策研究センター、1993年

コラム ①

マラーノとフランス現代思想

影浦 亮平

　哲学分野においてスペインと言われた場合に、オルテガ・イ・ガセー（1883-1955）やミゲル・デ・ウナムーノ（1864-1936）といった哲学者がすぐに念頭に浮かぶだろう。しかし、そうした哲学者個人とは別に、「マラーノ」（marranos）という形象に着目するのも面白い。

　14、15世紀のイベリア半島におけるユダヤ人迫害以降、イベリア半島から脱出したユダヤ人もいれば、イベリア半島にとどまりカトリックに改宗したユダヤ人もいた。イベリア半島から脱出したユダヤ人については、哲学分野ではスピノザ（1632-1677）のことがよく知られている。彼はイベリア半島を脱出したユダヤ人のうちアムステルダムに移住したセファルディムの家系の出身であった。他方、イベリア半島にとどまりカトリックに改宗したユダヤ人たちは「マラーノ」と呼ばれた。

　この「マラーノ」という言葉は、ここ最近のフランス現代思想において再注目されることになった。この言葉を取り上げたのはフランス現代思想の代表的哲学者のジャック・デリダ（1930-2004）である。デリダの家系は19世紀にスペインからアルジェリアに移住し、フランスのカトリック文化に同化したユダヤ人の家系である。デリダは歴史的事象としてのマラーノではないが、自身をしばしばマラーノと語る。そこには単なる歴史事象としてではなく思想的な次元で「マラーノ」を理解しようとするデリダの姿勢がある。「マラーノ」について、サファー・ファティの映画（『デリダ、異境から』（2000））において、次のように語っている。

> 　私は「マラーノ」という言葉に恋に落ち、この言葉はここ数年、私のテクストにおいて再び現れた一種の強迫観念のようになったが、それはそのユダヤ・スペイン的な出自を示しているからだけではなく、何か秘密の文化のようなものを言っているからであり、私のユダヤ人問題とは別に、秘密という問題にとても関心が引かれたからだ。

　マラーノは、表向きはカトリックに改宗したものの、秘密裏にユダヤ教を実践しており、カトリックの習慣を生きていなかった。こうしたマラーノの二重生活にデリダは興味を抱いているわけだが、彼はそれをさらに、ユダヤ・スペイン的なコンテクストから引

きはがして、「秘密」というものを中心にした思想的モデルとして新たに提示することを目指す。『アポリア』（1996）において、彼は次のようにマラーノを定義している。

　（…）否とは言わないが、しかし所属先に自己同一化しないでとどまっているような場所で、自分で選び取ったわけではない秘密に忠実であり続けるような者を、比喩的にマラーノと呼ぶことにしよう。

　スペインに住みながら、表向きにはスペイン人を装いつつも決してスペイン人というアイデンティティを選ばず、密かにユダヤ人としての生き方に忠実であるようなユダヤ人のような存在をこの定義は指しているわけだが、このマラーノの定義自体は、14、15世紀のイベリア半島のユダヤ人たちの歴史的コンテクストを含んでいないことが重要である。デリダはこのようにマラーノをひとつの思想的モデルとして提示する。
　さらに彼はマラーノの「秘密」を二重に理解しようとする。ひとつは、ユダヤ教の実践を他人に知られないようにするという意味である。もうひとつは、実践している当の本人にとっても、本来のユダヤ教のあり方はわからないものになってしまい、明かされることのない秘密になってしまっているという意味である。具体的に言えば、隠れてユダヤ教を実践せざるを得ない状況においては、ユダヤ人のコミュニティの中で実践されていた、本来のユダヤ教の実践が次第に忘れ去られていってしまうような事態を、第二の意味の秘密は指している。彼は別のところで次のように論じている。

　私はそれを持ち運んでいるように感じている（お腹の中の子供のように、その心音が聞こえる）が、この秘密について私は何もわからない。

　「お腹の中の子供」という比喩は、この秘密が自身の内にあるもの、つまり自分の根幹にあるものであるということを示唆しているわけだが、しかしこの内なるものは何ものであるかについては決して明らかにならないということである。マラーノの概念が示唆するものはしたがって、自分には本来の起源があることを知りつつも、その起源に決してアクセスすることができないという思想的モデルであるということになる。
　起源は決して明かされず、アクセスしうるものは常にその痕跡以外にあり得ないというのは、デリダが提唱する脱構築の基本モチーフである。したがって、マラーノは、彼の脱構築の思想を組み立てる際のひとつの支えになっている。脱構築はフランス現代思想のひとつの大きな柱と言ったときに、異存を唱える人間はまずいない。したがってマラーノというスペインの歴史

事象がフランス現代思想に対して果たした貢献は決して小さくないと言ってよいだろう。

注

1　ファティ、サファー『デリダ、異境から』2000.

2　Derrida, Jacques, *Apories*, Paris : Galilée, 1996, p. 140.

3　Derrida, Jacques, « Correspondance. Lettres et cartes postales (Extraits)», in Jacques Derrida, Catherine Malabou,, *La Contre-allée. Voyager avec Jacques Derrida*, Paris : Éditions La Quinzaine Littérature, 1999, p. 21.

第4章　直接投資とスペイン経済の変遷

成田 真樹子

はじめに

　スペインは1959年より外国資本の受け入れを開放してきたが、スペインへの外国資本の流入が活発になったのは1986年のEU（当時はEC）加盟がきっかけである。加盟当時はヨーロッパの中でも経済発展レベルが低いとされてきたスペインは、ヨーロッパ諸国を中心に外国企業の進出の形態で直接投資を引きつけ、目覚ましい発展を遂げた。そして、EUとの経済格差も縮小した。スペインはヨーロッパにおける外資依存型経済発展の成功例と言える。

　1990年代後半以降、スペインの直接投資はまた別の側面を見せ始めた。スペイン企業が外国で事業活動を展開する対外直接投資が活発になってきたのである。これは、スペインが十分に国際競争力を持ちうる国に成長したことを意味している。

　直接投資は経済発展において重要な要因であり、受け入れ国にとっては雇用や生産を刺激するとともに、技術の伝播にも役立つ。また、投資国にとっては、事業活動の再編および拡大の機会となる。

　そこで、本章では、直接投資の観点からスペイン経済の変遷を紐解いていこう。次節では1970年代以降のスペインの直接投資の動向について資料を用いて確認する。第2節では、なぜスペインが直接投資を引き付けることができたのか、また、なぜスペインの対外直接投資が行われることになったのか、その要因を分析する。第3節では、スペインの直接投資の動向と経済発展の関係について検討する。第4節では、近年の動向として世界金融危機及びユーロ危機に

よってスペイン経済、直接投資が直面している課題を明らかにする。最後に結論を提示する。

1. スペインの直接投資の動向

直接投資とは企業が外国での事業活動を目的として、新たに子会社や工場を建設する、あるいは既存企業の株式を購入することである。本節では1970年代半ばからのスペインの直接投資動向について、その特徴から以下の5期間に分類する。

(1) EU (EC) 加盟前 (1975年から1985年)

表1　スペイン対内直接投資
（10億ペセタ）

年	金額
1975	23.3
1976	28.5
1977	29.7
1978	56.1
1979	75.7
1980	94.1
1981	109.5
1982	138.5
1983	139.7
1984	176.9
1985	193.7
1986	321.2
1987	443.6
1988	691.3
1989	806.1
1990	1257.2
1991	1216.7
1992	1051.2

出所：Duce Hernando (1995) p.198より作成．

表1から、1980年代初めまでスペインに対する直接投資はさほど多くはなかったことが読み取れる。1975年から1977年までは200億ペセタから300億ペセタ（約1億2000万ユーロから約1億8000万ユーロ）の間で推移していたが、1978年から直接投資の受け入れは徐々に増加した。1980年代には1000億ペセタ（約6億ユーロ）を超え、1985年には1937億ペセタ（約11億6416万ユーロ）となった。

投資国別では、アメリカが最大の投資国であったが、1980年代にはEC諸国の直接投資の割合が増大した。1960年から1979年までの合計でアメリカからの投資の割合が33.4％、EC諸国の割合が37.7％だったものが、1980年から1985年にはそれぞれ17.9％、40.5％となった。EC諸国の中では西ドイツ（当時）、フランス、イギリスなどのヨーロッパ先進国が主要投資国であった。1985年の地域・国別内訳は、アメリカが22.2％と最大の割合で、西ドイツ、フランス（各10.3％）、スイス（7.7％）、オランダ（7.1％）、

第4章 直接投資とスペイン経済の変遷　71

表2　スペインへの直接投資（国別）

(%)

	1960-79	1980	1981	1982	1983	1984	1985	1980-85
OECD	94.6	87.6	80.5	81.8	77.7	63.8	78.3	76.1
EC	37.7	41.8	51.4	34.3	51.8	34.8	40.4	40.5
フランス	6.8	11.8	10.8	4.4	18.6	5.8	10.3	9.5
ベルギー・ルクセンブルク	3.7	3.2	4.3	3.7	3.6	2.4	1.4	2.7
オランダ	4.3	8.0	3.4	8.9	6.6	6.9	7.1	7.1
ドイツ	12.1	11.7	9.4	10.3	13.1	10.1	10.3	10.7
イタリア	1.7	3.3	1.0	1.1	2.8	1.6	2.2	2.0
イギリス	8.7	3.2	22.1	5.9	6.8	7.7	6.5	7.7
アイルランド	0.1	0.5	0.0	0.1	0.0	0.1	0.9	0.3
デンマーク	0.2	0.2	0.1	0.2	0.1	0.1	1.5	0.5
ギリシャ	0.0	0.0	0.0	0.0	0.0	0.0	0.0	0.0
ポルトガル	0.1	0.0	0.0	0.0	0.0	0.0	0.0	0.0
OECDでEC以外の欧州	19.0	20.6	14.6	21.8	11.1	9.4	9.5	13.1
スイス	18.0	19.6	13.4	20.4	10.1	8.4	7.7	11.8
OECDで欧州以外	22.4	24.8	14.6	25.8	14.9	19.7	28.4	22.4
アメリカ	33.4	24.4	12.2	23.1	11.7	13.1	22.2	17.9
日本	0.5	0.1	0.5	1.9	2.7	5.8	5.0	3.6
スペイン	3.0	8.0	15.3	11.2	12.2	10.9	14.1	12.1
その他	2.4	4.4	4.2	7.1	10.1	25.2	7.5	11.8
合計	100	100	100	100	100	100	100	100
世界全体（10億ペセタ）	241.2	85.4	78.6	182.8	158.2	267.0	280.1	1052.1

	1986	1987	1988	1989	1990	1991	1992	1986-92
OECD	71.7	70.6	68.5	68.6	79.1	76.8	76.6	74.6
EC	50.7	49.1	55.1	52.0	68.7	66.7	64.0	61.4
フランス	6.3	6.9	7.7	12.9	24.5	15.7	13.7	14.8
ベルギー・ルクセンブルク	2.9	4.6	3.0	1.8	3.1	4.2	3.1	3.3
オランダ	7.6	16.8	22.1	15.3	20.8	28.8	28.8	22.9
ドイツ	26.1	3.7	7.4	6.7	6.8	4.3	6.2	6.7
イタリア	0.6	9.2	1.1	3.1	4.6	2.4	3.5	3.5
イギリス	7.0	6.2	13.1	11.5	8.2	9.5	5.7	8.7
アイルランド	0.0	0.1	0.0	0.0	0.1	0.1	0.0	0.1
デンマーク	0.2	1.4	0.4	0.3	0.3	0.7	0.6	0.6
ギリシャ	0.0	0.0	0.0	0.0	0.0	0.0	0.0	0.0
ポルトガル	0.1	0.1	0.2	0.4	0.2	1.1	2.2	0.8
OECDでEC以外の欧州	6.6	10.6	7.8	10.6	6.0	4.8	3.3	6.3
スイス	5.3	8.4	6.2	7.3	4.6	3.5	2.1	4.7
OECDで欧州以外	14.4	10.9	5.7	6.0	4.5	5.3	9.3	6.9
アメリカ	8.0	5.5	4.0	4.1	2.5	3.1	8.0	4.6
日本	2.5	4.6	1.6	1.9	2.0	2.1	1.3	2.0
スペイン	21.5	25.7	23.4	27.6	17.5	20.8	20.7	21.7
その他	6.8	3.7	8.1	3.8	3.3	2.4	2.7	3.6
合計	100	100	100	100	100	100	100	100
世界全体（10億ペセタ）	400.9	727.3	843.3	1245.0	1819.9	2262.9	1914.5	9213.8

出所：Duce Hernando (1995) p. 201. より作成.

イギリス（6.5%）が続いた（**表2**）。

　産業別では、1970年代からは自動車などの機械産業への投資が中心であったが、1980年代になると、サービス業への直接投資も目立つようになった。1985年の直接投資は金属加工が28.5%と最大のシェアを占め、以下、金融・保険・不動産業、鉱業・化学、その他製造業がそれぞれ17%台だった（**表3**）。

表3　スペインへの外国直接投資（業種別）

(%)

部門	1960-79	1980	1981	1982	1983	1984	1985	1980-85
農業	0.5	1.5	2.3	2.7	1.9	9.7	1.3	3.9
エネルギー・水道業	0.5	0.0	0.0	0.1	0.8	0.6	0.1	0.3
鉱業・化学製品	27.8	19.6	21.9	15.3	14.5	14.8	17.5	16.5
金属加工	33.5	34.9	17.1	29.7	36.3	36.3	28.5	29.0
その他の製造業	14.4	15.0	25.5	24.1	10.5	26.5	17.4	16.5
建設業	1.6	0.9	1.9	0.6	1.4	11.6	0.9	1.1
商業・ホテル業	17.8	19.8	13.3	15.0	15.3	16.9	14.0	15.5
運輸・通信業	0.6	0.2	0.6	3.4	0.5	0.2	1.1	1.0
銀行・証券・保険・不動産業	3.4	7.8	16.8	8.3	18.0	17.5	17.6	15.2
その他のサービス業	0.0	0.2	0.6	0.6	0.7	0.9	1.7	1.0
合計	100	100	100	100	100	100	100	100
総額（10億ペセタ）	241.2	85.4	78.6	182.8	158.2	267.0	280.1	1052.1

	1986	1987	1988	1989	1990	1991	1992	1986-92
農業	1.7	1.5	1.2	1.9	1.0	0.5	1.0	1.1
エネルギー・水道業	0.4	0.3	2.0	0.0	3.5	6.2	0.1	2.5
鉱業・化学製品	14.0	28.4	10.7	14.8	12.5	9.0	24.0	15.5
金属加工	29.9	11.3	9.1	10.2	10.2	10.6	11.6	11.4
その他の製造業	17.5	12.9	17.1	16.9	12.2	11.9	16.3	14.4
建設業	0.1	0.2	0.6	0.9	2.2	1.0	1.1	1.1
商業・ホテル業	15.3	18.9	12.4	14.5	10.3	12.9	17.1	14.0
運輸・通信業	0.6	0.6	1.7	1.4	1.5	1.4	1.0	1.3
銀行・証券・保険・不動産業	19.3	24.4	43.3	37.3	45.7	46.0	27.3	37.8
その他のサービス業	1.1	1.4	1.9	2.1	0.8	0.5	0.4	1.0
合計	100	100	100	100	100	100	100	100
総額（10億ペセタ）	400.9	727.3	843.3	1245.0	1820	2263	1915	9213.8

出所：Duce Hernando (1995) p. 203. より作成.

（2）EU（EC）加盟後：対内直接投資拡大期（1986年から1992年）

スペインがECに加盟した1986年からの時期は、直接投資の受け入れがさらに増加した。直接投資の受け入れは1986年の3212億ペセタ（約19億3045万ユーロ）から1990年には1兆2572億ペセタ（約75億5592万ユーロ）となった（**表1**）。この時期、スペインはアメリカ、イギリス、フランスに次いで世界で第4位の投資受け入れ国であった[3]。

投資国別では、EC諸国の割合がさらに高まった。1986年の時点でEC諸国

からの直接投資は全体の 50.7% と半分以上を占め、1990 年には 68.7% とその割合がさらに増加し、1986 年から 1992 年までの期間の平均は 61.4% であった。中でもオランダとフランスが主要投資国で、それぞれ 22.9% と 14.8% を占めた。また、スペインの外資系企業による投資の割合は 21.7% であった（**表 2**）。

　業種別では、サービス業の直接投資の割合がさらに上昇した一方、製造業への投資の割合が減少した。例えば、金融・保険・不動産業への投資は 1991 年に全体の 46% を占め、1986 年から 1992 年までの平均でも 37.8% であった。この期間の金属加工、鉱業・化学、その他製造業への直接投資の割合はそれぞれ 11.4%、15.5%、14.4% であったが、1980 年から 1985 年までの期間の 29%、16.5%、16.5% と比べて減少した（**表 3**）。とはいえ、この期間にスペインに自動車産業を中心に企業が進出してきた例が多く見られた。[4]

（3）低迷期（1993 年から 1997 年）

　スペインの直接投資受け入れ額は 1990 年をピークに減少し、1993 年から 1996 年までの直接投資は 50 億ユーロから 60 億ユーロで推移した（**表 4**）。この低迷の理由としては、中東欧諸国が投資受け入れ国のライバルとして登場したためである。スペインと比較すると受け入れ額は多い訳ではないが、中東欧諸国への直接投資は 1992 年以降増加した。1997 年にはスペインの 55 億 5600 万ドルに対して、チェコに 13 億 100 万ドル、ハンガリーに 20 億 8500 万ドル、ポーランドに 50 億ドルが投資された（**表 5**）。

　投資国別では、EU 諸国からの直接投資が多く、EU15 ヵ国合計で 1993 年には全体の約 80%、1995 年から 1997 年までは 70% 以上を占めた。EU 諸国の中では、1980 年代後半と同様にフランス、ドイツ、オランダ、イギリスが主要投資国であった（**表 6**）。

　業種別では、1995 年までは製造業への直接投資が半分以上を占め、その後はサービス業への投資がそれを上回った（**表 7**）。

　一方、この期間にはスペインに進出した企業の撤退、他国への移転のケースが多く見られた。例えば、スズキがスペインから撤退したケースは大きな衝撃を与えた。また、IBM はスペインでのコンピューター生産から撤退し、スウェーデンのエレクトロラックスは冷蔵庫部門をハンガリーに移すことを決定

表4 スペイン直接投資

(100万ユーロ)

	対内直接投資	対外直接投資
1993	5,420	1,927
1994	6,477	4,274
1995	5,396	5,995
1996	5,598	5,015
1997	6,830	10,517
1998	9,312	15,420
1999	18,537	51,246
2000	38,369	60,429
2001	35,541	47,904
2002	32,946	47,004
2003	18,755	31,830
2004	19,025	49,463
2005	17,692	34,716
2006	13,953	66,672
2007	37,863	112,384
2008	38,853	47,952
2009	16,818	25,324
2010	24,317	42,239
2011	30,917	36,901
2012	19,629	19,369
2013	19,484	21,897

出所:Ministerio de Economía y Competitividad (2014) p. 105, p. 115 より作成.

表5 スペインおよび中東欧諸国への直接投資

(100万ドル)

	1986-91 (平均)	1992	1993	1994	1995	1996	1997
スペイン	8,325	13,276	8,144	9,359	6,201	6,454	5,556
チェコ	99	1,003	568	862	2,559	1,428	1,301
ハンガリー	430	1,471	2,339	1,146	4,453	1,982	2,085
ポーランド	84	678	1,715	1,875	3,659	4,498	5,000

注:1997年は推計値.
出所:UNCTAD (1998) p. 361, pp. 364-365 より作成.

表6　スペインへの直接投資

(国別、100万ドル)

	1993	1994	1995	1996	1997
合計	8,075	9,422	6,217	6,463	5,541
EU15ヵ国	6,453	6,443	4,824	4,603	4,348
EU15ヵ国（％）	80	68	78	71	79
フランス	1,241	1,413	344	1,184	607
ドイツ	947	2,560	2,056	1,149	1,371
イタリア	502	936	651	549	344
オランダ	1,490	455	504	1,122	791
イギリス	1,214	-99	420	304	1,373
その他EU	1,059	1,177	848	296	-139
アメリカ	431	1,612	464	1,093	591
日本	153	295	75	324	226
その他OECD	602	719	476	279	292
OECD以外	329	279	297	204	128

出所：OECD (1998) より作成．

表7　スペインへの直接投資（1993～1997年）

(業種別、100万ドル)

	1993	1994	1995	1996	1997
合計	8,075	9,422	6,217	6,463	5,541
第1次産業	110	828	51	58	60
製造業	4,532	5,245	3,303	3,049	2,454
（％）	56	56	53	47	44
サービス業	3,433	3,349	2,863	3,356	3,027
（％）	43	36	46	52	55

出所：OECD (1998) より作成．

した。トレンス＆グアル（Torrens and Gual, 2005）は、どの産業がスペインからの撤退、中東欧諸国への移転のリスクがあるかを示し、最もリスクが高いのが輸送機械、電子・電気機器、ゴム・プラスティックの分野であるとした。これらは1980年代後半以降スペインの成長を支えてきた産業を含むため、経済にとっては深刻な影響を及ぼすものと考えられる。その上、技術水準が比較的高い産業においても中東欧諸国への移転が生じていることが懸念材料である。

（4）対外直接投資拡大期（1998年から2007年）

この期間の特徴は、対内直接投資額を対外直接投資額が上回ったことである。1996年は対内投資が55億9800万ユーロ、対外投資が50億1500万ユーロであったが、1997年にはそれぞれ68億3000万ユーロ、105億1700万ユーロと対外直接投資が上回った（表4）。その後、対内直接投資は2000年まで増加し、383億6900万ユーロに達したが、その後は2006年まで減少傾向にあった。一

表8　対内直接投資

(国、地域別、%)

	1998	1999	2000	2001	2002	2003	2004	2005	2006	2007
OECD	95.9	98.2	98.9	97.1	96.4	95.6	95.0	96.1	91.1	94.9
EU	80.7	57.6	55.7	75.7	77.7	76.6	69.0	77.6	70.5	84.6
オランダ	18.6	26.0	13.5	16.0	6.9	6.5	9.8	4.9	12.5	2.2
イギリス	3.8	9.7	24.8	11.4	14.1	25.3	14.1	8.1	20.5	4.7
フランス	12.9	5.7	5.2	16.6	13.0	7.5	17.6	47.4	4.9	2.2
ドイツ	7.4	4.3	2.2	5.2	20.0	6.5	3.8	6.6	5.5	3.2
イタリア	..	..	..	8.7	4.8	13.3	3.0	1.9	2.5	64.4
ポルトガル	..	1.3	5.3	8.0	4.4	1.5	11.1	2.8	5.0	0.9
ルクセンブルク	5.0	..	4.6	3.4	1.4	6.5	1.3	1.3	5.5	3.0
スイス	4.1	..	..	2.2	4.3	2.1	1.7	1.2	1.9	0.5
アメリカ	9.3	32.3	41.8	6.6	6.7	13.9	19.9	10.5	16.4	6.4
スペイン	..	..	..	3.9	5.0	3.1	4.3	2.8	8.0	1.2
ラテンアメリカ	..	0.3	0.1	13.0	3.4	3.5	4.0	6.0	4.5	2.9

注：「スペイン」は、スペインにある外資系企業による投資を示している．
出所：Dirección General de Comercio e Inversiones 各年より作成．

方、対外直接投資は2000年まで急激な増加を続け、それ以降は金額が減少したものの、対内投資よりも高い水準で推移した。

まず対内直接投資について、投資国別では、それ以前の時期と同様にEU諸国からの投資が多く、1999年、2000年と2004年を除き全体の70％以上を占めた。EUにおけるスペインへの主要投資国は、オランダ、イギリス、ドイツ、フランスであった。それ以外ではアメリカからの投資が多く、1999年は32.3％、2000年は41.8％と最大であった。また、OECD諸国からの投資が全体の90％以上を占めていることから、対内投資に関しては先進国からスペインへ投資がされていることが明らかである（**表8**）。

業種別では（**表9**）、特に2000年以降、サービス業への投資が目立った。中で

表9　スペイン対内直接投資

（業種別、％）

	1998	1999	2000	2001	2002	2003	2004	2005	2006	2007
農業・牧畜・林業・漁業	..	..	..	0.3	0.4	0.5	0.6	0.2	0.7	0.2
電気・ガス・水道	..	..	..	4.2	15.9	6.9	7.7	0.8	1.8	63.1
石油精製	..	..	..	0.0	3.9	1.1	0.8	0.6	1.7	0.1
食品	3.8	3.6	2.7	2.5	1.6	1.1	4.2	1.6	3.1	2.3
繊維	..	0.1	0.4	0.3	0.3	0.1	2.4	0.2	0.9	0.1
製紙・出版・グラフィックアート	..	2.1	1.1	3.2	1.6	3.9	1.6	0.9	3.7	1.7
化学	8.8	5.9	2.6	1.8	3.0	15.9	8.0	6.0	4.2	3.3
その他製造業	19.0	9.8	3.9	21.0	7.9	7.3	12.0	8.3	8.1	4.5
建設	..	..	..	1.4	3.7	0.7	0.6	1.0	1.4	4.8
商業	13.1	5.0	3.5	5.1	9.4	8.4	25.0	6.1	9.9	1.6
ホテル	..	..	..	4.3	1.6	3.3	1.5	1.3	5.5	1.2
輸送・通信	3.5	3.8	23.2	18.9	24.9	21.5	8.3	50.0	23.4	2.3
金融・保険	11.6	10.6	5.1	14.7	9.6	7.5	9.2	6.3	6.2	6.6
不動産	8.0	10.8	5.2	14.3	14.2	13.1	15.0	13.6	24.6	6.7
持ち株会社など	10.4	41.4	50.4	4.0	0.0	..	..	..	..	..

注：2003年より持ち株会社の投資を含んでいない．
出所：Dirección General de Comercio e Inversiones 各年より作成．

も通信、金融、不動産に対してはEU諸国から大型の案件が実施されたこともあり、該当年においては割合が大きかった。一方、製造業については、その他製造業への投資が2001年に21％、2004年に12％を占めた（**表9**）。しかし、この時期においても、引き続きスペインからの生産拠点の移転・撤退の問題に直面した。

　一方、対外直接投資のパターンとしてはEU諸国と中南米諸国の2方向への投資が活発で、この2地域で全体の約90％を占めた（**表10**）。中南米への投資は1990年代後半に多く行われ、1998年と1999年に全体の約60％を占め、その中でもブラジルとアルゼンチンに投資が多く向かった。1990年代後半、スペインはアメリカに匹敵する中南米諸国への投資国であり、スペイン企業が同地域でプレゼンスを高めた。しかし、2000年代には同地域への投資が減少した。

表10　スペイン対外直接投資

（国、地域別、％）

	1998	1999	2000	2001	2002	2003	2004	2005	2006	2007
OECD	37.7	38.7	62.7	72.1	76.0	69.1	91.1	83.0	94.6	95.2
EU	27.4	34.5	48.9	54.1	52.8	55.2	74.7	69.1	82.0	78.1
ドイツ	..	..	2.5	6.6	25.6	4.4	2.8	1.3	1.2	3.2
フランス	..	..	3.5	3.1	2.1	3.6	8.7	18.9	8.6	2.9
イギリス	..	..		2.3	2.2	18.6	37.8	11.2	53.4	23.9
オランダ	..	..	6.5	27.8	12.8	2.1	9.9	5.5	3.8	28.6
ルクセンブルク	..	..	14.4	1.2	1.0	0.2	0.8	3.3	0.4	0.2
ポルトガル	..	..	1.3	3.2	5.1	9.3	5.6	4.9	4.2	1.0
中東欧	..	..		0.8	1.0	3.5	1.2	20.0	2.7	10.7
アメリカ	..	..	12.8	6.6	6.2	8.5	2.6	6.5	10.8	11.4
ラテンアメリカ	56.9	57.6	33.9	34.2	25.5	24.5	17.3	16.5	4.2	5.6
メキシコ	2.1	2.2	3.0	8.1	5.7	4.5	10.6	2.9	1.2	2.8
アルゼンチン	8.6	26.3	5.1	8.0	4.3	2.5	0.6	7.1	0.8	0.5
ブラジル	25.4	14.2	21.0	6.3	8.6	4.0	1.5	3.9	1.5	1.7
タックスヘイブン	3.4	2.5	1.3	1.3	1.0	2.3	1.6	0.2	0.5	0.3

注：メキシコの金額はOECDに含まれていない．
　　中東欧への投資額はハンガリーとチェコ，ポーランドの合計である．
出所：Dirección General de Comercio e Inversiones 各年より作成．

2000年には34%を占めていた投資が2004年には10%に落ち込み、2006年は4.2%となった。

その代わり、2000年代にスペインの投資が向かったのがEU諸国であった。EU諸国への投資は2001年以降高い割合であり、2002年と2003年には50%台に割合が減少したものの、2006年は82%と投資の大部分を占めた。主要受け入れ国はオランダ、ドイツ、イギリス、フランスであった。このことから、スペイン企業もEUにおいて事業再編を行っていることがうかがえる。

業種別では、石油精製、化学、その他製造業に多くの投資が向かった年があるものの、全体的にはサービス業への投資の割合が高く、特に輸送・通信や銀行・証券、不動産の大型投資案件が実施された。1990年代に中南米に進出した企業も銀行、通信が主であり、2000年以降EU諸国に対して買収などを通じて大型の投資を行った分野も不動産、銀行、通信であった（**表11**）。

表11　スペイン対外直接投資

（業種別、%）

	1998	1999	2000	2001	2002	2003	2004	2005	2006	2007
農業・牧畜・林業・漁業	0.5	0.1	0.1	0.2	0.3	0.2	0.1	0.3	0.3	0.2
エネルギー・ガス	21.4	12.4	1.6	7.4	2.6	13.1	3.1	0.7	2.2	25.9
採掘・石油精製	2.7	28.5	0.0	0.7	8.3	6.2	0.0	0.0	0.5	0.1
食品	3.3	0.3	3.7	5.0	2.9	11.5	2.6	2.5	2.4	1.5
繊維	0.0	0.0	0.1	0.2	0.2	3.7	0.0	0.3	0.2	0.1
製紙・出版・グラフィックアート	1.6	0.1	0.2	0.5	2.0	0.7	0.3	1.1	1.6	0.1
化学	0.4	2.5	1.1	8.6	1.7	15.4	3.9	4.5	1.9	1.6
その他製造業	9.9	7.2	6.4	5.8	11.3	13.0	9.4	11.8	3.3	6.5
建設	1.4	0.2	0.2	0.4	2.6	1.6	0.8	1.9	4.8	2.1
商業	3.5	14.1	29.2	8.0	4.2	7.9	8.1	8.4	2.6	2.0
ホテル	1.7	0.7	1.0	2.0	2.0	1.2	0.3	1.8	1.2	1.1
輸送・通信	17.6	13.4	26.6	12.1	24.9	7.3	13.7	27.4	51.3	5.3
金融・保険	28.7	18.1	23.3	16.1	11.3	13.5	47.8	19.8	16.1	50.6
不動産	..	..	6.0	32.4	3.4	3.7	6.7	16.1	6.8	2.3

出所：Dirección General de Comercio Inversiones 各年より作成．

表12 スペインの対内直接投資

(国、地域別、%)

	2008	2009	2010	2011	2012	2013
OECD	97.5	66	95.1	94.3	90.9	90.5
EU27ヵ国	93.0	54.6	83.0	83.9	68.8	73.6
ドイツ	26.5	3.6	4.0	4.9	9.7	8.6
フランス	7.9	19.3	18.5	24.3	6.0	11.2
イギリス	45.7	8.2	16.5	28.7	6.9	11.8
オランダ	4.0	7.4	21.4	6.4	15.8	14.2
イタリア	0.9	3.3	8.3	1.3	1.3	1.0
ルクセンブルク	2.1	3.7	7.4	8.2	12.2	8.1
アメリカ	1.6	6.5	7.5	6.1	15.7	8.2
日本	0.3	1.6	0.9	0.9	0.4	1.7

出所：Ministerio de Economía y Competitividad (2011, 2014) より作成.

表13 スペインの対外直接投資

(国、地域別、%)

	2008	2009	2010	2011	2012	2013
OECD	81.3	80.4	87.0	71.9	57.2	77.2
EU27ヵ国	44.6	37.7	62.5	41.2	44.6	66.5
ドイツ	0.7	0.6	0.4	4.1	3.7	26.1
フランス	3.1	2.6	1.0	1.1	11.4	0.5
イギリス	13.7	15.6	22.3	13.6	1.3	11.0
オランダ	10.4	1.8	27.4	1.9	9.6	7.6
イタリア	2.3	2.1	2.0	1.5	3.4	4.8
ルクセンブルク	1.1	1.6	0.9	1.5	2.6	9.9
ポルトガル	4.3	3.2	2.9	1.2	2.0	0.5
中東欧	0.8	..	..	..	..	..
アメリカ	21.7	27.3	9.5	9.8	4.8	2.2
ラテンアメリカ	19.6	23.6	18.2	27.3	39.0	20.8
メキシコ	9.7	11.2	12.9	4.8	3.4	2.9
アルゼンチン	1.4	0.8	0.8	0.6	2.5	1.9
ブラジル	4.7	6.2	2.3	15.8	8.0	6.1

出所：Ministerio de Economía y Competitividad (2011, 2014) より作成.

（5）危機期（2008年から2013年）

　世界金融危機の勃発とともに、直接投資額は対内、対外とも減少した。対内直接投資額は2008年の388億5300万ユーロから2009年には168億1800万ユーロに下落した。その後、2011年には300億ユーロ台まで回復したが、2013年まで再び減少し続けた。また、対外直接投資については、2008年に479億5200万ユーロ、2009年に253億2400万ユーロと前年の約半分に落ち込み、その後いったん回復したものの、2012年には193億6900億ユーロと再び下落した（表4）。

　国別では、対内、対外直接投資の双方で、EU諸国が主要な投資相手国であった（表12、13）。対内投資については、2009年と2012年を除いて、EU諸国からの投資が80％以上を占めた。対外投資についてもEU諸国が受け入れ国であり、2010年と2013年には60〜70％を占めた。また、アメリカやラテンアメリカへの投資も多く行われた。2010年以降の動向として、中国など新興国への投資が増加していることが注目される。これは、世界的な事業再編の動きを受けて、新興国での活動を視野に入れた結果であると考えられる。

　業種別では（表14、15）、対内投資で、2008年はエネルギーへの投資、2009

表14　スペインの対内直接投資

（業種別、％）

	2008	2009	2010	2011	2012	2013
農業・牧畜・林業・漁業	0.1	0.6	0.4	0.3	0.5	0.3
鉱業	0.4	0.1	0.6	0.3	0.9	0.6
製造業	3.6	37.6	14.8	18.1	29.6	16.8
エネルギー	25.4	4.8	11.9	6.7	8.1	4.4
建設	2.9	4.1	4.0	3.8	8.1	9.1
商業	45.4	9.2	6.4	4.4	7.7	5.7
流通	1.1	7.8	17.0	18.1	0.9	7.0
情報・通信	2.7	13.2	2.1	20.9	4.4	4.3
ホテル	0.8		0.3	1.5	0.8	2.4
金融・保険	9.5	10.1	12.9	15.8	15.2	19.9
不動産	3.2	4.8	17.0	5.6	7.4	11.3

出所：Ministerio de Economía y Competitividad (2011, 2014) より作成．

表15 スペインの対外直接投資

(業種別、%)

	2008	2009	2010	2011	2012	2013
農業・牧畜・林業・漁業	0.3	0.4	0.2	0.2	0.3	0.1
鉱業	0.8	3.7	0.7	1.4	6.5	2.5
製造業	17.1	11.5	6.3	11.7	15.2	18.5
エネルギー	16.7	15.8	5.6	8.1	5.4	7.0
建設	4.8	7.5	1.4	7.4	8.2	5.7
商業	9.3	5.7	2.3	7.6	16.8	2.6
流通	1.3	2.2	0.3	13.1	1.5	7.0
情報・通信	1.0	0.7	29.6	1.2	12.5	3.4
ホテル	0.8	0.6	0.1	0.4	0.6	0.0
金融・保険	41.6	46.4	51.3	44.7	24.6	47.8
不動産	3.8	2.5	0.7	1.6	2.6	4.3

出所：Ministerio de Economía y Competitividad (2011, 2014) より作成．

年からは製造業への投資が大きな割合を占めた。対外投資ではエネルギーと金融業への投資が顕著であった。

以上から、スペインでは2008年以降、投資が減退していることが明らかとなった。投資の形態も、ヨーロッパをはじめ世界規模での事業活動の再編を目的としたM&Aが目立った。また、割合はまだ小さいものの、新興国への事業活動の拡大も見られる。

2. スペイン直接投資の要因分析

直接投資理論について、ダニング（Dunning, 1993）は折衷パラダイムを示し、直接投資が行われるためには、所有特殊的優位、内部化優位、立地特殊的優位の3要因が必要であると指摘している。所有特殊的優位とは企業が外国に進出した際に現地の企業と競争できるだけの優位性、内部化優位とはその優位性を企業内部で使用した方が有利であるとするもの、立地特殊的優位とは現地に進出しなければ獲得できない優位性のことである。また、佐々木（1994）は、直接投資の要因として、賃金の低さに起因する利潤率の高さの他に輸出される資

本が外国資本に対して競争優位性を保持しなければならないとするキンドルバーガーの条件と、外国に投資される場合に外国でその資本に対応した諸条件を必要とするレーニンの条件を挙げた。

では、スペインにどのような優位性があるのだろうか。本節ではスペイン経済において転換点となった時期、すなわちスペインがEUに加盟した1986年以降の対内直接投資拡大期、1993年から1997年までの低迷期、1998年からの対外直接投資拡大期に注目して検討したい。[7]

（1）対内直接投資拡大期（1986年から1992年）

スペインが1980年代後半に対内直接投資を多く引きつけた要因についての研究は数多いが、そこではヨーロッパで比較的安価な労働コスト、良質の労働力、整備されたインフラが指摘されている。例えば、サルモン（Salmon, 1995）はスペインの自動車産業への直接投資が活発であった理由として、比較的低い労働コスト、保護され、拡大しつつある国内市場、EU市場へのアクセス、規模の経済、政府の支援を挙げた。パリャレス・バルベラ（Pallares Barbera, 1993）はスペインの優位性としてインフラ、比較的安価な労働力、EU市場へのアクセスを指摘している。[8] そこで、本節ではその中のいくつかについて詳細に検討する。

まず、安価な労働力については、賃金を比較する。1986年時点のスペインの時間当たり賃金は4.66ユーロで、ドイツの7.88ユーロ、フランスの6.01ユーロ、イギリスの6.58ユーロと比較してはるかに安いことが明らかである（**表16**）。また、労働コストの比較からもスペインはヨーロッパの先進地域と比べて低いことが分かる（**表17**）。

しかし、安価な労働力のみでは投資は行われない。なぜなら、受け入れ国に投資国の資本あるいは技術を利用できるだけの労働力がなければ賃金が低くても投資されないからである。[9] 労働の質を数値として測ることは困難であるが、教育水準がその代替となりうるだろう。**表18**から、高校程度、大学程度の教育水準はスペインでは比較的高く、ドイツやフランスなどと肩を並べるほどであることが分かるだろう。

インフラについては、それ自身が生産性を規定するものでもあり、市場への

表16 製造業の時間当たり賃金

(1986年、ユーロ)

スペイン	4.66
ポルトガル	1.66
ギリシャ	2.51
ドイツ	7.88
フランス	6.01
イギリス	6.58

出所：ILO database (http://laborsta.ilo.org/) より作成．

表17 時間当たり労働コスト

(1988年、ユーロ)

スペイン	4.66
ポルトガル	1.66
ギリシャ	2.51
ドイツ	7.88
フランス	6.01
イギリス	6.58

出所：ILO database (http://laborsta.ilo.org/) より作成．

表18 学生数

(1986年、人口比%)

	高校程度	大学程度
スペイン	5.9	2.4
ポルトガル	2.7	1.0
ギリシャ	3.7	1.8
フランス	3.7	2.4
ドイツ	4.2	2.0
イギリス	7.0	1.8
EU平均	4.9	2.1

出所：European Commission (1996) p.10およびp.92より作成．

アクセスにも影響する。また、ビジネス環境を左右するものでもある。1980年代のスペインは輸送網、通信網が整備され、インフラに関して優位性があったと言える。[10]しかし、それで十分である訳ではなく、さらなる改善の余地はある。

このように、EU先進国よりも低い賃金、他の南欧諸国よりも良質の労働力、発達したインフラが、1980年代後半スペインに外国資本を多く引きつける要因となった。しかし、労働の質やインフラが変化せずに賃金が上昇した場合、このような発展には限界が生じる。それは、1990年代初めからのスペインの直接投資動向および経済動向からも明らかである。

（2）低迷期（1993年から1997年）

　前節で述べたように、1993年以降スペインの直接投資は減少し、中東欧諸国が投資先として注目されるようになった。1990年代から2000年代初めの対内直接投資動向を分析したものではあるが、トゥリオン（Turrión, 2005）によると、中東欧諸国は投資受け入れに関しては勝者で、スペインを含む南欧諸国は敗者であると位置付けられる。産業別では、スペインが投資を受け入れうるのはエネルギー、建設、第一次産業のみであり、サービスや製造業では重要性を失いつつある。技術集約型産業においては北東ヨーロッパ（スロバキア、ポーランド、リトアニアを含む）に、労働集約型産業では東欧諸国に投資が集中していると指

表19　時間当たり労働コスト
（1996年、ユーロ）

スペイン	14.94
ドイツ	22.90
フランス	22.09
イギリス	14.22
チェコ	2.80
ハンガリー	2.86
ポーランド	2.95

出所：Eurostat (http://ec.europa.eu/eurostat/) より作成.

表20　就学率
（1995年、%）

	中等教育	高等教育
スペイン	114.15	45.80
ドイツ	104.89	45.03
フランス	114.22	50.32
イギリス	103.12	48.25
チェコ	94.18	20.62
ハンガリー	89.13	22.18
ポーランド	96.47	31.61

＊100%を超えるのは、標準年齢以外で入学した学生や留年した学生が含まれるため。
出所：UNESCO Institute for Statistics (http://www.uis.unesco.org/) より作成.

表21　25歳から64歳までの第三段階教育達成者の割合
（1997年、%）

スペイン	19.1
ドイツ	22.7
フランス	18.3
イギリス	22.9
チェコ	10.6
ハンガリー	12.1
ポーランド	13.1

出所：Eurostat (http://ec.europa.eu/eurostat/) より作成.
注：チェコは1998年の数値.

摘した。理由としては、ヨーロッパにおける経済の中心（フランス、ドイツ）に地理的に近い、労働が安価で良質である、技術を吸収する能力を持つことを挙げている。

労働コストについては、1996年の時点でスペインの時間当たりコストは14.94ユーロと、ドイツやフランスよりは低いもののイギリスとほぼ同じ水準であるのに対して、チェコ、ハンガリー、ポーランドは3ユーロ弱とはるかに低かった（**表19**）。このことから、労働コストについては中東欧諸国が安価で優位にあると言える。

労働の質については、1995年の中等教育及び高等教育の就学率で見ると、スペインはチェコ、ハンガリー、ポーランドよりも高く、労働の質は高いと言える（**表20**）。また、第三段階（大学程度）の教育水準を達成した人口を比較したデータからも、スペインは19.1%とチェコの10.6%、ハンガリーの12.1%、ポーランドの13.1%よりも高く（**表21**）、スペインは中東欧諸国より良質の人材を獲得できることが明らかである。

以上から、スペインは安価な労働力では中東欧諸国には敵わないため、高付加価値産業を育成し、高い技術力に優位性を持つことが現実的と言える。スペインが企業の撤退・移転の問題に対抗するためには、スペイン企業自身も有望とされる中東欧市場に参入する、スペイン経済が投資受け入れにおいて魅力を失わないようにインフラの整備、労働力の質的向上、生産性の上昇、新たなインセンティブの付与に努めることが必要とされる[12]。

（3）対外直接投資拡大期（1998年から2007年）

前節で指摘したように、1990年代後半以降は対外直接投資の増加が顕著であった。その理由としては、1990年代以降のグローバル化の進展と、EU統合の深化と拡大が関係している。それを背景として、スペイン経済構造・産業構造が先進工業国型に変貌し、スペイン企業を取り巻く環境が変化し、国際競争力が高まったことが要因として挙げられる[13]。以下でスペインの対外直接投資について中南米諸国への投資とEU諸国への投資の特徴について言及する。

中南米諸国では、1980年代から1990年代にかけて、資本自由化、民営化、規制緩和が実施され、外国資本の進出が容易となった。その結果として、公益

サービス部門である通信、電力、石油精製部門にスペインの大企業が積極的に投資を行った。金融に関しては、スペイン国内での激しい業界再編によってサンタンデール・セントラル・イスパノ銀行（BSCH、現在のサンタンデール銀行）とビルバオ・ビスカヤ・アルヘンタリア銀行（BBVA）が中南米諸国の銀行を買収し、プレゼンスを高めた。

カシルダ・ベハル（Casilda Bejar, 2003）は、中南米諸国が投資先として選考された理由として、1990年代は中南米経済が好調であったこと、市場規模が大きく（4億5000万人）さらに拡大が見込まれること、スペインと言語・文化的背景が似通っており、企業が知識や技能を効率的に伝達・活用できることを挙げた。中南米への投資は大部分がサービス業であるため、安価な労働力の確保よりも市場獲得などに重点が置かれていたと考えられる。

しかし、2000年以降はスペインから中南米諸国への投資は減少した。その理由としては、大規模な投資プロジェクトが一巡したこと、世界的な景気停滞、アメリカでのテロ、アルゼンチンの経済危機などが挙げられる。

なお、中南米との関係で注目すべき点は、投資主体が大企業で、主としてサービス部門に限定されており、製造業で生じる技術移転型投資がさほど見られないことである。外国資本を中南米の発展の原動力として考えるならば、このような投資形態には課題が残るだろう。

一方、EU諸国への直接投資に関しては、EU市場統合、経済通貨統合の動向と関連している。ヨーロッパレベルのみならず、グローバルな競争に対抗するために企業の再編が求められているためである。その中で、スペイン企業が競争力を持ちうる分野でクロスボーダーのM&Aが進展した。また、1990年代からの対中南米投資で培ったノウハウを中東欧で活用し、インフラ建設、エネルギー、金融など幅広い分野で積極的に進出を果たしている[14]。

2000年代のEU加盟国の中では中東欧諸国のハンガリー、チェコ、ポーランドを中心にスペイン企業が進出する例が見られ、戦略的な立地と考えていることが分かる。その他では、アパレルのザラやマンゴが、キプロスやマルタなどに出店した例がある。これらは、消費者のニーズに合った魅力のある商品を提供し、成功を収めている好例である。このように、スペイン企業も安価で良質な労働力や市場などの優位性を利用するために中東欧諸国などに進出している。

3. スペインの直接投資と経済の発展段階

　以上で明らかとなったスペインの直接投資動向と特徴をどのように捉えるべきか。さまざまな研究から、直接投資動向と経済発展は大いに関連していることが明らかである。

　一般的に、理論上では、先進国から途上国へ資本が移動することで双方に利益をもたらす状態が描かれているが[15]、現実には先進国同士での直接投資が大半を占める。ただ、1980年代後半以降のスペインのみならず、ASEANの一部や中国、また1990年代の中東欧諸国においても、外国資本を引き付けることによって経済成長を実現した例は数多く存在する。

　ダニング＆ナルラ（Dunning and Narula, 1996）やナルラ（Narula, 1996）は、ダニング（Dunning, 1993）で示された折衷パラダイムにおける優位性を背景に、対外投資と対内投資の傾向によって経済発展を以下の5段階に分類している[16]。

　経済発展の第一段階にある国の立地優位性は、天然資産（natural assets）が主であり、適切な労働力やインフラが不十分で十分に直接投資を引きつけられない。この段階では、政府の人材育成、インフラ整備や産業保護などの政策により、立地優位性を増大させる必要がある。第二段階になると、国内市場も増大し購買力も増加するため、外国企業にとってはそのような市場を獲得しようとする目的で輸入代替的な直接投資が実施される。また、輸出指向型産業の場合、主として天然資産を利用することを目的としている。その際には、必要とされるインフラをどれほど提供できるかが、直接投資受け入れの鍵となる。一方、対外直接投資はわずかであるが、市場を獲得もしくは貿易障壁を克服するために行われうる。

　第三段階には、対外投資に脚光が浴びるようになる。対内投資の増加率よりも対外投資の増加率が上回り、ネットでは対外投資超過となる。国内で賃金が上昇するため、安価な労働力を求めて外国すなわち発展段階のより低い国への投資が行われる。国内の企業は、教育や技術水準向上により、標準化製品においては外国企業と競争できるようになる。また、国内企業が持つ優位性も創造資産（created assets）となり、外国企業はそれらを活用するような投資を行うであろう。対内投資は輸入代替よりは効率的な生産を目的として行われる。第四段階においては、国内企業は外国企業に対して十分な競争力を持ち、外国市

場にも浸透する。対内直接投資は、合理化または資産目的で、同レベルの発展段階にある国々から行われるが、一部、市場を目的として、低段階の国々からも行われる。対外直接投資は、創造資産を背景に、同産業の企業が各国間で投資を行い、産業内貿易も行われる。第五段階になると、対外投資と対内投資が均衡するようになる。国際取引は市場を通じてよりは多国籍企業によって内部化され、各国間でも競争優位性が収斂するためである。[17]

　以上のようなパターンにスペインの直接投資の動向はどのように対応しているだろうか。

　1990年代初めまでの直接投資に対しては、カンパ＆ギジェン（Campa and Guillén, 1996）が、直接投資の動向と要因分析によって、スペインは投資・発展経路の第二段階に位置していると結論付けた。低賃金の労働力、拡大しつつある国内市場に対内直接投資が引きつけられ、対外投資は市場獲得を目的として一部行われていたためである。

　しかし、前節までの直接投資の動向と特徴からすれば、1990年代後半以降、スペインは対外投資が増大し、ネットでも対外直接投資が上回っていることが明らかである。対外直接投資の特徴としては、すでに安価な労働力を求めて外国への投資を実施し、サービス業においては、同産業内で相互に投資が行われている例が見られる。スペインにおいて創造資産の点で十分に優位性を保持しているかは課題が残るが、少なくとも1990年代初めまでの第二段階よりはさらに高い段階に発展していると考えられる。すなわち、第三段階、もしくは第四段階にかかる位置にあると考えるのが妥当である。

　ただ、今後実現すると期待されるさらなる発展の結果として、完全に第四段階の要件を満たしうるのか、第五段階に至るのかどうかは、スペイン国内で創造資産——特に高い技術や生産性——の醸成、立地特殊の優位の増大、スペイン企業が外国でさらなる競争に耐えうるための競争優位性の獲得が鍵となるであろう。確かに、1990年代後半から2000年代にかけて、スペインは経済を発展させ、スペイン企業も活発に進出できるような環境にあったことから、競争力の獲得に関しては、一定の土壌が備わっていたと言える。しかし、世界金融危機およびユーロ危機がこの状況を一変させ、スペイン国内のさまざまな脆弱性が明らかとなった。危機の痛みから回復しつつある現在、スペインでさらに

高い段階への要件を満たしうるかは、スペインが国際競争力を持ちうる強固な経済構造を構築できるかが鍵となるだろう。

4．2度の危機とスペイン直接投資

　2007年の世界金融危機および2009年以降のギリシャを発端としたユーロ危機はヨーロッパ全体に拡散し、スペインも危機に直面した。ギリシャなどヨーロッパ周辺国が直面した危機に対してしばしば一括して議論されるが[18]、ギリシャの問題とスペインなどの問題は別のものである。ギリシャは財政赤字の粉飾から危機に陥ったが、スペインの危機は競争力喪失によって経常収支赤字が拡大し、世界金融危機の一撃を受けて財政赤字も拡大したことによる[19]。

　直接投資に関しては、第1節で示したように、2007年からは対内、対外投資ともに減少した。この背景には金融・経済危機があることは明らかである。企業の投資凍結、資産売却、撤退が相次いだ一方、今後の回復を見据えた提携やシェア拡大を背景にした直接投資が行われた。ヨーロッパレベルでの企業再編は活発であり、特に再生可能エネルギーに代表されるエネルギー分野や金融でその傾向が顕著であった。

　スペイン経済の今後の状況、直接投資の推移については、スペインにどのような課題があり、どのような競争力が備わっているかが鍵となる。2000年代半ば以降にスペインが直面した課題として、財政赤字の削減、労働市場改革、住宅・建設バブルの清算、生産性の向上、脆弱な銀行部門の改善を含む金融市場改革の5点が挙げられる[20]。この中のいくつかについては改革が実施されたものもあるが、それはまだ途上にある。

　スペインの競争力については、世界経済フォーラムが発表している国際競争力レポート（Global Competitiveness Report）が参考になる。スペインの競争力ランキングは、2009～10年の33位から2010～11年には42位に下落し、その後、2015～16年には33位と回復した。競争力を規定している指標の中で、スペインは教育水準（第二段階の就学率2位、第三段階の就学率7位）、ビジネススクールの質（6位）、輸送インフラ（6位）、情報技術の利用（18位）で評価が高い一方、マクロ経済環境（116位）、労働市場の柔軟性（109位）、ローンへのアクセスの容易さ（131位）の順位が低く、税制、非効率な政府・官僚組織、制限

的な労働規則、不十分なイノベーション能力がスペインで事業をする際の問題点と指摘されており[21]、これらがスペインの競争力に関しての課題と言えよう。

スペイン企業については、Fortune が公表している Fortune Global 500[22] によると、2000年代後半から競争力を失いつつあることが分かる。2008年には上位500社にスペイン企業は10社入っていたが、2013年には、8社となった。その上、各企業の順位自体も低下し、例えば、2013年に58位のサンタンデール銀行は前年には44位、97位のテレフォニカは82位であった。その一方で、スペインは依然として競争力を持ちうるとの指摘もある[23]。別の調査では、高付加価値サービスやイノベーション製品などでスペインがプレゼンスを持ちうるかがスペインの将来の課題であると結論付けている[24]。また、ガルシア・モヤノ＆スタープ（Garcia Moyano and Stirpe, 2011）は、市場規模や高い水準のインフラなどの指標ではスペインは優位性を持つものの、マクロ経済環境や労働市場の硬直性が課題であると指摘している。

直接投資受け入れの要因としては、労働コストは時間当たりで21.0ユーロとEU平均の23.4ユーロと比較しても未だに低い（**表22**）。労働の質については、第三段階の教育達成レベルが2012年でドイツの28.1％、フランスの30.8％と比較してスペインは32.3％と高く（**表23**）、スペインのビジネススクール3校（IESE、IE、ESADE）が2013年のMBAランキングの上位30校に入っており、高いスキルの労働者の確保が容易である。ただし、スペインの教育に対する支

表22　時間当たり労働コスト
（2012年、ユーロ）

EU27ヵ国	23.4
ドイツ	30.5
スペイン	21.0
フランス	34.2
イタリア	27.6
イギリス	21.6

出所：Eurostat (http://ec.europa.eu/eurostat/) より作成．

表23　25歳から64歳までの第3段階の教育達成割合
（2012年、％）

EU27ヵ国	27.7
ドイツ	28.1
スペイン	32.3
フランス	30.8
イタリア	15.7
イギリス	38.6

出所：Eurostat (http://ec.europa.eu/eurostat/) より作成．

出は GDP の 5.0% と OECD 平均の 5.8% より低く[25]、課題は残る。

　政府による投資インセンティブやサポートも直接投資を引き付けるのに重要な役割を果たす。スペイン政府は 2006 年に国外からの直接投資とその後の事業拡大をサポートするためにスペイン投資局を設立し、積極的に投資誘致活動を行っている。また、自治州レベルでも投資誘致を行っており、例えばカタルーニャ州政府は独自にカタルーニャ投資局を設け、同州への投資をサポートしている[26]。

　以上から、直接投資に関連する競争力については、スペインは国際競争力を十分に持ちうることができ、投資されやすい、投資しやすい環境を作り出すことが求められている。そのためには生産性の向上と強固な経済構造の構築が鍵となる。特に、労働市場の硬直性と金融市場の再編、不動産や建設に過度に依存した経済構造の改革には引き続き取り組まなければならない。その結果として、外国投資を呼び込むことにつながり、経済成長も可能となるであろう。もちろん、外国資本に過度に依存すべきではないのは言うまでもない。スペインは構造変化の必要に迫られており、今回の危機によって転換点を迎えている。

むすびにかえて

　本章で検討してきた通り、スペイン経済の変遷は直接投資の動向と大いに関連している。1986 年の EU 加盟をきっかけとして、スペインには巨額の直接投資が流入し、急速な経済成長を遂げた。スペインに外資系企業を引きつける魅力があったためである。しかし、それは 1993 年以降徐々に失われ、中東欧諸国が投資受け入れの競争相手となった。

　その一方で、1990 年代後半以降、スペインは対内直接投資よりも対外直接投資が上回り、これはスペインの企業が外国で事業展開できるほどの競争力を身につけたことを意味し、スペインはいわば先進国型の投資形態になった。しかし、2 度の危機を契機に直接投資は落ち込み、近年は多少の回復が見られるものの、先行きは不透明である。

　スペインには直接投資に関連する競争力を十分保持しているものの、危機を契機に経済構造においてさまざまな脆弱性が明らかになった。そのため、これまでのように直接投資に依存するだけではなく、産業構造の変革や労働市場改

革を推進させるなど、スペインは自らの経済構造を強化する必要に迫られている。

最後に、今後のスペイン直接投資の動向で注目すべき点として2点挙げておきたい。第一は、近年活発となっているカタルーニャの独立運動についてである。2014年11月に、非公式ではあるが、カタルーニャ州の独立を問う住民投票が実施され、80％以上の賛成を得たことに続き、2015年9月の州議会選挙では独立支持派が勝利した。その結果、カタルーニャ州の独立の勢いが増している[27]。スペインの憲法裁判所で独立は違憲であるとの判断が下されるなど実際に独立が可能なのかはさておき、独立した場合にカタルーニャはEUやユーロ圏から離脱することになるのか、再びEUに加盟できるのかは定かではない。カタルーニャはスペインで最大の直接投資受け入れ地域のひとつである[28]。カタルーニャも含めスペインへの直接投資は「EUのメンバー」であることが魅力でもあるため、その不透明さゆえカタルーニャから企業を移転する動きも生じている。約1000社がカタルーニャを離れ、マドリードなどに移転したとの報道もされており、経済界では独立運動がカタルーニャ経済に深刻な影響をもたらすことを危惧している[29]。

第二は、2015年12月のスペイン総選挙である。2000年代後半からの世界金融危機及びユーロ危機後、緊縮政策を推し進めてきた与党国民党の苦戦が予想され、結果としては勝利したものの、大幅に議席を減少させた。一方、新興政党であるポデモス（Podemos）やシウダダノス（Ciudadanos）が躍進し、緊縮政策の疲れと不満が両党への支持の拡大をもたらす結果となった。そして、その後の組閣においても混乱が生じている[30]。スペイン経済が危機からの回復の途上にある現在、このような政情の不安定さは、スペインにおける事業展開、また経済構造の強化の足かせにもなりかねない。

その他にもイギリスのEU脱退への動きや難民問題への対応など、EU自体にも課題が山積みであるが、スペインがその中でどのような位置付けでどのように競争力を維持していくのか真価が問われている。

注

1 直接投資に関しては、統計基準の変化、利用できる統計によって数値が異なるなどの

問題があり、数値を直接解釈する際には注意が必要である。スペインでは1993年から直接投資を計測するための基準の変更があり、1993年以降のデータとそれ以前とでは直接的には比較できない。

2 以下、1ユーロ＝166.386ペセタで計算している。
3 Zamora (1991) p. 5 より、1986年から1989年までのスペインの直接投資受け入れは234億3900万ドルであった。
4 例えば、1985年にスズキがサンタナに資本参加して自動車生産を開始し、1986年にセアトはフォルクスワーゲンに買収された。1990年にフィアットはエナサに資本参加し、イベコペガソと改名した結果、スペインの自動車企業は全て外資系企業の傘下に入った。
5 ジェトロ『ジェトロ白書投資編1996』p. 274.
6 Dunning (1993) を参照のこと。
7 それぞれの詳細については、Narita (1999)、Narita (2000)、および成田 (2010) を参照のこと。
8 その他に、計量的手法で分析したものに、Bajo Rubio (1991)、Bajo Rubio and Sosvilla Rivero (1994)、Bajo Rubio and López Pueyo (1996) などがある。
9 Bajo Rubio and Sosvilla Rivero (1994) は、労働コストと直接投資には統計的に有意ではなく、労働の質の方が重要な要因であると結論付けている。
10 詳細についてはNarita (1999) を参照のこと。
11 彼の分析では、中東欧諸国の中でも、ハンガリー、エストニア、スロベニアは敗者に位置付けられている。
12 Turrión (2005) p. 170.
13 この点については、田中 (2007) など多くの指摘がある。
14 ジェトロ『ジェトロ世界貿易投資報告2008』p. 286.
15 例えば、MacDougall (1960) では、資本量が多く利潤率の低い国から資本が少なく利潤率の高い国への資本移動を想定している。
16 以下の分析は、Dunningの投資・発展経路（Investment Development Path: IDP）に基づいた分類である。なお、天然資産とは天然資源や未熟練労働を意味し、創造資産とは、資本、技術または技術的、経営的、組織的専門知識のような技能を持つ高度な労働力を指す。Narula (1996) p. 16.

第 4 章　直接投資とスペイン経済の変遷　　97

17　Narula (1996) pp. 26-34.
18　危機に直面しているポルトガル、アイルランド、ギリシャ、スペインについて、それらの国名の頭文字から「PIGS（豚）」と総称されることがある。この語句の妥当性はともかく、EU をはじめ世界全体によるこれらの国の不確実性に対する懸念が表れたものであることは理解されなければならないだろう。
19　田中 (2010) p. 339.
20　この点については、IMF (2010) において指摘されている。
21　Schwab (2015) pp. 328-329.
22　Fortune のホームページ（http://fortune.com）で 1995 年以降のデータが入手可能である。
23　Chislett (2010) p. 9. 2010 年の時点で、少なくとも 25 社のスペイン企業が主要企業として存在感を示しており、テレフォニカやイベルドローラは世界最大手企業として存在感を増している。金融部門でもサンタンデール銀行や BBVA はヨーロッパだけではなく中南米でも最大級の銀行であり、アジアやアメリカでの事業展開も見据えている。また、ザラは日本でも有名なファッションブランドで、世界 88 ヵ国に 2000 店以上を構える。
24　Investing in Spain (2011) では、15 種類のランキングとその中の指標を用いて検討した上で結論付けている。
25　Chislett (2013) p. 42.
26　日本企業がカタルーニャ州に進出する要因のひとつに、この投資局によるサポートがある。
27　その後、2015 年 11 月 9 日にカタルーニャ州議会が独立手続き開始宣言の決議を採択した。また、2016 年 1 月に就任したプチデモン・カタルーニャ州首相は 18 ヵ月以内にカタルーニャの独立を果たすとしている。
28　2013 年には 35 億 110 万ユーロの直接投資が行われ、地域別ではマドリードに次いで 2 番目に多かった（Ministerio de Economía y Com.petitividad (2014))。なお、日本企業は現在約 200 社が進出しているが、これはスペインに進出している日本企業の約半数を占める。
29　*El Mundo* 2015 年 8 月 20 日。また、スペイン経団連会長のジュアン・ロセイ氏とフレシネ会長のホセ・ルイス・ボネット氏は、カタルーニャがスペインから独立し、

EUやユーロ圏から脱退した場合、カタルーニャの企業が深刻な問題を抱えることになることを表明した。*La Vanguardia* 2015年9月7日。

30 結局、連立協議がまとまらず、2016年6月26日に再選挙が実施されることが決定した。

参考文献

Bajo Rubio, O. "Determinantes Macroeconómicos y Sectoriales de la Inversión Extranjera Directa en España." *Información Comercial Española* 696-697. (August-September 1991): 53-74.

───── and A. Carrascosa Morales. "Inversión Extranjera en España: Introducción." *Información Comercial Española* 696-697, (August-September 1991): 15-24.

───── and S. Sosvilla Rivero. "A Econometric Analysis of Foreign Direct Investment in Spain, 1964-89," *Southern Economic Journal* Vol.61. (July, 1994): 104-120.

───── and C. López Pueyo. "La Inversión Extranjera Directa en la Industria Manufacturera Española, 1986-1993." *Papeles de Economía Española* 66. (January, 1996): 176-190.

Campa, J. M. and M. F. Gullén. "Spain: A Boom from Economic Integration." In *Foreign Direct Investment and Governments: Catalysts for Economic Restructuring*, edited by J. H. Dunning and R. Narula. London: Routledge, 1996.

Casilda Béjar, R. "La Década Dorada 1990-2000: Inversiones Españolas Directas en América Latina," *Boletín Económico de ICE* 2778. (September, 2003): 55-66.

Chislett, W. *Spain's Main Multinationals: Building on their Success*, Working Paper 29/2010, Real Instituto Elcano. http://www.realinstitutoelcano.org/（最終アクセス 2016年10月13日）

─────*Emerging Spain?* Working Paper 14/2013, Real Instituto Elcano. http://www.realinstitutoelcano.org/（最終アクセス 2016年10月13日）

Dirección General de Comercio e Inversiones. *Flujo de inversiones exteriores directas*, Ministerio de Economía y Competitividad 1997-2013. http://www.comercio.gob.es（最終アクセス 2016年10月13日）

Duce Hernando, M. "El Impacto de la Integración en la UE sobre la Inversión

Internacional Directa en España." *Papeles de Economía Española* 63, (April 1995): 192-208.

Dunning, J. H. "Trade, Location of Economic Activity and the Multinational Enterprises: A search for an Eclectic Approach." In *The Theory of Transnational corporations 1*, edited by J. H. Dunning. London: Routledge. 1993

─── and R. Narula. "The Investment Development Path Revisited: Some Emerging Issues." In *Foreign Direct Investment and Governments: Catalysts for Economic Restructuring*, edited by J. H. Dunning and R. Narula. London: Routledge, 1996.

European Commission. *Eurostat Yearbook- A statistical view on Europe: Data 1985-1995*: Luxembourg: Office for Official Publications of the European Communities, 1996.

Eurostat. http://ec.europa.eu/eurostat（最終アクセス 2016 年 10 月 13 日）

García Moyano, O. and L. Stirpe "El Atractivo de España para la Inversión Extranjera Directa según el Análisis Comparativo 2010 de ESADE." *Boletín Económico de ICE*. 3009. (March, 2011): 11-21.

ILO database. http://www.ilo.org/（最終アクセス 2016 年 10 月 13 日）

IMF "Spain: 2010 Article IV Consultation." *IMF Country Report* No. 10/254. (July, 2010). http/www.imf.org/（最終アクセス 2016 年 10 月 13 日）

Investing in Spain "La Posición Competitiva de España: Indicadores y Rankings de Competitividad." *Boletín Económico de ICE 3006* (February, 2011): 3-16

MacDougall, G. D. A. "The Benefits and Costs of Private Investment from Abroad: A Theoretical Approach." *Economic Record* 36, 73, (March 1960): 13-35.

Ministerio de Economía y Competitividad. "Inversiones Exteriores Directas en 2010." *El Sector Exterior en 2010*. (July, 2011): 87-104.

─── "Inversiones Exteriores Directas en 2013." *El Sector Exterior en 2013*. (July, 2014): 103-128.

Narita, M. "The Determinants of Foreign Direct Investment in Spain," *Discussion Paper Series, A*, No.62, Faculty of Economics, Hokkaido University (September, 1999).

─── "Foreign Direct Investment in Spain after 1992: Emergence of New Rivals," *Economic Journal of Hokkaido University* 29, (September, 2000): 97-120.

Narula, R. *Multinational Investment and Economic Structure: Globalisation and Competitiveness*. London: Routledge, 1996.

OECD. *International Direct Investment Statistics Yearbook*, Paris: OECD, 1998

Salmon, K. *The Modern Spanish Economy: Transformation and Integration into Europe*. London: Pinter Publishers, 1995

Schwab, K. *The Global Competitiveness Report 2015-2016. Geneva: World Economic Forum, 2015*. http://reports.weforum.org（最終アクセス 2016 年 10 月 13 日）

Torrens, L. and J. Gual "El Riesgo de Deslocalización Industrial en España ante la Ampliación de la Unión Europea." *Papeles de Economía Española* 103. (May, 2005) :173-186.

Turrión, J. "El Impacto de la Ampliación en los Flujos de Inversión Directa: el Posible Desplazamiento de las Inversiones Recibidas por España." *Papeles de Economía Española* 103. (May, 2005): 157-172.

UNCTAD. *World Investment Report 1998*. New York: United Nations Publication, 1998.

UNESCO Institute for Statistics. http://www.uis.unesco.org/（最終アクセス 2016 年 10 月 13 日）

Zamora, J. A. "España y la Inversión Directa; Hechos y Política." *Información Comercial Española* 696-697, (August-September 1991): 3-13.

楠貞義『スペインの現代経済』勁草書房、1994 年

楠貞義『現代スペインの経済社会』勁草書房、2011 年

佐々木隆生『国際資本移動の政治経済学』藤原書店、1994 年

ジェトロ『ジェトロ白書投資編：世界と日本の海外直接投資』日本貿易振興会、各年

田中素香『拡大するユーロ経済圏―その強さとひずみを検証する』日本経済新聞出版社、2007 年

田中素香編著『世界経済・金融危機とヨーロッパ』勁草書房、2010 年

戸門一衛『スペインの実験―社会労働党政権の 12 年』朝日新聞社、1994 年

成田真樹子「1990 年代以降のスペインの経済動向と対外直接投資の進展」(『経営と経済（長崎大学）』第 90 巻第 3 号、2010 年 12 月）

第5章　スペイン外交問題の変遷

細田 晴子

はじめに

　スペイン内戦、第二次世界大戦を経て、フランシスコ・フランコの独裁政権は、国連における非難・排斥決議採択により世界的に孤立した。中央集権的な体制の下、外交政策の最終決定権は、主に陸軍出身のフランコおよび海軍出身のルイス・カレロ・ブランコ（Luis Carrero Blanco: 1967～1973年副首相、1973年首相）にあった。

　1975年のフランコ死去後、平和裡に民主主義体制への移行がなされた。スペインは対外協力も容易にできるようになり、その外交を大きく変化させた（Powell 2000）。

　フランコ政権の主張する「スペインの特殊な立場」は、欧州から疎外されたスペインの立場を弁明する言説であった[1]。国際政治に目をそむけ、孤立主義を標榜してさえいればよかった時代は、ある意味「快適」な時代であった。スペインは1986年にEC（欧州共同体）に加盟するが、欧州に加わることは、厳しい現実との対峙をも意味することになる。

　1980年代末の東欧諸国の体制変化、1990年の東西ドイツの再統一、1991年のソ連の崩壊で、米ソ超大国間の対立としての冷戦は終焉した。さらに、市場経済・民主主義・人権・産業主義を共通原則とする多様なアクターが出現し、国家の役割が低下し、いわゆる「新しい中世」のような秩序が到来していると指摘されて久しい（田中 1996; 田所 2004; 木村 2013）。すなわち民主化したスペインは、国内外での大きな変化、多様な価値観に向き合っていかねばならなくなったのである。

　本章では、フランコを中心とする独裁体制が終焉し民主主義体制が確立して

いく中で、スペインの外交はいかに変遷していったのか、またスペインは国際政治においてどのような役割を模索してきたのかを考察する。

　フランコ時代から21世紀にかけてのスペイン外交に関しては、大きく分けて次の3つの変化が指摘できる。第一に、憲法が制定され、複数政党制・議院内閣制という民主的な法的枠組みが整備され、議会や世論のコントロールのもとに外交が行われる民主主義国家となったことである（Pereira 2016）。外務省のみならず、地方自治体・多国籍企業・NGOなどの新たなアクターが、国際秩序形成の場へ参入することとなった。

　第二に、外交関係の正常化、すなわち国際社会への復帰である。フランコ独裁政権下では、例えばECやNATO（北大西洋条約機構）といった、主に欧米の民主主義諸国で構成された国際機関への加盟は不可能であった。さらに反共政策を掲げたフランコ政権は、共産主義諸国との国交も持たなかった。

　フランコの死去後スペインは、ソ連をはじめ東欧諸国との国交を正常化した。亡命共和国政府を国内に置きフランコ政権を承認しなかったメキシコとも、1977年に国交を回復した。またフランコ政権期のスペインは、親アラブ政策を掲げていたためイスラエルとの国交も有していなかったが、この樹立も1986年に成し遂げた。一方、経済力をつけ先進国の仲間入りを果たしたスペインは、開発途上国に対する国際協力も積極的に行えるようになるのである。

　第三に、外交理念の変化である。フランコ独裁政権時代、諸外国は同政権下の人権侵害を非難し、ECはスペインが提出した加盟申請を受理しなかった。そのため民主化したスペインは、欧州（＝民主主義）指向という政府・議会・世論のコンセンサスのもと、フランコ体制へのアンチテーゼとして人権・民主主義擁護を外交の柱に掲げた。EC加盟国となってからのスペインは、その構造改革と併せ中東欧の新規加盟国への支援も積極的に行った。欧州の諸機関に加盟したスペインは、自国の外交を欧州レベルへ合わせるよう努力していった（Barbé 2011）。

　さらに、フランコ政権からの流れを受け継ぐものとしては、政治イデオロギーと切り離した経済の自由化がある。スペイン内戦後アウタルキー（自給自足経済）をとったフランコ政権は、1950年代末にはそれを放棄し、1960年代以降には国際経済システムにとりこまれつつ経済発展を成し遂げ、政治の自由化に

は着手せずに経済の自由化を推進し、EC 加盟を目指したのであった。民主化後もこの方向性は受け継がれ、労働者総同盟（UGT）を票田としていた PSOE（社会労働党）も、政権の座に就くと、独裁政権期の肥大した公的セクター・硬直化した労働組合・手厚すぎる社会保障などにも欧州標準化という名目を掲げつつ、新自由主義的改革を断行し、UGT と対立するに至った。

　もっとも民主化移行期の外交には、フランコ時代の外交理念を引き継ぐ部分もあった。特に、フランコ死去直後のスペイン人外交官は、保守的あるいはフランコ政権の政治・行政エリートの平均よりも若干リベラルである程度だった（Sanz Díaz 2016）。ホセ・マリア・デ・アレイルサ（José María de Areilza）外相（任 1975 ～ 1976 年）やマルセリノ・オレハ（Marcelino Oreja）外相（任 1976 ～ 1980 年）は、ジブラルタル問題、対中東諸国・キューバ政策など、米国に追従せず「スペイン性」を強調し地中海の中立を主張した、フランコ時代のフェルナンド・マリア・カスティエーリャ（Fernando María Castiella）外相（任 1957 ～ 1969 年）の理念を受け継いでいた。

　これら 3 つの変化を念頭に、まず 1 ～ 3 の各節において、スペイン外交の地域別政策の中でも特に力点が置かれた（1）地中海諸国・中東諸国、（2）南北アメリカ、（3）欧州という 3 つの地域に対する政策について述べる。そして 4 節ではスペインのパブリック・ディプロマシーの変化に関して概観し、最後に現状に照らし合わせつつ総括する。

1．地中海諸国・中東諸国とスペイン：西欧との懸け橋

　中世スペインではキリスト教徒、ユダヤ教徒、イスラーム教徒が共存していた。またスペインはアフリカ大陸にセウタ・メリーリャという飛地を領土に持ち、西サハラは 1970 年代までスペイン領であった。また 1970 年代後半には、モロッコ沖にあるカナリア諸島で、アルジェリアのテロリストと接近してスペインからの独立を主張する運動があった。そのため特にモロッコとは、領土問題・漁業問題・不法移民問題などを抱えていることもあり、常に良好な関係を維持する必要があった。

　フランコ・スペインは、欧州の一部の国が反対したため NATO へ加盟できなかった。カスティエーリャ外相は、「地中海の中立」を唱えるに至った。これ

らは冷戦期米ソ二大陣営の狭間で、地中海諸国・中東諸国との関係においては、マイナス要因とはならなかった。特に、フランコが親アラブ政策をとった後、アドルフォ・スアレス（Adolfo Suárez）首相（任1976～1981年）はPLO（パレスチナ解放機構）のヤセル・アラファト議長とも友好的な関係を築き、非同盟中立運動に親近感を示したために、アラブ諸国との関係は当初、比較的良好に推移していた。

一方王室外交は、時に正規の外交ルートでは得難い重要な絆を構築した。1979年フアン・カルロス1世国王の訪問でモロッコとの緊張関係が緩和した例（Marquina 2000）や、石油危機の時代に正規の外交ルート以外のチャンネルにより中東から石油を得た例がある（細田 2012）。

しかし、国防を欧州の中で考えるというスペインの動きは加速化する。1982年、スペインがNATOの軍事機構に加盟しないことを約しつつもNATO自体へ加盟すると、モロッコとの関係は緊張した。同年、UCD（民主中道連合）からPSOEへ政権交代が行われた。冷戦が終結し世界情勢が変化すると、NATO加盟に反対していたハビエル・ソラナ（Javier Solana: PSOE政権下外相、任1992～1995年）がNATO事務総長（任1995～1999年）となった。

一方でスペインはNATOやEC（1993年よりEU、欧州連合）の枠組みの中で、地中海諸国・中東諸国と欧州との架け橋の役割をより積極的に担おうとしている。パレスチナは、伝統的にスペインのODA（政府開発援助）の優先地域である。1991年には、マドリードにおいて中東和平会議が、1995年にはバルセロナにおいて欧州・地中海会議が開催された。しかし後者の動きは2008年、フランスのニコラ・サルコジ大統領のイニシアティブで設立された地中海連合に合流した。地中海連合の事務局はバルセロナに置かれることになったものの、地中海でのリーダーシップはフランスに移行しつつある。

2011年のいわゆる「アラブの春」により、それまでの地中海諸国・EU諸国間の枠組みに疑問が呈されるようになった（Hernando de Larramendi 2011）。しかしスペインは、EUの枠組みの他にも、王室外交や国連の枠組みの中で地中海諸国・中東諸国との関係強化に尽力している。2014年、フアン・カルロス1世国王は、実業家も同伴して湾岸協力理事会（サウジアラビア、アラブ首長国連邦、バーレーン、オマーン、カタール、クウェート）の国々を歴訪した。2004年ホ

セ・ルイス・ロドリゲス・サパテロ（José Luis Rodríguez Zapatero）首相は「文明の同盟」を国連で提唱し、2014年には国連の仲介努力を支持し、マドリードにおいて「リビアの安定と発展に関する会議」を開催した。

さらにスペインは石油・天然ガスなどのエネルギー源を地中海諸国・中東諸国に依存していたが、これらの国の一部との貿易収支は赤字であった。一方、スペインは民主化後、軍需産業の振興により武器の近代化・国内経済のテコ入れを行おうとしたが、これら諸国はスペインにとって赤字相殺のためにも主要な武器輸出先となった（Molas-Gallat, 1992）。すなわちスペインがこうした関係を重視した背景には、歴史的経緯の他にも、経済的な理由もあったのだ。

組織犯罪、不法取引、国際的なテロなどに関連する地中海地域の安全保障も、スペインとマグレブ諸国の間の懸案である。アラブの春以降、スペインは経済・安全保障関係の強化のみならず、これらの国々の民主主義や人権などの側面にも配慮していくべきであろう（Hernando de Larramendi 2011）。

2．南北アメリカとスペイン：2国間から多国間へ

前述のように、第二次世界大戦後フランコ政権は政治的に孤立したものの、冷戦の深化で米国を通じて西側陣営へ引き込まれた。一部の欧州諸国の反対でNATOに加盟できなかったスペインは、1953年、米国と米西協定を締結したのである。しかしこの片務協定は東側諸国からの攻撃を念頭に置き、スペインの防衛目標であるマグレブからの攻撃には対応しないものであった。またスペインには中南米最後の植民地キューバを失うことになる1898年米西戦争敗北の際の禍根も残存しており、フランコ政権は必ずしも一枚岩で大西洋主義を推進していたのではなかった。さらに、カトリックを国教とした当時のフランコ・スペインでは、あらゆる意味で開放的すぎる米国の「自由な米国、開放的な社会の擁護」というパブリック・ディプロマシーは空虚に響いた（細田 2015）。

民主化後、スペインの改革派は、米国の関係強化を2国間ではなく、NATOという多国間協議の場にも持ち込み、米国の影響力を削減しようとしていた（Powell 2000）。

米西2国間関係は、ジョージ・W・ブッシュ政権とPSOE政権の間に2004年以降あった緊張関係など紆余曲折があるものの、安定的に推移している。それ

はNATOなどの多国間協議の場があり、ホワイトハウスと、政党を超越した国王の間にホットラインが存在したためである（細田 2012）。

一方ラテンアメリカに対しては、フランコ・スペインは共通の歴史や言語を有するという「スペイン性」を強調しつつ、文化帝国主義的な支配を行おうとしたのであった。民主化後は、EC（EU）との懸け橋となることを望む一方で、EU諸国と異なる独自外交を行おうとした。例えば対キューバ政策では、より寛容な外交を行おうとした（Barbé 2011）。また1991年以降開催されているイベロアメリカ会議によって、「兄弟」国としてラテンアメリカ諸国と対等な立場でのつながりを強化しようとしている。ここでも、コモンウェルスにおけるイギリス女王の影響力ほどではないとしても、スペイン国王の果たす役割は無視できない。

しかし21世紀には他地域と比較すると対ラテンアメリカ貿易の割合は低下し、政治的観点からはスペイン国民は次第にラテンアメリカ諸国に対して距離を感じている（Noya 2013）。

3．欧州のスペイン：欧州が解決、からスペインが解決策へ？

18世紀以降フランスの啓蒙思想の影響を受け、カトリック的啓蒙思想を取り入れてきたスペインは、20世紀初頭も哲学者ホセ・オルテガ・イ・ガセー（José Ortega y Gasset）の「スペインが問題、欧州が解決策」（España es el problema, Europa la solución）という言説に見られるように、欧州と比較した経済的後進性を常に意識してきた。しかし21世紀には、「スペインはすでに欧州の問題児ではなく、現在では解決策となっている」と述べるPP（人民党、国民党）の経済高官も現れた。

フランコ独裁時代、「欧州への復帰」とは、反フランコ派も含めてほとんど全てのスペイン人に共通した願望であった。フランコ政権は失業対策・外貨獲得のため欧州への移民政策を推進した。しかし皮肉にもスペイン人移民は、欧州の労働組合・民主主義、共産党、PSOEやUGTの亡命スペイン人とも接するようになった。これらは後に民主化への導火線となっていった。このように、スペインは移民を通じ民主化への布石を敷いた歴史があった。一方フランコの死去直後、国王は欧州へも外遊し、民主的なスペインをアピールした。

民主主義国家の集団である欧州を目指したスペインは、1986年ECに加盟して以来、自国の外交を「欧州化」した。ECの中ではすでに1970年代から外交政策を調整しようとの試みがあった。冷戦の終焉に伴う流れの中で1993年CFSP（共通外交・安全保障政策）が制度化されると、スペインはその枠組み内で独仏との協調路線を取ろうとした。1999年から10年間は、前述のソラナがCFSP上級代表となった。

　現在、EUが最も重視すべき目標のひとつに移民・難民問題があるが、スペインにとっても同様である。2014年の統計によれば、スペイン総人口約4640万人に対して、約1割が外国人である。国籍別では、ルーマニア、モロッコ、イギリスなどが多い。中国系も急増している。アフリカ大陸に飛地を有し、中南米からの移民を受け入れてきたスペインは、EC（EU）の枠組みの中で移民問題に取り組まなければならなくなった（第2章参照）。

　フランコ時代、移民送り出し国であったスペインは、こうした移民を通じて欧州に支援され、民主化を成し遂げた歴史がある。これとも関連して、スペインでは労働組合はもちろん市民も含め、移民・難民の受け入れに比較的寛容な姿勢を示している。欧州の「自由な空間、安全、法」を守るために、移民・難民の受け入れをどのように行っていくかは今後の課題である。

　またEU加盟は、新たな課題も生み出した。統一通貨ユーロの誕生によって、スペインは金融政策の裁量権を欧州中央銀行へ委譲せねばならなくなり、国家主権が制限されるようになったのである。EUの枠組みのような新たな国際秩序を背景に、欧州・世界における立ち位置・国内政策を再確認しつつ、包括的な欧州政策を打ち出すことがスペインの喫緊の課題となっている。

4．スペインのパブリック・ディプロマシー：情報発信の多様化

　第二次世界大戦を経て、国際的に孤立したフランコ・スペインは「スペイン性」や歴史的絆を強調して、ラテンアメリカやアラブ諸国との関係強化をうたった。特に、ラテンアメリカでは、文化帝国主義的なパブリック・ディプロマシーを行ったことは前述した。

　UCDのスアレス政権下では、スペイン国営テレビの社長であったスアレス首相が、その経験を生かし、マスコミを使って国内外にスペインの外交関係をア

ピールした。その後 2 大政党による支配が定着した 1980 ～ 1990 年代の PSOE や PP 政権は、首相官邸を中心に外交政策を策定した。王室外交によるスペインのイメージ改善も行われた。さらに 20 世紀末には、ソラナの他、ユネスコ事務局長（任 1987 ～ 1999 年）のフェデリコ・マヨール・サラゴサ（Federico Mayor Zaragoza）のようなスペイン人のトップが国際機関において誕生することで、スペインの国際的影響力が増加したかに見えた。

1991 年セルバンテス文化センターが創設された（東京の文化センターは 2007 年設立）。2011 年発足したマリアノ・ラホイ（Mariano Rajoy）PP 政権は、リーマン・ショック以降の南欧金融危機でダメージを受けたスペインのイメージ回復を目論み、国内外の広報のためマルカ・エスパーニャ（Marca España）という機関を設立した（Manrique 2012; Manzano 2014）。しかし経済危機に加え、2013 年には王室・企業の汚職問題によって、スペインの対外的なイメージは一層悪化した。

また、インターネットの普及により地方自治体・多国籍企業・NPO などの他一般市民も情報の発信者として参入し、パブリック・ディプロマシーとしての、統一されたイメージの発信が困難となってきた。カタルーニャ州やアストゥリアス州は独自に国際協力庁（Agencia de Cooperación）を有する（García Pérez 2011）が、こうした地方自治体の海外進出に中央政府は危機感を抱いた。そのため、外務省を中心として外交イニシアティブを総括し、マルカ・エスパーニャによって「国の政策」を打ち出し、国内外に統一された中央主導のイメージを打ち出そうとした（Barón 2013）。さらに 2014 年 3 月、国家対外行動法（La Ley de Acción y del Servicio Exterior del Estado）が発効した。これは、外交に関しては地方自治体や他省庁も、外務省とのすり合わせが要求されることを意味する（Lledó 2015）。

歴史家ホセ・マリア・ホベール（José María Jover）は、大衆がマスコミや教育機関などから消極的に受け取った 2 次情報や「歴史的記憶」から、ステレオタイプ化された意識を形成していると指摘した（Jover 1986）。今後はスペインでも、国際政治に関する正確な情報に基づいて、さまざまなレベルで外交に関しての幅広い議論、世論形成を行っていく必要がある。

おわりに

以上4つのテーマの分析をもとに、最初に提示した憲法制定による民主主義国家スペイン、国際社会への復帰、理念の変化という3つの変化にそって、フランコ期から民主化期にかけてのスペイン外交40年の変化を総括していこう。

（1）民主主義国家スペイン

フランコ独裁政権の終焉後、1978年憲法の制定を通じ、スペインは民主主義国家としての枠組みを整えていった。ただポスト・フランコ時代から引き続き20世紀末まで、外交はトップダウン——官邸中心——の中央集権的な意思決定システムを通じて実施された。経済成長を背景に、カリスマ性のある首相がけん引したのである。

しかし21世紀に入り、スペインは経済危機に直面している。一方でEUレベル、国レベルのみならず地方自治体レベルでの外交・経済政策が行われるなど、アクターの多様化が進んだ。情報網の発達も、アクターの多様化に拍車をかけた。これに対してスペイン政府は法制を整え、外交政策の一元化を試みている。

さらに、昨今のシリア難民受け入れ問題が総選挙を見越した左派の政策のアピールに使用されたように、外交が内政と一層緊密に関わるようになり、一般市民も外交に対する関心を高めている。秘密外交ではない「民主的」な外交においては、透明性が求められ、情報公開が叫ばれるようになった。

（2）国際社会への復帰、立ち位置

フランコ時代の国際的孤立を克服した民主主義国家スペインは、多国間協議の場——国際機関、地域機構——において、また経済協力など2国間の外交関係においても、国力に応じた貢献を行いつつ、国際的な影響力を高めようとしてきた。一方で、歴史的な経緯のためキューバのような国との親密な関係を築きたいスペインであるが、他の加盟国と足並みを合わせなければならないという、多国間協議の場に参加したゆえの制限もある。

また、2007年には、スペインの経済協力は「スペインの外交の中での成功のひとつ」と評価されていたが、21世紀の金融危機・経済危機により、外務省の予算が削減された。その大部分がODA費削減によるものである。2010年GDP

比で 0.43% を占めた ODA は 2012 年には 0.23%に減少した。さらに安全性の問題で閉鎖されたシリアの大使館の他、イエメンやジンバブエの大使館も閉鎖されることとなった（Manzano 2013）。政権交代や長期の暫定政権によって変化する、言動に継続性・一貫性のない不安定な外交が、国際的影響力・国際的イメージの一層の低下につながった。

（3）理念の変化

民主主義国家スペインは、フランコ体制へのアンチテーゼとしての人権擁護を掲げてきた。そのため難民受け入れには、スペイン社会は労働組合も含め、比較的寛容である。しかしスペインは、人権擁護に問題があるとされる中国、赤道ギニア、キューバなどとも積極的な経済外交を行うのはダブルスタンダードだと、他の EU 加盟国に指摘されている。

スペインは、平和裏の民主化を成し遂げた成功例を他国に対して提示しつつ、その歴史的背景からさまざまな多国間協議に参加でき、貢献できる可能性を秘めているとも言える。一方現在では、民主主義が普遍的な価値観だとすれば、民主主義の理念を実現するのに主権国家は最適な政治単位であるのか、EU は適した政治単位なのか（大芝 2014）といった疑問も出てきた。スペインでは、1978 年憲法が先送りした地方自治の問題が噴出している。金融政策のみならず外交においても、従来以上に多層的ガバナンスを念頭においた新たな外交政策の策定が求められているのである。

注

1. Secretary of State, "European and Soviet Affairs Directorate." June 10, 1983, Ronald Reagan Library.
2. "España y Oriente Próximo." Ministerio de Asuntos Exteriores y de Cooperación. http://www.exteriores.gob.es/Portal/es/PoliticaExteriorCooperacion/OrienteProximoMagreb/Paginas/EspOrienteProximo.aspx（最終アクセス 2016 年 10 月 5 日）
3. "España y el Magreb." Ministerio de Asuntos Exteriores y de Cooperación.

http://www.exteriores.gob.es/Portal/es/PoliticaExteriorCooperacion/OrienteProximoMagreb/Paginas/EspElMagreb.aspx（最終アクセス 2016 年 10 月 5 日）

4 "Cifras de Pobración a 1 de enero de 2015. Estadistica de Migraciones2014. Datos Provisionales." Instituto Nacional de Estadística. http://www.ine.es/prensa/np917.pdf（最終アクセス 2016 年 10 月 5 日）; "Migraciones Exteriores desde2008." Instituto Nacional de Estadistica. http://www.ine.es/jaxi/tabla.do?path=/t20/p277/prov/e01/l0/&file=01004.px&type=pcaxis&L=0（最終アクセス 2016 年 10 月 5 日）

引用・参考文献

Barbé, E. "Interacción entre política exterior española y política exterior europea: Normas europeas, intereses españoles y condicicnantes internacionales." En *Política exterior española: Un balance de futuro (Vol.1)*, dirs. por J. M. Beneyto y J. C. Pereira. Madrid: Biblioteca Nueva, 2011.

Barón, A. "Claves de la política exterior española: octubre-diciembre de 2012." *Policy Brief*, FRIDE 88 (2013). http://fride.org/descarga/PB_88_Claves_politica_exterior_espanola.pdf（最終アクセス 2016 年 10 月 5 日）。シンクタンク FRIDE は、2015 年 12 月に経済的理由で閉鎖されたが、現在のところ論文は WEB 上で閲覧できる。

García Pérez, R. "La acción exterior de las Comunidades Autónomas." En *Política exterior española: Un balance de futuro (Vol.2)*, dirs. por J. M. Beneyto y J. C. Pereira. Madrid: Biblioteca Nueva, 2011.

Hernando de Larramendi, M. "España y su política exterior hacia el Mediterráneo." En *Política exterior española: Un balance de futuro (Vol.1), op.cit.*

Jover, J. M. "La percepción española de los conflictos europeos: notas históricas para su entendimiento." *Revista de Occidente* 57 (1986): 5-42.

Lledó, E. "Claves de la política exterior española: octubre-diciembre 2014." *Policy Brief*, FRIDE 117 (2015). http://fride.org/descarga/PB195_Spanish_Foreign_Policy_Monitor.pdf（最終アクセス 2016 年 10 月 5 日）

Manrique, M. "Claves de la política exterior española: enero-marzo 2012." *Policy Brief*, FRIDE 76 (2014). http://fride.org/descarga/PB_76_Politica_exterior_espanola.pdf

（最終アクセス 2016 年 10 月 5 日）

Manzano, C. "Politica exterior española en 2012: entre lo pragmático y lo involuntario." *Anuario internacional CIDOB 2013* (2013): 215-22. http://www.cidob.org/es/articulos/anuario_internacional_cidob/2014/la_politica_exterior_espanola_en_2013 （最終アクセス 2016 年 10 月 5 日）

―――― "La política exterior española en 2013: anodina transición." *Anuario internacional CIDOB 2014* (2014): 215-22. http://www.cidob.org/es/articulos/anuario_internacional_cidob/2014/la_politica_exterior_espanola_en_2013 （最終アクセス 2016 年 10 月 5 日）

Marquina Barrio, A. "Las relaciones de España con los estados del Magreb 1975-1986." En *La política exterior de España en el siglo XX*, editado por J. Tusell, J. Avilés y R. Pardo. Madrid: Biblioteca Nueva, 2000.

Molas-Gallart, J. *Military Production and Innovation in Spain*. Chur: Harwood Academic Publishers, 1992.

Noya, J. *Los españoles ante un mundo en cambio: visiones del exterior*. Madrid: Tecnos, 2013.

Pereira Castañares, J. C. "La dimensión internacional de la Transición *española*: el Proyecto, el Grupo de Investigación, los resultados." En *La política exterior y la dimensión internacional de la Transición española: Testigos y protagonistas (1976-1986)*, dirigidos por J. C. Pereira Castañares y J. M. Fernández Fernández-Cuesta. Cizur Menor: Editorial Aranzadi, 2016.

Powell, C. "Cambio de régimen y política exterior: España, 1975-1989." En *La política exterior de España en el siglo XX, op.cit.*

Sanz Díaz, C. "La administración Exterior del Estado en el ciclo formal de la política exterior, 1975-1986." En *La política exterior y la dimensión internacional, op.cit.*

大芝亮「民主主義と国際秩序」（藤原帰一・李鍾元・古城佳子・石田淳一編『国際政治講座 4：国際秩序の変動』東京大学出版会、2004 年）

木村雅昭『グローバリズムの歴史社会学：フラット化しない世界』ミネルヴァ書房、2013 年

田所昌幸「グローバル化と国際秩序」（藤原帰一・李鍾元・古城佳子・石田淳編、前掲

書）
田中明彦『新しい「中世」：21 世紀の世界システム』日本経済新聞社、1996 年
細田晴子「スペイン内戦・冷戦・民主化：アメリカの労働組合と対スペイン政策」（益田実他編『冷戦史を問いなおす：冷戦と非冷戦の境界』ミネルヴァ書房、2015 年）
─────『戦後スペインと国際安全保障：米西関係に見るミドルパワー外交の可能性と限界』千倉書房、2012 年

コラム ②

オルテガ・イ・ガセーの大衆社会論の特徴とハイデガー

影浦 亮平

　スペインの哲学者の代表格であるオルテガ・イ・ガセー（1883-1955）は、『大衆の反逆』（1929）と著者として知られている。この大衆社会論がどのような特徴をもっているかを本コラムは素描したい。彼が生きた時代のヨーロッパでは、彼に限らず、多数の哲学者なり社会学者が大衆という現象を論じている。大衆社会論を論じた（広い意味での）社会学者としてはトクヴィル（1805-1859）、デュルケーム（1858-1917）、ジンメル（1858-1918）、ヴェーバー（1864-1920）等が同時代人であるし、心理学の分野ではフロイト（1856-1939）を挙げることができる。そしてフロイトの精神分析をさらに発展させる形で大衆社会論を論じたフロム（1900-1980）の『自由からの逃走』（1941）は、『大衆の反逆』と並び称される大衆社会論の古典である。そうした中でオルテガ・イ・ガセーの大衆論の特徴のひとつは、それが哲学的な観点からの大衆社会論であるということである。彼は大衆を以下のように定義する。「大衆とは善きにつけ悪しきにつけ、特別な理由から自分に価値を見いだすことなく、自分を『すべての人』と同じだと感じ、しかもそのことに苦痛を感じないで、自分が他人と同じであることに喜びを感じるすべての人びとのことである」。この定義には社会階層などの社会的条件は一切含まれていない。したがって、オルテガ・イ・ガセーのアプローチは社会学のそれとは異なり、またフロイトの精神分析のように無意識の概念を軸にしたアプローチとも異なる。オルテガ・イ・ガセーのアプローチは、キェルケゴール（1813-1855）以来の哲学分野の大衆社会批判およびそうした社会での人間の理解の系譜の中で理解されるのが妥当である。その際、オルテガ・イ・ガセーとハイデガーの比較は重要だ。というのは、同じく大衆社会論を論じながら、両者の結論はまったく逆であるからだ。オルテガ・イ・ガセーはファシズムを批判したのに対し、ハイデガーはファシズムの代表格であるナチズムを称賛した。本コラムはこの論点を取り扱う。

　哲学分野での大衆社会論の系譜を考えると、まずはキェルケゴールが重要である。彼の場合は今日『現代の批判』という題名で知られている匿名作家による小説『二つの時代』を対象にした評論（1846）の中で、近代社会

コラム② オルテガ・イ・ガセーの大衆社会論の特徴とハイデガー

になって登場した「世論」というものに対する批判を展開した。その際問題になるのは「世論」を発する主体の抽象性である。「世論とは非有機的であり、抽象である。」キェルケゴール哲学において、抽象はネガティブな概念であり、具体がポジティブな概念とされている。ヘーゲルを批判する際、彼の哲学は抽象的な思考に過ぎないと批判し、その一方、自らの哲学は具体的な思考であると主張する。さて、ここでは近代社会の言論主体の抽象性が問題とされる。本来、意見を発するのは具体的な個々人であるはずなのに、世論はそうした個人から成立するものではなく、それぞれの個人の意見が抽象化され、平均化された何者かから成立する。近代とはそのような抽象化され、平均化された主体に言論が支配される時代である。

そのような主体が大衆のことである。大衆の下にあっては、個人は、大衆という誰とも名指ししえない何かに仕える「奴隷」となる。その時、個人の内面性は捨象される。内面性なり情熱なき時代における世論をキェルケゴールは「おしゃべり」に化していると論じている。「おしゃべり」とは話すことと黙っていることが混ざり合っている状態であり、それはつまり、黙っている状態が消失してしまうということを意味する。キェルケゴールによれば、「沈黙は内面性である。」抽象化され、平均化された主体である大衆が言論を支配する社会においては、個人主体もまた、その内面性を失っていき、表面的でし

かない存在にされてしまうというのが、キェルケゴールの主張である。

キェルケゴールの大衆論に影響を受けた哲学者として、マルティン・ハイデガー（1889-1976）は哲学史的に重要である。キェルケゴールは、平均化は 1846 年当時のデンマーク社会で起きていることとして論じたわけだが、ハイデガーはそれから 80 年後のドイツにおいてまさしく生じている問題として理解した。『存在と時間』（1927）で彼は平均化こそが近代人の傾向であると論じる。「平均性への気づかい（Sorge）は現存在の本質的な傾向を新たに顕わにし、われわれはそれをあらゆる存在可能性の平均化と呼ぶ。」ハイデガーはキェルケゴールの「平均化」の概念を、近代の現存在のあり方、つまり近代人のあり方に結びつける。キェルケゴールにおいては、抽象的な存在に過ぎない大衆の奴隷になって、自らの内面を見失う近代人のありかたが問題とされたが、それはハイデガー哲学においては、「世人」（das Man）に気づかって生きている中で、自分の本来のあり方を忘却していると言い換えられる。そして、その本来のあり方とは、自らで決断を下し、その決断に責任を負う姿勢とされる。「世人があらゆる判断と決断を先に与えるので、現存在それぞれから責任を奪う。」他人が絶えず与え続ける考え方に流されず、自ら決断し、決断に対して責任を負う姿勢をハイデガーは求める。

では、オルテガ・イ・ガセーの大衆

社会論はどうか。先ほど紹介した大衆の定義が示す通り、キェルケゴールにおいては平均性の奴隷になって内面性を失った大衆は、オルテガ・イ・ガセーにおいては、「すべての人と同じ」状態に対して「喜びを感じる」までになった存在として定義されている。オルテガ・イ・ガセーにおいてもキェルケゴールの平均性の議論が踏まえられており、その点はハイデガーと変わらない。しかしハイデガーにおいて平均性に対する態度は「気づかい」であるのに対し、オルテガ・イ・ガセーにおいては喜びの気持ちとなっている点で、大衆文化論としては決定的な違いが生まれる。ハイデガーの「気づかい」は、平均性が個人にとってはあくまで非本来的であるという前提があってこそ成立する行為である。そして平均性を断ち切る決断が重要とされる。

　それに対し、オルテガ・イ・ガセーの大衆の中の個人は、平均性との切断がもはやなく、平均性に完全に同化している。平均性に従属することと自己充足の間に差異が生じることがない存在である。ハイデガーのように本来の自己の追求が問題になるのではなく、自己と異なるものに対する排他性が大衆に対するオルテガ・イ・ガセーの問題意識となる。彼は大衆に対抗するものとしての「選ばれた人間」を次のように定義する。「(…) 大衆人はその本性に従って他に頼ることをやめ、自分が己の生の主人であると考えている。それに反して選ばれ、優れた人間は自分から進んで彼を越えるものに、彼より優れた規範に奉仕しようとする内面的必然性をそなえている」。「選ばれた人間」は、自分が他人より優れていると思いこんでいる人間ではない。それはむしろ、自分が同一化している平均的な思想なり存在しか許容できず、それ以外のものに対して排他的な態度を取る大衆のほうに該当する。それに対し、「選ばれた人間」とは、自分とは異なる思想なり存在を受け入れ、それに奉仕しようとする多文化主義的な存在である。共同体の同質性とは異なる者を許容しようとしない排他性こそが、オルテガ・イ・ガセーが大衆に見出す問題である。「すべての人と同じでない者、すべての人と同じように考えない者は、締め出される危険にさらされている。そして、この『すべての人』が『すべての人』でないのは明らかである。以前は、普通は『すべての人』とは、大衆と大衆とは離れている特別な少数者からなる複合体であった。今はすべての人とは、大衆のみである」。同質的ではないものに対する大衆の排他性こそが彼の大衆批判の核心なのだ。

　以上のようなハイデガーとオルテガ・イ・ガセーの大衆社会論の相違は、彼らの政治的スタンスの相違にまで直結する。ハイデガーは「決断」をその事象の根源に立ち返る行為であると主張する。ある事象に対してさまざまな解釈がある中で、大衆の側で既成の解釈がひとつ選ばれたのであれば、「決断」とはまさしく多様な解

コラム② オルテガ・イ・ガセーの大衆社会論の特徴とハイデガー

釈がありえた根源的な場に立ち返ること、事象の歴史を遡ることと理解できるからだ。ハイデガーの「決意性」（Entschlossenheit）はこのように根源の概念と結びつけられる。この根源に、ハイデガーはギリシア哲学を結び付け、さらにこのギリシア哲学をドイツ民族の精神と同一視する。以上の理論的帰結として、フライブルク大学総長就任演説の『ドイツ大学の自己主張』（1933）において、大学の学問が追求すべきとされる精神は次のように論じられる。「精神とは存在の本質に向けての根源的に気分づけられた、知的な決意性である。民族の精神的な世界とは（…）、民族の現存在を最奥で昂揚させ最も広範に揺り動かす力としての、民族の血と大地に根ざす諸力を最も深く保守する力なのだ。ただ精神的な世界のみが、民族の偉大さを保証する」。ここからさらにナチスはドイツ民族の精神運動であると位置付けることで、ハイデガーはナチスを支持することができた。

　大衆から脱出した自己の本来的なあり方をナチズムに見出していったハイデガーに対し、オルテガ・イ・ガセーは、他者を排除する大衆性をファシズムに見出した。彼にとって、大衆が同化している平均性とは、つまるところ国家である。「大衆は、国家という匿名の機械を通し、またそれを手段として自ら行動する」。何者でもない匿名の機械であるところの国家に大衆は同化する。大衆においては、国家への奉仕と自発的な行動の間の差異が捨象される。この観点からファシズムは、大衆の典型的な運動として理解される。「ムッソリーニが典型的な気どりを見せて、『すべては国家のため。国家以外に何物もなく、国家に逆らう何物もなし』という公式を、たった今イタリアで行われた驚異的な発見であるように宣伝するのを聞くと、いささか困惑する。ファシズムが典型的な大衆人の運動であることを見破るには、この事実だけで十分だろう」。ファシズムは、国家の同質性を維持しようとするために大衆が組織する運動である。それはしたがって、大衆の同質性の中に回収できない他者を排除する運動ということになる。ハイデガーは「ナチスの運動＝ドイツ民族の精神＝個人の本来的なあり方＝大衆と対立するもの」という等式を主張したわけだが、オルテガ・イ・ガセーにおいては他者の排除が大衆の本質とされているので、国家なり民族への奉仕を唱えるファシズムに、大衆を打破する契機を見出すことはありえなかった。国家なり民族から締め出される他者こそが、彼の大衆批判の拠り所であったからだ。

注

1　Ortega y Gasset, *La rebelión de las masas* (1929), Madrid: Revista de Occidente en Alianza Editorial, 1984, p. 49.

2 Kierkegaard, 《Un compte rendu littéraire. "Deux époques", nouvelle par l'auteur de "Une histoire de tous les jours"》, dans Œuvres complètes, t. 8, trad. fr. de Paul Henri Tisseau et Else-Marie Jacquet-Tisseau, Paris: L'Orante, 1979, p. 225.

3 *Ibid.*, p. 227.

4 *Ibid.*, p. 216.

5 *Ibid.*

6 Heidegger, Martin, *Sein und Zeit* (1927), Tübingen: Max Niemeyer, 1967, p. 127.

7 *Ibid.*

8 Ortega y Gasset, *op. cit.*, p. 89.

9 *Ibid.*, p. 52.

10 Heidegger, Martin, *Die Selbstbehauptung der deutschen Universität*, Frankfurt am Main: Klostermann, 1983, p. 14.

11 Ortega y Gasset, *op. cit.*, p. 140.

12 *Ibid.*

第6章　カタルーニャ分離独立をめぐる相克とその行方

牛島 万

はじめに

　カタルーニャでなぜ独立運動が起こっているのか、その原因についてはさまざまな見解が出されている。カタルーニャはもともと固有の言語・文化、民族色の濃厚な地域で、独立国としての歴史を経験し、一方でマドリードの抑圧を受けてきたという苦難の歴史的体験や記憶を有するが、これは独立運動の主たる原因ではない。このたびの独立運動は、数年前から急激な動きを見せてきていることに鑑みて、それ以前の歴史的、文化的背景や要因は、カタルーニャの民族意識やアイデンティティを高める重要な要因と化しても、独立運動が高揚する直接の原因ではないと筆者は考える。むしろ、その発端は2010年の2006年カタルーニャ自治憲章（Estatuto de Autonomía: 地方自治基本法、自治州憲章）に対する一部違憲判決と、同時期に起こっていたEUの金融危機によるスペイン経済の急激な低迷が起因していると思われる。さらに強いて言えば、後者の経済的要因も前者の政治的要因に大きく影響を与えた2次的なものであると考えられる。つまるところ、カタルーニャの分離独立は国と自治州、中央政府と自治政府との対立がピークにあり決裂したことに端を発する政治問題である。自治憲章が違憲判決を受け、カタルーニャの自決権が危ぶまれたとき、国家や中央政府に対する不満や不信感が急激に高まり、カタルーニャの「名誉」の回復としての独立運動が急速に高まっていったと考えられる。従来からカタルーニャに自立志向はあったが、連邦制や連合国家という構想をより超越し分離独立にまで大きく展開を見せていることは驚愕に値する。

本章では、カタルーニャの分離独立の原因として、第1節で、2006年自治憲章の違憲に至るまでの過程とその違憲内容について見る。第2節で、この事態に至った根本的な要因として、歪な中央・地方関係を規定する政治制度について考察し、どうして双方の関係に亀裂が入ったのか、について分析する。第3節で、カタルーニャの民族的アイデンティティのひとつの大きな特質となっているカタルーニャ語の普遍化のための政策的現状と問題点について見る。第4節で、分離独立が法的側面からいかに認められていないのか、その現実と理由について迫る。そして最後に、以上述べてきた論点を踏まえて、カタルーニャの分離権の政治的意味を再検討することにより、分離独立の行方と若干の提言を行いたい。

1．2006年自治憲章の違憲判決

　新憲章が起草された2006年当時、ちょうど左派諸政党が連合政党を樹立していたことによりCiU（Convergencia i Unió: 集中と統一）を上回り、カタルーニャ州議会（Generalitat de Catalunya）全議席の過半数強を占めていた。そしてこの左派連合の背後にPSOE（Partido Socialista Obrero Español: 社会労働党）の存在があった。ところが、2005年9月30日、カタルーニャ議会は3左派政党による連合政党（与党）だけでは135議席中74議席（54.8％）を占めているにすぎず、そこで野党第一党のCiUの支持をとりつけ、新自治憲章を採択した。しかし、憲法諮問委員会は同自治憲章が違憲であるとし、国会で論争が起こった。当時のPSOE党主サパテロ首相（José Luis Rodriguez Zapatero）はカタルーニャの自治憲章を支持していたが、PP（Partido Popular: 国民党）だけでなく、PSOE党内からも違憲であるという批判が起こった。そこで、2006年1月26日、サパテロとCiU党主マス（Artur Mas）が協議し、所得税等のカタルーニャの負担分の引き上げなど一定の合意のもと新憲章の修正案を国会に提出した。これが下院で3月30日に承認され、さらに上院でも5月10日に可決された。このような経緯はカタルーニャの左派連合政党に打撃を与え、ERC（Esquerra Republicana de Catalunya: カタルーニャ共和主義左派）が孤立した。ERCはカタルーニャ自治憲章に反対し、この点でPPやバスク祖国と自由（ETA）と同じ立場に立った。やがて同党のマラガル首相（Pasqual Maragall）の退陣を結果し

た。2006年6月18日、住民投票を実施し、同新憲章はカタルーニャ市民に認められ、8月9日には施行されるに至った。

しかし、その後、PPを中心にスペイン中央議会で同憲章の少なくとも187条文が違憲であるという批判が起こったのである。最終的にスペイン国憲法裁判所に委ねられることになった。判決が出るまでに4年の歳月を要したが、2010年6月28日に同裁判所はカタルーニャ自治憲章の一部条文に対する違憲判決を出した（14の条項が違憲と判事された）。この違憲判決は、憲法裁判所を含めた中央政権および国家権力に対する不信感、とりわけカタルーニャ自治政府にとって火種となって一気に独立運動が決起されたのである。

そこで、違憲とされる主な自治憲章の条文内容を見ると、6条でカタルーニャ語を公用語とし、カスティーリャ語を公的機関、マスメディア、学校教育において準公用語にしていること。76条4項で、憲章権利擁護協議会（Consejo de Garantía Estatutaria）の見解が絶対であると規定していること。78条1項でカタルーニャ・オンブズマン（Sindic de Greuges de Catalunya: 行政機関に対する苦情調査解決を務める自治政府機関）の独占的な権限について規定していること。97条〜101条でカタルーニャ司法会議（Consejo de Justicia de Catalunya）の設立を規定していること。111条で国家と自治政府との権限配分に関する自治憲章で定められている管轄については自治政府に権限が委譲されることを規定していること。206条3項で国税収益におけるカタルーニャ自治州の負担分については他州との均等かつ連帯のメカニズムに基づいてなされるべきであるとしたことが違憲内容とされた。加えて26の条文では裁判所の見解に応じることを条件とされた。さらに憲章前文のカタルーニャの「民族体」nación/nacióとするという記述は法的拘束力をもたないと判事された。

2．スペイン自治州制度上の問題

1978年憲法発布以降、79年には同憲法151条により、歴史的背景に鑑みバスクとカタルーニャに、より拡大された自治権が認められた。その後、1981年7月にPSOEの支持を受け当時のUCD（Unió de Centre Democràtic: 民主中道連合）内閣は、憲法151条により、バスク、カタルーニャ、ガリシア（以上が歴史的自治州）を除く自治州の公平化のための「自治州化調和のための組織法律」（Ley

Orgánica para la Armonización del Proceso Autonómico: LOAPA）を 1983 年に制定した。アンダルシアは 8 つの県のうち 7 つでしか賛成が得られなかったが、最終的にアンダルシアは 151 条により自治州が認可された。バレンシア（1982）、ナバラ（1982）、カナリア諸島（1982）には 143 条 2 項と 151 条に規定される特例が認められた。そして残りの自治州には制限付の自治権が与えられることになった[11]。

　その後 80 年代は、国と自治州間の権限をめぐる話し合いが続いた。とりわけその主要な課題は財政の配分であった。「財政および金融に関する協議会」（Consejo de Política Fiscal y Financiera de las Comunidades Autónomas）という国と各自治州間のセクター会議（conferencias sectoriales）が 1982 年に初めて開催された。以来、このような財務大臣と自治州との対話の機会が設けられているが、年に 2 回開かれる会議があれば、年に 1 回しかないものもあり、一様ではない。この原因として、EU との関係が挙げられている。つまり、欧州委員会（European Commission）が関心のある議題に重点が置かれる傾向にあるからである。例えば、農業、金融、健康、教育の分野がそれに相当し、労働、社会問題、漁業、環境よりそのウエイトが高い。また、2006 年カタルーニャ自治憲章の中で違憲になった条項として、財政に関する自治州による自由裁量の案件があった。これらは国家の管轄であることは憲法 149 条 1 項に明記されている[12]。

　80 年代の自治州の中央政府に対する要求の高まりを受けて、90 年代には新たな躍進を遂げた。つまり、自治州の権限の拡大と新自治憲章の制定のラッシュが起こった。1995 年にはセウタとメリーリャに自治都市を認めている。このような動きは反面、中央と地方の確執に中央政府が決着をつけようとしていたという見方もできる。現に 1992 年 2 月に自治州との合意協定を 2 大政党である PSOE と PP が締結して以降は、先の協議会は以前ほど活発に行われていない。事実、大臣クラスの公式のものは減り、むしろ非公式の会議が増えている[13]。このことは、中央 2 大政党による地方支配の浸透を意味している[14]。

　ところが、2000 年以降新たに高まる自治州の権限拡大を要求する運動の特徴は、従来、最大の自治権が認められてきた、いわゆる歴史的自治州がより高度な自治権を求めてきたことであった。無論、カタルーニャもこれに該当する。この背景はいくつか考えられるが、ひとつには 90 年代にすでに PSOE や

IU（統一左派）が提唱してきた連邦制の導入とスペイン憲法改正案を受け、カタルーニャ、バスク、ガリシアにおいて高まっている、まさに準国家的様相を呈する「州」確立の要求に連動していることがその理由に挙げられる。このような連邦制とは、すぐに米国やカナダ、あるいはEU圏ではドイツやベルギー等の連邦制を想定させるものであるが、言語や文化的差異が起因することで、さらにこれを超越し、スペイン国家の傘下で、バスク、ガリシア、カタルーニャを残りのスペインと区分し複数の民族体を有する、まさに多民族国家を目指す動きが強い[15]。しかし、現スペイン国家はこれを認めていない。全て現憲法を改正しない限り全て不法行為となる。したがって、先に挙げた2006年カタルーニャ自治憲章の前文におかれた nación/nació の規定は、現憲法第2条の nacionalidad（国家形成に至らない民族体）を逸脱させる法的根拠を含んだものとして中央政府から危険視されたのであった。

　21世紀に入り、歴史的自治州やPSOEの最大の地方勢力であるアンダルシアをはじめとして自治権拡大の要求は大きい[16]。中でも先の要求を提唱するのはバスクとカタルーニャである。カタルーニャに先行してバスクが分離独立を国家に要求した。しかし、これは違憲であるとしてPSOEとPPの2大政党によって否決された。さらに改正案をバスクのイバレチェ（Juan José Ibarretxe）が2007年9月末に提出するが、これも両党により否決された。その結果、バスク自治憲章の改正も認められなくなった。こうして、バスクは歴史的特権としての徴税権が憲章発布の1979年12月当初から認められているが、自治州としては唯一改正を許されずに今日に至っている[17]。したがって、カタルーニャはこれまでバスクの状況を踏まえて慎重であった。しかし、そのようなカタルーニャの要求拡大の勢いが急激に増す要因が2006年の自治憲章の改正に成功したことであっただろう。カタルーニャにとって、自分たちはバスクと違う運命にあると見たであろうし、逆にバスクにとっては、カタルーニャが自分たちのモデルとしてその動向がその後見守られることになったことは想像に難くない。しかし、その後の2006年の自治憲章の憲法裁判所による違憲判決、さらには、カタルーニャがバスクとナバラに認められている同様の徴税権の合意（Pacto Fiscal）を要求して2012年9月に中央政府にその協議の開始を要請したが、中央政府はこれを受理しなかった[18]。このような現実がカタルーニャの大胆な行動に拍車を

かけ、その反動が反国家的思想を高め今日の分離権の高揚に結びついたのではなかろうか。従来の連邦制や多民族国家という発想をさらに超越し、しかしながらスコットランドのような連合国家ではなく、「分離独立」し別の単一国になるという要求に一挙に跳ね上がったという見方ができなくはない。

　他方、国と自治州の関係の悪化に並行し、カタルーニャは直接EUにおける政治的、経済的展開を図りたいという考えを以前からもっており、スペイン中央政府にその開放を求めていることは事実である。カタルーニャに限ったことではないが、カタルーニャに顕著に見られることは、1986年にスペインがEU（当時はEC）に加盟して以来、国と自治州の関係の改善を求めてきた。ひとつは自治政府によるEUとの策定における参加関与を中央政府に要求してきたことである。1988年に「欧州共同体との交渉会議」(Conferencia para Asuntos Relacionados con la Comunidad Europea: CARCE)が開始され、中央政府との協議を進めてきた。しかし、やがてカタルーニャが独自で直接EU政策に乗り出す発端となったのは、1994年11月、2大政党間で協議した結果、consejeros（自治州代表委員）という新しいポジションがブリュセルのスペインの常駐代表団の中に加えられたことであろう。EU総会へ自治州の代表者を送り込む目的で設置されたが、カタルーニャはこれに満足しなかった。それから20年たった2004年12月9日、スペイン中央政府と自治政府との間の取り決めで、EU閣僚会議の9つのうち4つの会議に参加をできる権利を獲得する合意を取り付けたのである。具体的には、環境、農業・地域開発、連帯と社会政策、若者や消費者の権利に関する閣僚会議であった。[19]カタルーニャ州政府在外公館は、ブリュセル、パリ、ロンドン、ベルリン、ニューヨーク、ローマ、ウィーンの7都市[20]に加え2015年6月、新たにリスボン、バチカン、モロッコの首都ラバトの設立が自治州議会で認められた。[21]それ以外に東京を含め世界中に37の州政府投資促進局（Acció）がある。[22]

　ここで言えることは、すでにカタルーニャは、バスクとナバラに認められている徴税権を除けば、現状の中央集権制の中では最大限に自治権が認められている自治州である。スペインの政治制度は中央集権制であり、かつ国王を象徴とする立憲君主制ではあるが、実態は連邦制的な側面をもっている自治州国家である。したがって、スペインはドイツやベルギーなどと同様の連邦制国家に

なる可能性は全く否定できないであろう。しかし、現状を見ていると、スペイン国家はこの動きに完全に歯止めをかけようとしている。中央集権化の強化の時期に突入した観すらもある。

　以上見てきたように、スペインが地方分権化を進めなければならない背景に、中央政府の本音として中央集権制の固持という側面があった。これは中央政党と地方政党をめぐる関係にも見てとれる。つまり、スペインの中央のPPやPSOEが地方においても多数党で地方政治に大きな影響力をほとんどの自治州で与えている。その反面、いわゆる歴史的自治州を含むカタルーニャ、バスク、カナリア諸島、バレアレスでは各地の地方政党が最大の得票数を得て、各自治州議会の与党としての座を譲らず、中央2大政党が直接支配できない地域となっている。例外的に、カタルーニャの2003年から2006年にかけて、カタルーニャ最大の地方政党であるCiUは、PSOEの支配するPSC（Partido de los Socialista de Catalunya: カタルーニャ社会党）が地方左派政党であるERC（Esquerra Republican de Catalunia）、およびIC-V（Iniciativa per Catalunya Verds: カタルーニャ・緑のイニシアティブ党）とEUiA（Esquerra Unida i Alternativa: 統一と改革左翼党）との連合政党を形成したため、CiUは野党になりさがることを余儀なくされるという苦い経験をした。中央2大政党はカタルーニャにおいて直接的な勢力を誇れないが、反面、地方政党であるCiUも中央政界で活躍できるように相互的に概して友好関係を保ってきた。その意味では、ここ数年、独立問題が起こっているもうひとつの背景に、このような中央2大政党と地方政党の関係に支障が起こってきていることが考えられる。

3．カタルーニャ自治州の言語政策

　カタルーニャ自治憲章の前文で謳われているように、カタルーニャをひとつの民族体として成立させるため、他のスペイン自治州との差異、とりわけ言語的差異を強調している。ナヘルらによると、カタルーニャの独自性とはエスニックに根差すものではなく、むしろ言語や文化の相違に関するものであるという。現に、2010年7月28日の憲法裁判所によると、nación/nacióは文化、歴史、言語的現実性に限定されるもので、法的合憲性根拠を認めるものではないと判じている。カタルーニャではフランコ独裁体制下においてカタルーニャ語

が完全に使用禁止されていたことによる反動として、現在もなおもその言語使用に対する自由裁量への要求は高い。そして地方言語であるカタルーニャ語に対する自治政府による特別配慮はきわめてその政治的戦略の一環として作用してきたのである。

　憲法３条１項にあるように、カスティーリャ語がスペイン国民の公用語であると規定されている（スペイン語 español と記されていない）。そして同条２項において、カタルーニャ、バスク、ガリシア各地方語はそれぞれ自治州内における公用語 cooficial として認められている。問題は cooficial という抽象的な言葉の法的解釈をめぐる論争が展開されたことである。

　cooficial とは公用語としての２言語併用を意味する言葉であり、そこだけを法的に解釈すると、第１項の後を受けての第２項であるので、カタルーニャにはカスティーリャ語とカタルーニャ語の両方が公用語であると解される。この場合、憲法で明記されていない両言語の優劣が論争となっている。ただ、カタルーニャ市民の大部分がカスティーリャ語を第一言語として使用しているという社会的現実に鑑みて憲法条文を法に忠実に解釈するならば、１項の後の２項の規定であるので、カタルーニャ語はカタルーニャにおいて、カスティーリャ語に次ぐ準公用語として併用が許されるという見方は妥当な解釈であろう。しかし、1978 年現憲法およびカタルーニャ自治憲章の規定により、自治政府が最大限に自分たちに有利な解釈をし、要するに、カタルーニャ語により優越性を与えることは憲法の範囲内であるという解釈がなされてきたのである。その決定的なことは、1983 年にカタルーニャ自治州議会を通過した言語正常化法（Llei de Normalització Lingüística）の発令であった。これにより、自治州議会を含めて公的空間でのカタルーニャ語の使用が認められるようになった。ここで言う公的空間として、官公庁、教育機関、マスメディア、その他の社会生活上の公空間全てが含まれる。そして、実際はカタルーニャ語をより重視するような言語政策が推進されていったのである。これにより、自らの言語 llengua pròpia であるカタルーニャ語が文化的アイデンティティであることを社会的に浸透させようとしたのである[26]。これは決してカスティーリャ語を禁止するわけではなかったが、現実的にカタルーニャ語に優越性を置いていたのである。

　ところが、この例外としては、司法行政はカスティーリャ語によると規定さ

れている。憲法149条1項5号で、司法は国の専管的な権限であると規定されているからである。例外的に、1994年組織法律を制定し、1985年組織法律4項に、最高裁判所および憲法裁判所以外の地方裁判機関への提出書類に関しては各自治州の公用語でも認められるという内容の条文が追加された。2011年1月には、スペイン議会の上院においても地方の公用語の使用が認められている[27]。カスティーリャ語の字幕がマスメディアや議会中継でついているのはそのためである。

　メディアと教育の現場でもそれは顕著であった。前者では、カタルーニャ・ラジオ・テレビ・コーポレーション（Corporació Catalana de Radio i Televisió; 現 Corporació Catalana de Mitjans Audiovisuals）を設立し、マスメディアでカタルーニャ語を使用することを行った。カタルーニャで初めてのカタルーニャ語放送局である TV3 はその好例であろう。後者としては、カタルーニャの義務教育課程において、カタルーニャ語教育のみならず、カタルーニャ語による一般教科指導、いわゆるイマージョン式教育が始められた。一部の例外を除けば、イマージョン式は必ずしも論議を生んでいるわけではない。低学年の言語習得能力は概して高く、一定の成果を発揮しているからである。また保護者である親も子供が楽しんで学力を向上しているのであれば、特に反対する理由もないようだ。カタルーニャ文化庁のデータでは、1986年、カタルーニャ住民の90％がカタルーニャ語を理解し、話すことができるものは64％、書くことができるものとなると32％まで下がった[28]。そして2007年では、これがそれぞれ96％、81％、65％まで上昇してきている。この背景には基本的に、カタルーニャ生まれの少なくとも片方の親がカタルーニャ生まれである者が全体の7割を占めていることを忘れてはならない[29]。2008年では、これがそれぞれ94.6％、78.3％、61.8％と若干下がっている[30]。この理由は外国人の流入増によるものと解されている[31]。

　ところで、カタルーニャ語教育に関して、中央政府の批判を受けている理由は大きく2つあると言えよう。ひとつは、カタルーニャ語の普及のための施設の拡充や教育制度の徹底が年毎に極度さを増してきていることである。つまり、カタルーニャ語に対する政策がまさにカタルーニャの民族自決や分離独立をより推進させるような、きわめて自治政府や民族主義者の思惑が政治化されたも

のと化し、スペイン中央政府やカタルーニャ内外の反対派の圧力を受けているのである。そこで 2014 年 1 月 31 日のカタルーニャ高等裁判所の判決で、カタルーニャにおけるカスティーリャ語を媒介語とする授業は、生徒の要望があれば全体の 25％を下ってはいけないとする判決が出された。この判決を不服とした 2 家族がカスティーリャ語による授業を 50％にまで引き上げることを求めて最高裁に上告した。2015 年 5 月 8 日、最高裁は 25％は妥当な基準値であるとし、これを棄却した。[32]

　もうひとつは近年のカタルーニャへの人口流入の増加である。その原因の主たるものは外国人の移住である。2001 年から 2008 年までの間にカタルーニャの人口は 16.75％増加したが、その主たる原因は外国からの移民であった。2008 年、スペイン以外の外国生まれのカタルーニャ在住者は 120 万 4711 人で、全体の 16.4％を占めている。これがバルセロナに限定すると、2010 年 1 月、28 万 4632 人でバルセロナ全体の 17.6％を占めている。そしてそのおよそ 4 割は中南米系のカスティーリャ語を母語とする外国人である。[33] そしてこれらの中南米出身の移民の約 4 割はカタルーニャ語も話すことができるというデータがある。[34] 若い世代を中心に、カタルーニャ語の義務教育の甲斐もあって、カタルーニャ語を解する能力は意外に高い。外国人の多くがカスティーリャ語を母語とする中南米系移民であり、現実的にカタルーニャにおいてカスティーリャ語がより使用されているという現実を踏まえると、本来ならば新たにカタルーニャ語を学ぶことは負担であるに違いない。ましてカタルーニャ以外のスペインとのコミュニケーションにおいて、カスティーリャ語が実用的な言語になっているのも事実である。しかし、カタルーニャ語はカタルーニャの文化的、政治的象徴として理解している外国人は、それでもカタルーニャ語を学ぶ者が多く、実際に相当なコミュニケーション能力を有する者が多いというデータも存在している。[35]

　またカタルーニャでは欧州地域言語少数言語憲章（1992 年採択）により、カタルーニャ語に限らず、いわゆる少数派の言語教育を課外授業の形で実施することを州の行政機関として奨励している。教育庁（Departament d'Ensenyament）の 2012 〜 2013 年時の報告によると、アラビア語（2145 人）が最も多く、ポルトガル語（330 人）、中国語（308 人）、ルーマニア語（302 人）、オランダ語（162

人)、モロッコのベルベル語(Tamazight, 49人)、ウクライナ語(35人)ベンガル語(30人)、ケチュア語(4人)となっている。しかし、同庁が教員の手配や資金面にはかかわっておらず、そのため財団やNPO等の支援に頼らなければならず、なおも問題が残されている。

そこで、このような外国人のカタルーニャへの人口流入により、再びカタルーニャ語とカスティーリャ語の併用という条件下においてですら、どちらがより主流の言語であるかという論題が浮上してこざるを得ない。カタルーニャ自治政府の統計で、カタルーニャ語が第一言語であるという話者はカタルーニャ住民(16歳以上)の31.6%で、カスティーリャ語を第一言語とする話者である55.0%より少ない、という一応の調査結果がある。

では、仮にも分離独立に成功した暁にカタルーニャの言語政策は2006年自治憲章が規定しているように、カタルーニャ語が最も主要な公用語となりうるのだろうか。否、現実的には難しいと言えよう。外国人の流入による、しかも短期定住者にとって、かつその多くが中南米出身者となると、カスティーリャ語を準公用語にすることはきわめて現状を無視した法規定となる。換言すれば、公用語や言語政策に関する限りにおいて、独立しようがしまいがその違いはさほどないと予想される。カタルーニャ語を唯一の公用語とすることはカタルーニャに定住の浅い外国人にとっては相当な負担となろう。むしろカタルーニャが単独国家になろうがならなかろうが、グローバル化の影響により多言語社会が定着していくであろう。マスも「カスティーリャ語は独立後も公用語である続けるであろう」とインタビューで答えている。加えて、国際法やEU憲章ではマイノリティの言語が擁護されている。カスティーリャ語は決してマイノリティ言語ではないが、擁護されて当然しかるべきであることを意味している。しかし、国際法もEU憲章もマイノリティ言語の擁護を法的に保障しているものの、それは確かに内的自決という国際法の精神を受け継いでいるが、これが外的自決、つまり分離独立を奨励するものでは決してない。

4. カタルーニャの分離独立の明暗を決める法的根拠

まず言えることは、国際法は分離独立を奨励することもなければ、禁止もしていないことである。国際法は領土保全が原則である。EU憲章も国連憲章を

はじめとする国際法の影響を受けており、現実にEU圏内の安定に逆行する既存の加盟国からの分離権を認めることは原則ないであろう。反対解釈をすれば、分離独立を禁止している国際法もないため、1998年8月20日付のカナダ連邦最高裁判所の諮問意見にも見られるように、国際法は国の領土保全をまず保障しなければならないが、同最高裁が分離権を完全に否定しなかった。その法的根拠は、自決権の保障であった。自決権は国際法上認められている権利であるが、その権利の対象は誰かという点については、従来、植民地支配下の人民や外国支配下の人民であった。人民とは誰を指すのか、マイノリティと人民の差異は何か、については議論の余地を残している。しかし近年の法的拡大解釈により、自決権は外的自決と内的自決に峻別され、前者は分離独立が最悪の場合認められる。最悪というのは、植民地支配下においてですら、国際法は領土保全の原則という兼ね合いでその是非が判定されることを意味している。内的自決は分離権を原則認めるものではないが、これも反対解釈をすることにより、救済的に分離権を認めることは合法であるという見解がある。一部ではコソボは救済的分離権理論のモデルとなっているが、現実にはICJ（国際司法裁判所）がこれを支持する表明をしておらず、諸国がこれに反対しているという現実から、なおも内的自決権から外的自決権への移行については難しい問題を残している。

　従って、カナダのケベック、スコットランド、フランドル等で分離独立志向はあっても現実の国家実行は果たせていない。スコットランドは2014年9月19日の住民投票により独立は否決された。コソボの独立やチェコスロバキアの分離独立は比較的新しい独立の事例であるが、カタルーニャがおかれている状況とは異なるので、あまり参考にはならない。

　そこでカタルーニャに限らず分離独立運動が滞っている地域において、人権思想、とりわけマイノリティの人権から分離権を導きだそうとする戦略が生まれている。1992年6月に欧州地域少数言語憲章が採択されたが、欧州評議会による民族的マイノリティの保護のための枠組条約（1995年採択、98年発効）、国連先住民族権利宣言（先住民族の権利に関する国際連合宣言、2007年採択）のように、従来の原則として、マイノリティの人権という場合、それは個人の権利の擁護であって、集団の擁護ではない。しかし、このような権利を集団の権利と

して拡大解釈をしなければ普遍的人権（個人権）だけではマイノリティの権利は守れないとする、とりわけリベラル・ナショナリズムの政治学者の登場により、その批判を正当化する動きも強い[43]。法による規範だけでなく、現実の法規範が機能する地理的空間という具体的現実（民族、宗教、文化、政治、経済）を見据えた上で、かつ国際社会の平和と安全を追求する国際法的理念を重んじた規範的解決策に徹するべきであるという考えも必要になってくるであろう[44]。換言すれば、国際法に基づく分離権の法的要件を都合のよい法的解釈によってそろえるだけではいけない。また、他方で、依然として、人権とは個人権であるという考え方が根強い。このような批判に応えるべく、マイノリティの権利は自律権を中心とした集団的性格を有するものであるという考えに立脚して、人権から分離権を導きだすことはなおも至難の業である。

　加えて、カタルーニャは民主主義というカードを提示して対抗する。具体的には住民投票実施への要求である。彼らは住民投票を独立達成の重要な手段として活用しているように思われる。カタルーニャ自治政府首相マスは、2014年11月9日にカタルーニャの独立の是非を問う住民投票を実施することを前年12月に発表した。カタルーニャ自治州議会では独立支持派のCiU、ERC、ICV-EUiAなどにより可決された。しかし2014年4月8日、憲法149条1項32号で、住民投票は国の専管事項と規定されているが、同150条2項により、組織法律による国の権限の自治州への委譲を認めるカタルーニャ議会の決議案 RESOLUCIÓN 479/X はスペイン下院で否決された。

　そこで次なる戦略として、カタルーニャ自治政府は住民投票法の法案作成に入った。つまり、憲法149条1項32号の住民投票が違憲とされるならば、カタルーニャ自治憲章122条の法的枠組みにより、カタルーニャが独自に、カタルーニャ自治政府の権限で、自治憲章で認められた範囲内でもうひとつ別の住民投票（consulta popular no referendaria sobre el futuro político de Cataluña）を実行しようとした[45]。これはカタルーニャ自治州議会が民意を知る上でも、また民主主義国家としての当然合法的手段であった。こうして2014年9月19日にカタルーニャ自治州議会で認められたが、スペイン議会の反対、および憲法裁判所の違憲判決により差止めを請求された[46]。そこで11月9日に予定されていた先の投票を見送ったものの、マス首相は民意を問うための手段として、あえて同

日に、別の非公式の住民投票の実施に強引に踏み切った[47]。しかし、2015年2月25日、憲法裁判所は非公式の当該住民投票にも違憲判決を出し、マス首相の刑事責任が問われる可能性が出てきているのである[48]。

　2015年はカタルーニャ分離独立の動きに一大変化が見られた。それはカタルーニャの分離独立をめぐって6月にCiU内部で対立が惹起したことである。これにより、1978年に発足したCiUの幕は閉じられることになった。そして、2015年9月27日にカタルーニャ州議会選挙が実施され、CDC（カタルーニャ民主集中）はERC等の独立派諸政党との連合政権JxSi（Junts pel Si）を結成し、135議席中62議席を獲得し与党となった（45.9％）。同じ独立派のCUP（Candidatura d'Unitat Popular: 民主統一候補）と合わせると72議席となり、投票数の47.74％、議席数は全体の53％で過半数を超える。こうして2015年11月9日、カタルーニャ独立開始手続き宣言（Declaració d'inici del procés d'independència de Catalunya）が州議会で可決された。これを受け、同月11日、憲法裁判所は同決議の差止め決定が出された。他方、CUPの要請を受け入れ、マスは2016年1月10日、州首相を退任した。

　しかしながら、カタルーニャの独立派がより優勢になってきていると断じるのは些か早計と言わざるを得ない。それは新生政党であるPodemosやC'sの全国的躍動に見られるように、カタルーニャにおいてもそれは決して例外ではないからである。2015年12月20日に行われた総選挙の結果からわかるように、2011年の下院16議席を占めカタルーニャ民族政党のトップだったCiUは解散したために存在しないわけだが、そのかわりに2015年のトップは12議席を獲得したPodemosを中心とする連合政党En Comú Podemであった。独立派であるERC-Catalunya Sí（9議席）、DL（Democràcia i Libertat）（8議席）は、カタルーニャ全47議席中、36.1％を占めるにすぎない。つまり、分離独立を現実的な選択と見なさない者が、次に目指すのは「改革」であり、現行に逆戻りを拒否する者は新生諸党の支持に流れてきていると、一応の現状分析ができるであろう。

　カタルーニャの独立志向に対するEU審議会の公式の見解は出されていないが[49]、米国大統領オバマは、スペイン国王フェリッペ6世として初めての米国公式訪問した2014年9月、中東において戦火が再燃化し世界平和の構築が不安定

第6章 カタルーニャ分離独立をめぐる相克とその行方　133

カタルーニャ独立のデモ行進

カタルーニャ州旗をかかげる祭りの様子

写真協力：Victoria Garcia Yagüe, 山崎孝多朗

な時期にある昨今、NATO による安全保障強化のためにも、スペインの統一を強く希望していると述べた。

むすびにかえて――独立国カタルーニャを想定する

　現実の政治的相克に加えて、法律上においても、カタルーニャの分離権が認められる蓋然性が低いことがわかった。それにもかかわらず、独立派は、何らかの利益を見込んで独立運動を展開していると考えるのが妥当であろう。では、それはどのような利益を想定しているのであろうか。総じて、カタルーニャの自決権が確保されることは、政治、文化だけでなく、経済的領域にも当然影響を及ぼすであろう。では、彼らは独立後の経済的利潤をどのように見込んでいるのかについて、最後に若干ふれておきたい。

　独立運動の原因として、経済的理由、つまり、不況からの脱却、重税からの開放、EU の中での独自の外交と経済進出による恩恵等を期待して分離権を主張しているとすれば、それらの真偽についてどのような見解が出されているのであろうか。この点においては、賛否両論ある。

　概してマドリードなどカタルーニャ以外の政府寄りの大学教授、学者、および経済学研究所（Instituto de Estudios Económicos）、またマスメディアの多くは独立後の混乱、低迷、そして経済危機を予測している。信憑性に欠けるものも含まれているが、代表的な見解についていくつか見ておくと、①カタルーニャには重要な天然資源がないし、スペインに奪われるものはない。②多国籍企業に支配される危険性がある。③EU から脱退することでドイツや米国の投資熱の低迷と大企業を中心に撤退の可能性がある。④カタルーニャの新貨幣の価値が少なくとも 50％まで下落し、負債の利子率の沸騰、資本逃避、カタルーニャの銀行の倒産を結果する。⑤カタルーニャの GDP の半分以上が通商によるもので、さらにその半分以上は対 EU 域内貿易よりも国内市場へ依存しており、かつスペイン国内のカタルーニャに対する投資は国内投資全体の 22.2％を占め、独立後これが見込めない可能性が高い。EU からの援助もしかりである。⑥マドリッドの約 2.5 倍の負債（618 億 3600 ユーロ、2013 年 6 月現在）をかかえるカタルーニャが独立すれば、負債は GDP の 52％から最悪 103％の増加が見込まれる。⑦カタルーニャの GDP の 20％下落（スペイン外務省による）が見込まれ、

一人あたりの国民所得はスペイン他州のそれの平均以下となる、などである[51]。

　他方、カタルーニャ・エコノミスト協会（Col.legi d'Economistes de Catalunya）や中小企業や Col·lectiu Wilson というカタルーニャの独立を推進する学者団体などは、真っ向からこれに反対する[52]。例えば、①EUからいったん離脱しても、アイスランド、ノルウェー、スイスのような域外の国と自由貿易を行うことができる。②カタルーニャが独立しても同地に留まる中小企業は存在する。③独立の効果については、長期的な視野で検討しなければならない[53]。④スペイン全土の社会保障基金の74％は、全人口の16％に相当するカタルーニャから中央政府に流れているものである。また、13万4000人のマドリードの公務員の給料を払うかわりに、カタルーニャで8万人の雇用を新規創出することにより、失業率を10％まで下げることができる。さらにカタルーニャ国になれば、現在支払っている37億5000万ユーロ以上の防衛費がなくなる。逆に、カタルーニャが独立しない場合、毎年250億ユーロの損失が見込まれる[54]。⑤現状ではカタルーニャはスペイン全体の31％に相当する経済効果を有し（2015年7月現在）、国税収益の19.5％を割りあてられているが、カタルーニャの見返りは、中央政府の投資や公共事業などの支出の14％に留まっている。独立すれば、490億ユーロの歳入が、社会保障などの公共部門の支出は毎年350億ユーロに収まると見込まれている。さらに、⑥独立すれば、中央政府による不当な徴税分を返還させることが可能であり、それが履行されない場合、現行のカタルーニャの負債を負う責任を放棄すればよい、というかなり強引な意見までさまざまな見解が挙げられる[55]。

　ここでは、それぞれのデータの信憑性およびその見解の真偽にまで踏み込んで検討はしないが、一部において、双方による水掛け論的な側面があることは否定できないであろう。筆者は別稿でもふれたが、カタルーニャの分離独立運動には感情論的な側面もあるのではないかと考えている[56]。それはさておき、以上見てきたことからもわかるように、カタルーニャの分離権は政治的にも国内法及び国際法による法律面においても認められない可能性が高い。その理由として、カタルーニャは自決権や民主主義の効力を利用し、一方的な独立をも辞さずに強引に推し進めている印象を国内外に与えてしまっているからである。強引に独立することはある意味簡単かもしれない。問題は独立以後のことで

ある。国家の成立要件としての恒常的住民、明確な領域、政府（以上、慣習法）、そして外交能力（モンテビデオ条約）が挙げられるように、他国との関係がきわめて重要である。独立はしたものの政治的に経済的に不安定な独立国の事例をわれわれはいくつも知っているはずである。この場合、カタルーニャにとって、スペイン、EU、国連との関係が最も重要なものとして想起されよう。EUの一国となりたいならば、現在のスペインとの関係も重要であることがわかるであろう。フランコ以後、スペインの民主化が始まって40年が過ぎようとしている。今まさにスペインは次の新たな転換期を迎えており、徹底的に議論すべき時期にきていると思われる。現状の自治州制度をこのまま維持するのか、あるいは連邦制や連合国家論を含めた新たな政治制度を採択、構築していくべきなのか。憲法改正をも視野に入れ新しい時代の過渡期に備えなければならないであろう。この意味でカタルーニャの分離権をめぐる論争は、スペインの将来について考えるきわめて貴重な機会とも考えられる。したがって、カタルーニャは決して感情論に走らずに中央政府と議論すべきである。無論、スペイン国家にも同様のことが言える。その行動こそが民主主義体制を打ち立て擁護する要因であり、国際社会もそれを期待しているはずである。その結果、意外にも分離独立が「強引ではなく自然な流れによって」推し進められる場合もあれば、あるいは分離権以外にも自決権をはかる手段が残されているという見地に達することもありうるのである。

（2016年1月13日脱稿）

注

1 Carlos Flores Juberías, "The Autonomy of Caltalonia: The Unending search for a place within pluralist Spain," in Yash Ghai & Sophia Woodman (eds.), *Practicing Self-Government: A Comparative Study of Autonomous Regions* (Cambridge: Cambridge University Press, 2013), pp. 238-289.
2 *Ibid.*, p.239. 最初のデモが7月10日に起こった。
3 以下、カタルーニャ自治憲章の違憲内容については、Ley Orgánica 6/2006, de 19 de julio, de reforma del Estatuto de Autonomía de Cataláña. http://noticia.juridicas.com/base-datos/Admin/l06-2006.t2.html（最終アクセス2016年10月7日）

第6章　カタルーニャ分離独立をめぐる相克とその行方　　137

第6条（自らの言語と公用語）
1．カタルーニャ固有の言語はカタルーニャ語である。ゆえに、行政及びマスメディアにおいて日常的かつ**優先的**に使用される言語はカタルーニャ語であり、また、教育において媒介語や学習言語として通常これを用いる。(下線部［筆者による］は違憲とされた。とりわけ太文字の部分)

Artículo 6. La lengua propia y las lenguas oficiales
1. *La lengua propia de Cataluña es el catalán. Como tal, el catalán es la lengua de uso normal **y preferente** de las Administraciones públicas y de los medios de comunicación públicos de Cataluña, y es también la lengua normalmente utilizada como vehicular y de aprendizaje en la enseñanza.*

4　第76条（機能）
4．カタルーニャ自治憲章が認める権利を推進若しくは制限する法案や議員提案に対し、憲章権利擁護協議会の意見は拘束力を有する。(下線部［筆者による］は違憲とされた)

Artículo 76. Funciones
4. *Los dictámenes del Consejo de Garantías Estatutarias tienen carácter vinculante con relación a los proyectos de ley y las proposiciones de ley del Parlamento que desarrollen o afecten a derechos reconocidos por el presente Estatuto.*

5　第78条（オンブズマンの機能と同系列組織との関係）
1．カタルーニャ・オンブズマンは憲法と憲章が認める権利及び自由を擁護する。この目的を達成するため、オンブズマンは自治政府の行政等を**排他的に**監督する。…（下線部［筆者による］は違憲とされた。とりわけ太文字の部分)

Artículo 78. Funciones y relaciones con otras instituciones análogas
1. *El Síndic de Greuges tiene la función de proteger y defender los derechos y las libertades reconocidos por la Constitución y el presente Estatuto. A tal fin supervisa,* **con carácter exclusivo**, *la actividad de la Administración de la Generalitat, ...*

6　第97条（カタルーニャ司法会議）
カタルーニャ司法会議は司法権を有する在カタルーニャの政府機関である。カタルーニャ司法会議は司法全体会議の地方分権機関であり、司法機関の組織法律が定める権限をもつ。但し、司法全体会議の権限に属するものについては、この限りではない。

（下線部［筆者による］は違憲とされた）

Artículo 97. El Consejo de Justicia de Cataluña

El Consejo de Justicia de Cataluña es el órgano de gobierno del poder judicial en Cataluña. Actúa como órgano desconcentrado del Consejo General del Poder Judicial, sin perjuicio de las competencias de este último, de acuerdo con lo previsto en la Ley Orgánica del Poder Judicial.

7　第111条（自治政府の権限）

<u>自治政府は、法律の定める範囲で［法規範のなかの最小限の法的ルールにより］、立法権、条例制定権、行政権を有する。その権限の行使において、自治政府は独自の政策を立案することができる。自治州議会は法律により想定される基本的案件に対する対応を立案し具体化しなければならない。但し、自治憲章が自治政府に国家との分担を認める事項中に、国家が原則として定める基準の範囲及び憲法並びにこの憲章に基づいて取り決めるべき前提がある場合には、この限りではない。</u>（下線部［筆者による］は違憲とされた）

Artículo 111. Competencias compartidas

En las materias que el Estatuto atribuye a la Generalitat de forma compartida con el Estado, corresponden a la Generalitat la potestad legislativa, la potestad reglamentaria y la función ejecutiva, en el marco de las bases que fije el Estado como principios o mínimo común normativo en normas con rango de ley, excepto en los supuestos que se determinen de acuerdo con la Constitución y el presente Estatuto. En el ejercicio de estas competencias, la Generalitat puede establecer políticas propias. El Parlamento debe desarrollar y concretar a través de una ley aquellas previsiones básicas.

8　第206条（国税収益の分担と均等及び連帯のメカニズム）

3. <u>自治政府が自由に処理できる財政は、国の財政が他の自治州との均等及び連帯を保証するのに必要な財政の自由裁量に合致しなければならない。その目的を達成するため、多くの自治政府が承認する福祉国家としての教育、保健医療その他社会サービスが全国均一になるよう、常に**徴税の負担も均等に**しなければならない。その執行が、自治政府が均等及び連帯のメカニズムから財政を享受する前提となる。この基準については国がこれを定める。</u>（下線部［筆者による］は違憲とされた。とりわけ太文字の

部分）

　Artículo 206. Participación en el rendimiento de los tributos estatales y mecanismos de nivelación y solidaridad

　3. *Los recursos financieros de que disponga la Generalitat podrán ajustarse para que el sistema estatal de financiación disponga de recursos suficientes para garantizar la nivelación y solidaridad a las demás Comunidades Autónomas, con el fin de que los servicios de educación, sanidad y otros servicios sociales esenciales del Estado del bienestar prestados por los diferentes gobiernos autonómicos puedan alcanzar niveles similares en el conjunto del Estado,* **siempre y cuando lleven a cabo un esfuerzo fiscal también similar**. *En la misma forma y si procede, la Generalitat recibirá recursos de los mecanismos de nivelación y solidaridad. Los citados niveles serán fijados por el Estado.*

9　"La sentencia del Estatuto catalán: Los artículos considerados constitucionales," ABC, 18 de abril de 2010. http://elpais.com/diario/2010/04/18/espana/1271541601_850215.html（最終アクセス 2016 年 10 月 7 日）

10　カタルーニャ州議会は、カタルーニャ市民の感情と意志を汲み取り、ほぼ満場一致でカタルーニャをひとつの<u>民族体</u>とすることにした。憲法第 2 条で、**カタルーニャの民族体としての現実を**、国家形成に至らない民族体として認めている。（太文字の部分［筆者による］は憲章前文であるので法的効力はないとされた）

　El Parlamento de Cataluña, recogiendo el sentimiento y la voluntad de la ciudadanía de Cataluña, ha definido de forma ampliamente mayoritaria a **Cataluña como nación**. La Constitución Española, en su artículo segundo, reconoce **la realidad nacional de Cataluña** como nacionalidad.

11　Magone, José M., *Contemporary Spanish Politics*, second edition, (London: Routledge, 2009), pp. 194-197.

12　*Ibid.*, p. 200.

13　*Ibid.*, p. 198. セクター会議に次いで重要なものが二者協力会議 Comisiones Bilaterales de Cooperación（CBC）である。しかし、これにおいても、地方分権化が極度に進んでいる自治州とそうではない自治州の格差が起こっている。ナバラと中央政府の会議は 26 回行われたが、そのうち 17 回はアスナール期（1996 ～ 2004 年）におい

てであった（ナバラはバスクと並んで PP の勢力圏）。それに対して、カスティーリャ・レオン、エストレマドゥーラ、セウタ、マドリッド、バレンシア（Comunidad Valenciana）はそれぞれ 1 回。これらの主な議題は、公共、経済、投資、入国管理である。半分以上の会議で法律制定まで至っていない。

14 Magone, *op.cit.*, pp. 200-201.
15 *Ibid.*, pp. 198-199.
16 Carlos Flores Juberias, "The autonomy of Caltalonia: The unending search for a place within pluralist Spain, in Yash Ghai & Sophia Woodman (eds.), *Practicing Self-Government: A Comparative Study of Autonomous Regions* (Cambridge: Cambridge University Press, 2013), p. 250.
17 同じ徴税権を認められているナバラは 1982 年 8 月 10 日に自治憲章が制定され、2001 年に改正がされている。
18 Elisenda Paluzie, "Fiscal issues of Catalan independence," in Klaus-Jürgen Nagel & Stephen Rixen (eds.), *Catalonia in Spain and Europe: Is There a Way to Independence?* (Baden-Baden, Germany: Nomos Verlagsgesellschaft, 2015), p.152.
19 Magone, *op.cit.*, p. 198.
20 ブエノスアイレスは 2012 年以降閉鎖。
 http://afersexteriors.gencat.cat/es/representacio_a_l_exterior/mapa_de_les_delegacions_a_l_exterior/（最終アクセス 2016 年 10 月 7 日）
21 "El Govern reforça la seva presència a l'exterior, amb la creació de tres noves delegacions a la Santa Seu, Portugal i el Marroc," Generalitat de Catalunya. http://www.govern.cat/pres_gov/AppJava/govern/index.html（最終アクセス 2016 年 10 月 7 日）
22 http://www.catalonia.com/en/trade-investment-offices.jsp（最終アクセス 2016 年 10 月 7 日）
 フロレス・フベリアスは 27 ヶ所であると指摘している。Flores Juberias, *op.cit.*, p. 252; Magone, *op.cit.*, p. 198.
23 Klaus-Jürgen Nagel & Stephen Rixen (eds.), *op.cit.*, p. 224.
24 *Ibid.*, p. 43.
25 Peter A. Kraus, "Language policy and Catalan independence," in Klaus-Jürgen Nagel

& Stephen Rixen (eds.), *op.cit.*, p. 133.
26 *Ibid.*, p. 130.
27 高橋基樹「フランスにおける単一公用語の憲法原理と地方言語の憲法的保障の研究（2・完）」『成城法学』83（2014年7月）、114～116頁 ; Véronique Bertile, *Langues regionals ou minoritaires et Constitution, France, Espagne et Italie* (Bruxelles: Establissements Emile Bruylant, 2008), pp. 317-323.
28 Kraus, *op.cit.*, p. 131.
29 Ivan Serrano, "Catalonia: a failure of accommodation?," in Klaus-Jürgen Nagel & Stephen Rixen (eds.), *op.cit.*, p. 113.
30 Kraus, *op.cit.*, p. 135.
31 *Ibid.*, pp. 131, 135.
32 "La justicia fija en el 25% las clases en castellano en Cataluña," *El País*, 31 de enero de 2014. http://ccaa.elpais.com/ccaa/2014/01/31/catalunya/1391174636_813795.html（最終アクセス2016年10月7日）

"El Supremo respalda que el 25% de las clases en Cataluña sean en castellano," *El País*, 8 de mayo de 2015. http://politica.elpais.com/politica/2015/05/08/actualidad/1431079250_048013.html（最終アクセス2016年10月7日）
33 Kraus, *op.cit.*, p. 135. INE によると、2014年17.6%が外国人である。主として、アフリカ及び中南米出身者が占めている。Núria Franco-Guillén, "Which people? Exploration of the role of immigration in the secessionists' process of Catalonia," in Klaus-Jürgen Nagel & Stephen Rixen (eds.), *op.cit.*, p. 119.
34 Peter Kraus, *op.cit.*, pp. 134-135.
35 *Ibid.*, p. 137.
36 http://blocs.xtec.cat/llenguadorigen/presentacio/（最終アクセス2016年10月7日）
37 Peter Kraus, *op.cit.*, p. 135.
38 *Ibid.*, p. 139; "Vamos hacia ejercer el derecho a decidir, que es un hecho histórico porque nunca hemos podido ejercerlo en libertad y en democracia. Lo más importante es que en cuatro años habrá, sí o si, una consulta al pueblo catalán," *La Voz de Barcelona*, 12 de octubre de 2012. http://www.vozbcn.com/2012/10/12/130127/mas-decidir-nunca-libertad/（最終アクセス2016年10月7

日）

39 王志安「自治権と国家形成―両者の関連付けを断ち切るための思考」『法学論集』62（2001年1月）、86頁．

40 拙稿「人民／民族の自決権と国家形成をめぐる国際法上の相克と限界―スペイン・カタルーニャ分離独立の行方を分析する一視座として―」『COSMICA』XLIV（京都外国語大学、2015年1月）、110〜112頁．

41 例えば、山形英郎「21世紀国際法における民族自決権の意義」『名古屋大学法政論集』245（2012年）、535頁．

42 王志安「分離独立紛争についての思考―国際法規範の役割の確保を目指して」『論究ジュリスト』11（2014年）、128〜129頁．

43 これを肯定するものとして、伊藤理恵、181・198頁、申蕙丰『国際人権法―国際基準のダイナミズムと国内法との協調』（信山社、2013年）、420頁における自由権規約27条の解釈。批判的な見解として、常本、4頁．

44 王（2014）、129頁．

45 Antoni Abat i Ninet, "The Spanish constitution, the Constitutional Court, and the Catalan referendum," in Nagel & Rixen, *op. cit.*, p. 47.

第122条（住民投票）
<u>アンケート、公判、公開討論会その他住民による諮問制度の法制度の確立、方法、手続、実施及び召集の告示をする権限は、自治政府及び地方機関が排他的にこれを有する。</u>ただし、憲法149条1項32が定める事項についてはこの限りではない。（下線部［筆者による］は違憲とされた）

Artículo 122. Consultas populares

Corresponde a la Generalitat la competencia exclusiva para el establecimiento del régimen jurídico, las modalidades, el procedimiento, la realización y la convocatoria por la propia Generalitat o por los entes locales, en el ámbito de sus competencias, de encuestas, audiencias públicas, foros de participación y cualquier otro instrumento de consulta popular, con excepción de lo previsto en el artículo 149.1.32 de la Constitución.

46 前掲拙稿、114頁．

47 "1.8 millones de personas votan por la independencia catalana en el 9-N," *El*

País, 10 de noviembre de 2014. http://politica.elpais.com/politica/2014/11/09/actualidad/1415542400_466311.html（最終アクセス 2016 年 10 月 7 日）

2015 年 11 月 10 日現在での投票率は 33％（最終的に 37％）で、第 1 質問で「あなたはカタルーニャがひとつの国家になることを望みますか」と問い、さらに「これを肯定する場合、その国家が独立することを望みますか」と質問した。結果、80.76％の者が分離独立を支持し、10.07％の者が<u>連邦州ないし連邦国家にとどまること</u>を支持した。ただし、下線部は筆者の解釈であり、アンケート調査のスペイン語は単に Estado と記されていた。

48 "Artur Mas deberá rendir cuentas ante el TSJ de Cataluña por la consulta independentista," *El Confidencial*, 29 de septiembre de 2015. http://www.elconfidencial.com/espana/cataluna/elecciones-catalanas/2015-09-29/artur-mas-imputado-cataluna_1042075/（最終アクセス 2016 年 10 月 7 日）

49 カタルーニャ州議会選挙の結果を受けて、ドイツ政府のスポークスマンはカタルーニャの独立志向の高まりに遺憾の意を表した。

"Germany says Catalonia must respect EU and Spanish law," *Reuters*, September 28, 2015. http://www.reuters.com/article/us-spain-catalonia-germany-idUSKCN0RS12P20150928?mod=related&channelName=worldNews（最終アクセス 2016 年 10 月 7 日）

50 Obama entra en la campaña catalana: "Queremos una España fuerte y unida," *El Confidencial*, 16 de septiembre de 2015. http://www.elconfidencial.com/espana/cataluna/elecciones-catalanas/2015-09-16/obama-felipe-vi-letizia-viaje-estados-unidos-elecciones-cataluna_1018566/（最終アクセス 2016 年 10 月 7 日）

51 Nagel & Rixen, *op.cit.*, pp.215-222; "Las 10 consecuencias económicas de una Cataluña independiente," *Cinco Días*, 12 de septiembre de 2014. http://cincodias.com/cincodias/2014/11/09/economia/1415540350_207077.html（最終アクセス 2016 年 10 月 7 日）

"La República catalana, inviable económicamente," La Gaceta, 19 de septiembre de 2014. http://gaceta.es/noticias/republica-catalana-seria-economia-fallida-19092014-2102（最終アクセス 2016 年 10 月 7 日）

"Las graves consecuencias económicas, políticas y sociales de la independencia de

Catalunya, " El Diario, 24 de sptiembre de 2015. http://www.eldiario.es/zonacritica/consecuencias-economicas-politicas-independencia-Catalunya_6_434366574.html（最終アクセス 2016 年 10 月 7 日）

52　Klaus-Jürgen Nagel, "Independent Catalonia―a viable new European state?," in Nagel & Rixen, *op.cit.*, p. 217.

53　Nagel & Rixen, *op.cit.*, pp. 219-222.

54　http://mundo.sputniknews.com/europa/20150722/1039588397.html （最終アクセス 2016 年 10 月 7 日）

55　Nagel & Rixen, *op.cit.*, p. 221; Núria Bosch, "La viabilidad de Cataluña como estado," en Liz Castro ed., *What's up with Catalonia?/ ¿Qué le pasa a Cataluña?* (Ashfield: Catalonia Press, 2013), pp. 346-348.

56　前掲拙稿、114 頁.

参考文献

（書籍）

Bertile, Véronique, *Langues regionals ou minoritaires et Constitution, France, Espagne et Italie*, Bruxelles, Establissements Emile Bruylant, 2008.

Castro, Liz, (ed.), *What's up with Catalonia?/ ¿Qué le pasa a Cataluña? : The causes which impel them to the separation/ Las causas que la impulsan a la separación*, Ashfield, Catalonia Press, 2013.

Crameri, Kathryn, *'Goodbye, Spain?' The Question of Independence for Catalonia*, Brighton: Sussex Academic Press, 2015.

Ghai, Yash & Sophia Woodman (eds.), *Practicing Self-Government: A Comparative Study of Autonomous Regions*, Cambridge, Cambridge University Press, 2013.

Magone, José M., *Contemporary Spanish Politics* (second edition), London, Routledge, 2009.

May, Stephen, *Language and Minority Rights: Ethnicity, Nationalism and the Politics of Language* (second edition), New York, Routledge, 2012.

Nagel, Klaus-Jürgen & Stephen Rixen (eds.), *Catalonia in Spain and Europe: Is There a Way to Independence?*, Baden-Baden, Germany, Nomos Verlagsgesellschaft, 2015.

阿部照哉・畑博行編『世界の憲法集』第4版、有信堂、2009年
奥脇直也・小寺彰編『国際条約集』有斐閣、2015年
桐山孝信・杉島正秋・船尾章子編『転換期国際法の構造と機能』国際書院、2000年
黒宮一太『ネイションとの再会――記憶への帰属』NTT出版、2007年
白川俊介『ナショナリズムの力――多文化共生世界の構想』勁草書房、2012年
申蕙丰『国際人権法――国際基準のダイナミズムと国内法との協調』信山社、2013年

(論文)

伊藤理恵「内的自決権とマイノリティの自律」『横浜国際経済法学』18巻2号、2009年12月

牛島万「人民／民族の自決権と国家形成をめぐる国際法上の相克と限界――スペイン・カタルーニャ分離独立の行方を分析する一視座として――」『COSMICA』XLIV、京都外国語大学、2015年1月

高橋基樹「フランスにおける単一公用語の憲法原理と地方言語の憲法的保障の研究」『成城法学』82・83、2013年12月、2014年7月

立石博高「(コラム) カタルーニャはどこへ行くのか？」(長谷部美香・受田宏之・青山亨編『多文化社会読本』、東京外国語大学出版会)、2016年

常本美春「自決権の主体をめぐる議論状況について」*Discussion Paper Series*, 一橋大学21世紀COEプログラム、2008年9月

山形英郎「21世紀国際法における民族自決権の意義」『名古屋大学法政論集』245、2012年

王志安「自決権と国家形成――両者の関連付けを断ち切るための思考」『法学論集』62、駒澤大学法学部、2001年1月

王志安「分離独立紛争についての思考――国際法規範の役割の確保を目指して」『論究ジュリスト』11、有斐閣、2014年

第7章　民主化によるバスクの変遷

梶田 純子

1．フランコ死後の民主化の中でのバスク

1975年11月20日、フランシスコ・フランコが亡くなったことで、バスクは、一度失った自治権を取り戻すだけではなく、長年の悲願だった独立の可能性も出てきた。

1979年9月、自治憲章が住民投票により承認され、センサスの53.96％の投票により、アラバ県、ビスカヤ県、ギプスコア県がバスク自治州を構成することとなる。

同じバスク地方であったナバラ県は、1982年に住民投票なしにナバラ州を誕生させる。歴史的にナバラは「バスク」とは違う歩みをしてきた上に、バスク語話者の多い地域が限られているため、このような結果となった。

2．ナショナリズムとETA

長い間、「バスク」と言えば"バスク祖国と自由（ETA）[1]"とされてきた。停戦を宣言した2010年までに829人の犠牲者が出ている過激な組織であることが世界的に有名になっているからである。

そのETAができた経緯は、1959年、フランコ独裁政権に反発したEAJ-PNV（バスク・ナショナリスト党）[2]に所属していた若者たちがEAJ-PNVから離れ、ETAを結成したことによる。当初は、フランコ政権に嫌気がさしていた一般のバスク人たちからも支持を得ていた。しかしETAは、1961年に初めてのテロ行為を行い、やがてスペインからの分離独立を目指し、過激な武力闘争集団となる。そして1968年に、初めて警察官を銃撃し殺害する。キリスト教民主主義を基にした穏健党であるEAJ-PNVは、ETAを非難した。

1973年にフランコ路線を継承するフアン・カルロスが国王となり、フランコの後継者と目されていたカレロ・ブランコ首相が乗った車を爆破したことで、ETAは武力闘争をしていく"ETA-m"と政治闘争をしていく"ETA-pm"の2つに分裂した。

　フランコが死亡すると、フアン・カルロス国王による民主化プロセスで、ETA-pmは恩赦を受け入れたのだが、これを不満に思った者たちは、ETA-mに行き、武力闘争を続けていった。

　ETAを支持する人たちは、産業が停滞する都市部周辺に住む深刻な失業者や、経済的格差を感じた人、将来に期待のもてない若者たちであった。彼らの不満の矛先がスペイン政府であり、そのスペイン政府にテロで対抗しようとするETAにシンパシーを感じているものも少なくなかった。しかし多くのバスク人は、独立のためにテロ活動をするというETAやその支持者たちには共感せず、ETAのテロ活動に抗議デモをするようになる。

　1978年、ETAは、新しいスペイン憲法に反対し、バスクの左翼組織の複合体としてHBを組織し、バスク州議会に進出する。その後もHBは、EH、Batasunaと名前を変えた。

　一方、フランコの死去時から反ETAグループ「スペインバスク大隊」（Batallón vasco español）が活動しだし、1983年には"GAL"（Grupos Antiterroristas de Liberación、反テロリスト解放グループ）、と極右のテログループに形を変える。このグループは1983年から87年の間にフランスバスクでETAのメンバーを誘拐、暗殺した。ETAとは無関係の人まで含み、27人を殺害している。そして後に「GALゲート」と言われる、政府の情報・資金援助疑惑が起こり、当時の首相フェリペ・ゴンサレスの関与まで疑われる大きな政治・社会問題となった。

　1996年、スペインに中道右派政権「国民党」（PP）が誕生し、テロ撲滅を宣言した。そしてBatasunaなどを非合法化するため、2002年、危険組織を禁止する政党法を作る。2003年には最高裁がBatasunaを非合法化する決定を下した。このような措置に対し、バスクのナショナリストたちは反発した。そんな中、バスク州首班のイバレチェ（Juan José Ibarretxe）は、さらなる自治権の拡大を求めた自治憲章改正案「イバレチェ・プラン」を提案したが、スペイン国

第 7 章　民主化によるバスクの変遷　　149

ETA の囚人たちをバスク内の刑務所に移すよう要求している左翼愛国主義者の横断幕

バスク自治州首班官邸の旗　左からバスク州、スペイン、EU 旗

写真：梶田純子

会で否決された。

　その頃の2004年3月11日、総選挙を3日後に控えたマドリードで、同時列車爆破事件が起きる。アスナール首相は、当初ETAの犯行であると発表した。しかしスペイン国民は、ETAの手口とは違いすぎる、と首相の言葉を疑い、総選挙では、中道左派の「社会労働党」（PSOE）を選んだのであった。国民党から政権が変わり、与党となった社会労働党政権は、国内テロ問題を解決するためETAと対話しようとしたが、なかなかうまくいかなかった。

　2010年には、ETAが停戦を宣言したのを受け、急進左派たちが政党連合"Bildu"を結成し、2011年5月の市町村議会選挙では、バスク州において、バスク・ナショナリスト党に次ぐ勢力となった。同年10月、バスクのサン・セバスティアン（バスク語名ドノスティア）にて国際和平会議が開かれ、そこでの話し合いを受け、10月20日にETAは、武装闘争の終結宣言をした。今までETAは、何度となく停戦を宣言しては破るということを繰り返してきたが、今現在、この終結宣言は破られていない。

　その後の2015年9月には、ETA幹部3名が逮捕される。スペインとフランスの共同捜査が続いていた中、ETAの幹部がスペイン国境付近のフランス内で会合を開くとの情報を得て、ある民宿に集まったところを逮捕した。逮捕されたのは4名でそのうち1名は、フランス人の宿のオーナーであった。残り3名のうち2名は現ETAを率いる中心的幹部の2名で、残りの1名は以前、ETAの国外組織の幹部だった。ホルヘ・フェルナンデス・ディアス内務大臣は、この3名の幹部逮捕により、ETAは致命的な打撃を受けたと発表した。

3．"Gure esku dago"「私たちの手にある」

　2014年6月8日、バスク州のビスカヤ県ドゥランゴ（Durango）からナバラ州イルーニャ（Iruña、スペイン語ではパンプローナ）間の約123キロを"Gure esku dago"（グレ・エスク・ダゴ、私たちの手にある）というスローガンの下に、人々が手を繋ぎ、人間の鎖を作った。これはバスク人たちが民族自決権を求めての行動であった。主催者は、5万人を目標と言っていたが、実際には各自参加費5ユーロを払うにもかかわらず、10万人以上が集まった。また文化人やジャーナリストなど多数の有名人も参加した。その人たちだけではなく、海外

に渡ったバスク人やその子孫たちも、それぞれの国で、同日に人間の鎖を作り、この運動に参加した。バスク政府がキャンペーンしたのではなかったが、バスクの各政党も超党派で参加した。唯一不参加だったのは、スペイン政府与党のPPだけであった。

2014年11月8日には、イギリスから独立するかという住民投票を行ったスコットランドへの激励と、翌日に住民投票を控えたカタルーニャへの応援の意味を込め、サン・セバスティアンの海岸近くの広場で、1万人が人文字でスコットランドとカタルーニャの旗を作った。

2014年5月、バスク大学研究チームが調査した結果、バスク自治州内の59%が、バスクの独立に関する住民投票をしたいと考えているという[11]。さらにバスク州政府の調査では、独立について個人的にどう思うかとの問には、35%が同意する、33%が反対、20%は場合によっては賛成、場合によっては反対であった。しかし独立によってEUから出ることになるとしたら、独立賛成は32%、反対は33%となる。独立したら生活が良くなるかとの問いには、良くなるが28%、悪くなるが27%、変わらないが21%であった[12]。

しかしながら2年前には独立絶対賛成派が37%であったのだが、2015年7月の世論調査では、バスク独立派の勢力は弱まってきており、30%まで下がった。反対にスペインからの独立に反対、独立までは考えていないという人は55%となった。バスク人の大多数が今の自治州制、または連邦政府制をとることが良いと思っているという[13]。

さらにバスク州で2015年10月13日から19日に行われた世論調査では、対象2520人のうち、バスクがスペインから独立すべきだと答えた人が21%と、さらに減少した。反対にバスクは独立すべきではないと答えた人は32%となった[14]。

あるバスク人は言う、「状況は複雑だ。バスク内には、複数のアイデンティティがあるからだ」と。バスクナショナリストたちの中には、感情的に独立したがっている人たちがいる。しかし冷静になると、現実的な問題が目の前に立ちはだかる。いま、住民投票をすれば、独立賛成派が過半数をとることは無理だろう。バスク自治州だけでなく、ナバラやフランスバスクまで入れて投票を行ったとすれば、さらに独立に反対票の方が多くなると思われる。バスクの大

表1　バスク州における5歳以上の言語状況

年	1981	1986	1991	1996
両方（％）	21.90	24.66	26.40	30.86
消極的（％）	12.21	14.75	16.24	16.02
西語のみ（％）	65.89	60.58	57.36	53.12
合計（人）	1,969,038	2,016,263	2,014,856	2,015,022

年	2001	2006	2011
両方（％）	32.21	37.48	36.44
消極的（％）	18.19	17.34	19.30
西語のみ（％）	49.61	45.18	44.26
合計（人）	1,984,958	2,016,257	2,056,136

注：両方＝バスク語とスペイン語を話す　消極的＝バスク語を話すことができるが、話さない人　西語のみ＝カスティーリャ語（スペイン語）のみ話す。（Eustatより筆者が作成）

きな問題は、領土が広くなればなるほど、まとめるのが難しいことにある。バスク政府関係者は、バスクの独立というのは、現実的ではないと答えた。バスクもスコットランドのように、スペインの枠組みの中で自治権を拡大していくのが良いと言った。しかしスペイン政府が自治権拡大を拒否した場合は、バスク人たちは、スペインの中央集権主義を嫌い、独立したいという気持ちが膨らんでいくと思われる。

4．バスク語復権運動

　フランコ独裁時代に、公の場でのバスク語使用は禁止されてしまったので、バスク語使用者は減った。だがフランコの死後すぐに、バスク語復権運動が始まる。1979年に制定されたバスク州の自治憲章「ゲルニカ憲章」には、自治州の言語は、カスティーリャ語（スペイン語）とバスク語と書かれている。これに基づき、1982年にバスク語使用正常化基本法が作られた。以後バスク州では、公文書はカスティーリャ語とバスク語の両言語で書かれ、教育もバスク語で教え、カスティーリャ語は1教科として教える学校やその他の学校でもバスク語を1教科として教えるようになったため、バスク語使用者は、わずかながら増えている。

一方、ナバラ州では、1982年の自治憲章のような組織法と、1986年のバスク語に関する特別法により、ナバラの固有の言語は、カスティーリャ語とバスク語であるとしつつ、バスク語圏、非バスク語圏、2言語地域圏とした。バスク語はバスク語圏では公用語である。しかしながらナバラ州では、バスク州のようなバスク語の言語政策はとられていないので、民主化後のバスク語使用者数も変わらず、横ばいである。[15]

バスク州の調査によると、バスク語を理解する人は、1996年1月には、2歳以上の人口206万2525人のうち63万6816人で、ほぼ理解できる人は40万6810人で、カスティーリャ語（スペイン語）しか理解しない人は101万8899人であった。

2011年には2歳以上の人口が211万9586人で、バスク語を理解する人は78万9439人、ほぼ理解できる人は54万1562人で、カスティーリャ語（スペイン語）しか理解しない人は78万8585人となった。[16]

5．スポーツとナショナリズム
（1）自転車

2011年9月9日、33年ぶりにプロの自転車レース、グラン・ツールのひとつ、「ブエルタ・ア・エスパーニャ（通称ブエルタ）」がバスクを通った。1978年からバスク独立運動が激しくなり、バスクはスペインではないということで、ブエルタがバスク州内を走ることを許されなかった。しかし2009年に誕生したバスク首班（レンダカリ）[17]のパチ・ロペスは、当時のスペイン政府与党のPSOEのバスク支部バスク社会党（PSE-EE）所属であり、中央政府との連携を重視していたので、このブエルタがバスク州内を通ることとなった。

奇しくもこの日ステージ優勝したのは、バスクの自転車チーム、エウスカルテル・エウスカディ（Euskaltel-Euskadi）所属のイゴール・アントン[18]だった。以来、コースは毎年変わっているが、バスク州内を走り続けている。

自転車チーム、エウスカルテル・エウスカディの誕生は、1993年6月17日に遡る。まずバスク自転車財団（Fundación Ciclista de Euskadi）が創立された。この財団は、金儲けのためではなく、自転車競技と若手育成の下部組織を促進し、普及させるために作られた私的財団である。1994年に初めて「エウ

スカディ（Euskadi）」という名前のプロチームとして出発する。このチームを支えるために、財団はバスクの会社や個人に賛同して出資を募ったが、たった5000人の賛同者しか集まらなかった。それゆえどんどん借金が貯まっていったので、ビスカヤ県議会が援助をし、自転車メーカー、自転車ウエアーメーカー、水会社なども援助していた。またバスク州に本社がある通称ペトロノール（Petronor）という石油・ガス会社がスポンサーとなり、「エウスカディ・ペトロノール（Euskadi Petronor）」という名称となった。1995年には再び「エウスカディ」と名称を変えたが、まだペトロノールがメイン・スポンサーであった。1998年にはメイン・スポンサーがバスクの通信会社エウスカルテル（Euskaltel）に変わり、またバスク州政府やビスカヤ、ギプスコア、アラバ県もスポンサーとなり、「エウスカルテル・エウスカディ（Euskaltel Euskadi）」に名称を変更した。

　このチームの特色は、バスク人のためのチームであり、選手はバスク人かバスクの下部組織で育った選手に限られていた。サッカーのアスレティック・ビルバオと同様、人種差別のように思われるが、バスクの人たちが育てたチームであるという意識が芽生え、それゆえバスクを通るコースの沿道の応援は、名物になるほど熱狂的であった。

　2008年北京オリンピックの自転車のロードレース競技で金メダルを獲得したサムエル・サンチェスも、北スペインのアストゥリアス州オビエドの出身だが、バスクの自転車チームで育ったということで、エウスカルテル・エウスカディに入り、活躍した。

　エウスカルテル・エウスカディは、2012年までほぼバスク人（バスク系を含む）だけでチームを構成していたので、なかなかUCIプロツアー（UCIとは国際自転車競技連合）で勝ち進めないことから、多国籍化を図り、さまざまな国からの選手を入れた。メイン・スポンサーのエウスカルテルは、2年で約600万ユーロを出していたのだが、4年で4000万ユーロを出資すると発表した。しかしながらスポンサーのひとつであるバスク自転車財団は趣旨が異なると手を引き、エウスカルテルはさらなるスポンサーを探したがうまくいかず、スポンサーから撤退した。それゆえエウスカルテル・エウスカディというチームは解散に追い込まれた。

（2）サッカー

　自転車チームと同じように、選手はバスク人だけで構成されるプロサッカーチームがある。ビルバオを拠点とするアスレティック・ビルバオ（Athletic Bilbao)[19]である。日本にもファンが多い世界的に有名なスペインのチーム、レアル・マドリードやFC.バルセロナとともに、クラブ創立以来100年以上、1部から落ちたことのないチームなのである。しかし2つのチームとは違い、選手はバスク人かバスク系に限るという条件の上、予算も比べものにならないほど少ないが[20]、常に1部に居続けている。その背景にはバスク人というプライドがあるのと、やはりソシオ（会員）というバスク人による熱狂的な応援があるからだろう。このチームを支えるソシオになるには、数が限られているので大変難しく、バスク政府の高官ですら7年も待ったというのである。

　2015年5月30日に、そのアスレティック・ビルバオが、FC.バルセロナ（通称バルサ）とバルサの本拠地、バルセロナのカンプ・ノウ・サッカースタジアムで国王杯決勝戦を行った。アスレティック・ビルバオの本拠地ビルバオから遠く離れての開催だったが、アスレティック・ビルバオのソシオ4万4117人のうち、約90％が、遠いバルセロナで行われる試合のチケットに申し込んだという[21]。結果3万4741人がそのチケットを手にし、敵地バルセロナに乗り込んだ。それほど一部のバスク人にとっては思い入れのあるチームで、たかがサッカーとは言えないのである。

　その試合の開会式でのことである。スタジアムにスペイン国歌が流れ始めると、両チームのサポーター（ファン）からブーイングが起こり、国歌が終わるまで続いた。

　バスクもカタルーニャも民族意識の強い地域であり、その中でも地域ナショナリズムが表に出ているチーム同士が決勝戦でぶつかり、双方とも「スペイン」や国王に対してネガティブな感情を剥き出しにすることは想定内のことであった。しかしながら、スポーツに政治的アピールを持ち込むことは、「スペイン」という国の国王杯決勝において、スペイン人の感情を逆なですることや新たな騒動の原因となることなどから、スポーツにおける暴力・人種差別などを防止するため、罰金が科せられた。試合の運営などがまずかったスペインサッカー連盟に12万3000ユーロ、騒動を起こしたカンプ・ノウ・スタジアムを所有す

るFC.バルセロナに対し6万6000ユーロ、アスレティック・ビルバオには1万8000ユーロであった。

　スペインにおいて、サッカーは「代理戦争」とよく言われる。本当の戦争（内戦）で傷ついてからは、サッカーのスタジアムにおいて、それぞれの地域ナショナリズムがぶつかることも少なくない。もちろん暴力ではなく、激しい応援合戦である。

　（3）闘牛

　闘牛はスペインを象徴するものであるから、バスクにおいてふさわしくないと、2013年、左派勢力の連立政権であったサン・セバスティアン市議会で闘牛が禁止された。以来、EH Bildu出身のサン・セバスティアン市長、フアン・カルロス・イサギーレ（Juan Carlos Izagirre）は闘牛を許可する書類に署名せず、同市で闘牛は行われていなかった。しかし2015年6月にサン・セバスティアン市で政権交代すると、闘牛禁止条例は破棄され、2015年8月13日の夏祭りにて、闘牛が復活した。

　この闘牛開始にあたり、闘牛が好きな前国王のフアン・カルロスと長女エレナ王女及びその子供たちがサン・セバスティアンの闘牛場にやって来て、闘牛を讃えるスピーチを行った。このことが闘牛場周辺で反闘牛を叫んでいた人たちを刺激することとなり、闘牛や王室に反対する人、バスク独立を叫ぶ人など約200人が騒ぐこととなった[22]。

　動物愛護の観点から闘牛を嫌う人はスペイン全土にいるが、「反スペイン」ということで、闘牛を否定するのは、バスクとカタルーニャで見られることである。

6．バスク高速鉄道網　"Y vasca"

　2019年に、通称"Y vasca"「バスクのY」と呼ばれる高速鉄道網が開通予定である。Yの意味は、バスク州の主要都市で、バスク州の州都でアラバ県の県都ビトリア（バスク名ガステイス）、ビスカヤ県の県都ビルバオ（バスク名ビルボ）、ギプスコア県の県都サン・セバスティアン（バスク名ドノスティア）を結ぶとちょうどYの文字のようになるからである。将来的には、フランスとの国境

でフランスの高速鉄道やバリャドリッド、ブルゴスを経由してマドリードまで繋がれる予定である。今、この3都市間は、バスで1時間から1時間半かかっているのだが、この路線が開通すると、約30分前後で行き来することができる。その後、ビルバオからマドリードまでが約2時間、パリまでは6時間弱で行くことができるため、経済的にも利便性が高いと思われる。

しかしながら、この路線の着工までは困難を要した。路線が繋がり、フランスやスペインの首都と短時間で結ばれるのでメリットは多いと思われがちだが、バスク内では計画当初から反対が多く、バスク州議会での承認もなかなか取れなかった。スペイン政府とバスク政府で、建築費用の負担に関して折り合いがつかなかったからだ。ようやく2006年、合意に達し、工事が始まった。

しかしながら、バスク州議会がこの路線の建設に関し承認をしてからも反対運動が収まらず、デモが起きていた。いくつかの政党、労働組合、自治体、エコロジストたちが、この建設に反対していたからである。

反対理由はさまざまである。財政面（負担額）からの反対、「スペイン」と繋がるということに対する反発などである。全行程の60％がトンネルということが問題だという人もいる[23]。

ETAはこの路線の建築に関わっている人たちをターゲットにし、2007年から脅迫していたこの路線工事の建設会社アルツーナ・イ・ウリア社のイグナシオ・ウリア・メンディサバル社長を2008年12月3日に射殺した[24]。

"Y vasca"は2016年までの予算が決定しているが、その予算では完成が難しいと考えられている。しかし開通し、マドリードやパリと結ばれるなら、観光面やその他経済活動でメリットもあると思われる。そうなるとバスクの地域ナショナリズムも変化するのかもしれない。

7．バスクの企業
（1）ビルバオ・ビスカヤ・アルヘンタリア銀行
（Banco Bilbao Vizcaya Argentaria, S.A. 略称 BBVA）

スペイン第二の銀行であるビルバオ・ビスカヤ・アルヘンタリア銀行の本拠地は、ビルバオにある。19世紀半ばに設立されたビルバオ銀行と20世紀初めに設立されたビスカヤ銀行が1988年に合併に同意し、調印して、"BBV"が誕生

した。アルヘンタリア銀行は1991年当時の首相だったフェリペ・ゴンサレス時代にできた公的銀行で、1993年に民営化される。1998年にビルバオ・ビスカヤ銀行とアルヘンタリア銀行が合併し、国際金融グループとなった。さらに2014年にはカタルーニャ銀行を買収した。現在はスペインのみならずヨーロッパや南北アメリカ、アジアにも進出している。

2008年からサッカーのプロリーグ、リーガ・エスパニョーラのスポンサーとなり、その名が付けられている。[25]

（2）イベルドローラ社（Iberdrola）

現在は多国籍企業となった電力会社イベルドローラ社の本社もビルバオにある。スペインにおける電気事業は19世紀から始まり、フランコ時代中期には電力会社は民営を中心に数千社にもなった。だがフランコ時代後期には原子力発電、通貨の下落により、電力会社は立ちいかなくなり、統合が進められた。

今のイベルドローラ社も1992年にイドローラ社とイベルドゥエーロ社が合併してできたのである。1995年には4大グループとなり、イベルドローラ社はその中のひとつとなった。特にマドリードに拠点がある、やはり多国籍企業であるスペイン最大の電力会社エンデサ（Endesa）とイベルドローラ社の2つで、発電シェアは80％となった。[26]

スペイン政府はこの独占状態を嫌い、2000年に大手電力会社の発電容量の増加制限などを行った。その結果、ヨーロッパの大手電力会社がスペインに流入し、スペインの企業も外国の電力会社の傘下に入るなど、電力会社の再編成となった。イベルドローラ社は5大グループのひとつとなり、発電、配電、電力供給会社となっている（送電はREE社のみとなっている）。

（3）ペトロノール社（Petroleos del Norte S.A.　略称 Petronor）

ペトロノール社は、石油・ガス会社として、1968年ビルバオで設立された。現在は株式の85.98％をレプソル社が、14.02％をバスクの銀行、ビルバオ・ビスカイア・クチャ（Bilbao Bizkaia Kutxa 略称BBK）が所有している。スペイン最大の石油・天然ガス生産容量を持ち、ヨーロッパでも最も重要な会社のひとつとなった。[27]

前述のとおり、1994年から3年間、自転車チームのメイン・スポンサーとなった。また2008年からは、アスレティック・ビルバオのユニフォーム・スポンサーとなり、ユニフォームにペトロノールの名前が付けられた。ユニフォームにスポンサー名が付けられたのは、同クラブ創立以来110年で初めてのことだった。

2013年にはバスクで最も大きな投資をされた会社となる。バスクで今までにこれほどの投資をしたことがないほど、大きなプロジェクトだった。

（4）モンドラゴン協同組合企業体

内戦直後の1943年、モンドラゴン（バスク名アラサーテ）にて、着任2年のアリスメンディアリエタ神父が技術学校を作った。そこで精神と技術を学んだ若者が育ち、電機メーカー「ファゴール（Fagor）」をはじめ、スーパーマーケットチェーン、「エロスキ（Eroski）信用協同組合」、「カハ・ラボラル（Caja laboral）」などができ上がり、多くの企業と雇用を生み出した。モンドラゴン協同組合企業体は、利益主義の資本主義ではなく、地域社会に根付いた、人間の絆を大事にした共同企業体で、このビジネスモデルは、世界から注目を浴びてきた。

1997年にはモンドラゴン大学を作り、工学部や経営学部、人文・教育学部でスタートした。2011年には世界でも珍しい、食を科学から研究する、食科学学部を加えた。

しかし全てが理想どおりにはいかなかった。リーマンショック後、モンドラゴンにもその余波がやってきた。2013年10月ファゴールが倒産するというショッキングなニュースが流れる。モンドラゴン協同組合企業体が、ファゴールの財政支援を拒否し、倒産に至ったのだ。ファゴールは、2012年スペインで10位という企業で、知名度も売り上げも伸ばしていた。またモンドラゴン協同組合企業体のシンボル的企業であっただけに、モンドラゴン協同組合企業体のあり方が問われることとなった。あるいは多国籍、子会社を多く持ってしまったファゴールなどは、最初のアリスメンディアリエタ神父の教えと違った方向に行ってしまったのか。スペインの経済不況にあって、今後、モンドラゴン協同組合企業体の修正が必要となっている。

8. 2015年12月の総選挙

2015年12月20日、スペインでは総選挙が行われた。

その結果、バスク州の下院では、EAJ-PNV が30万1585票、投票率24.75%で6議席獲得した。前回2011年の総選挙と比べると2万2732票減り、パーセンテージでも2.66%の減少だったが、逆に議席数は前回の5議席からひとつ増えた。また注目の新党「ポデモス」（私たちはできる、バスクでは Ahal Dugu）が5議席（新党なので前回はなし）獲得し、バスク左翼党（社会労働党 PSE-EE）が3議席（－1議席）、我らバスク人民結集（EH BILDU）が2議席（－4議席）、スペイン政府では与党だった PP も2議席（－1議席）となった。

バスク州では、独立を目指している党より、現実を見て投票したと思われる。与党国民党の票がかなり減ったことは、現政権の経済対策などに不満があるからだと思われる。

上院では、バスク州では、EAJ-PNV が得票率では1%以上下げたが6議席（＋2議席）、ポデモスが5議席、PP が1議席（－2議席）で、EH BILDU と PSE-EE はともに議席を失った。[31]

表2　バスク州選挙結果（下院）

	2015年			2011年		
	得票数	得票率	獲得議席	得票数	得票率	獲得議席
EAJ-PNV	301,585	24.75%	6	324,317	27.41%	5
PODEMOS	316,441	25.97%	5	-	-	-
PSE-EE (PSOE)	161,466	13.25%	3	255,013	21.55%	4
EH BILDU	18,3611	15.07%	2	285,290	24.11%	6
PP	141,556	11.62%	2	210,797	17.81%	3

表3　バスク州選挙結果（上院）

	2015年			2011年		
	得票数	得票率	獲得議席	得票数	得票率	獲得議席
EAJ-PNV	905,029	26.63%	6	928,724	28.02%	4
PODEMOS	767,628	22.59%	5	-	-	-
PP	397,948	11.71%	1	591,676	17.85%	3

9．終わりに

　フランコ死後の40年間、歴史的領域「バスク」と呼ばれるバスク州はカタルーニャとともに常にスペインからの独立をめぐり、その地域ナショナリズムが注目されてきた。

　バスクは、1人当たりのGDPが2013年まではスペイン内でトップであった。2014年はマドリードに抜かれ2位となったが、2万9683ユーロと、スペイン17州の平均2万2780ユーロを大きく上回っており、スペインでもトップクラスである。ここからも分かるように、バスク州は経済活動が上手くいっている州である。

　経済的に優位な立場からも、長年スペインからの独立を望んでいる人たちが多くいた。

　税金の配分など、スペイン政府に不満をもつのは当然なのかもしれない。財政危機に陥ったスペインにおいて、このような経済的に豊かな州が、貧しい州を支えていくことに納得がいかないと考える人が少なからずいるのである。

　スペインの不動産バブルが弾け、世界同時経済不況となった2008年に「バスク民族自決権」を問う州民投票を行うとバスク州議会は決議した。それに対しスペイン政府は、憲法裁判所に提訴し、違憲であると判断され、州民投票は実施できなかった。

　バスク州が自治権を拡大するか独立を求めるかは、スペイン政府の対応にかかっていると言われる。独立に向かっているカタルーニャと違い、バスクの人々は現実を見ているのではないだろうか。面積が小さく、人口も少ないバスクがスペインから独立するのは、EUも承認しないかもしれないので、得策ではないと考えるバスク人が多くなってきた。バスクは、今のまま、スペインの中のバスク州として、自治権の拡大を狙っていくのか、それともスペインの1州で落ち着くのか、それともカタルーニャに続き、再び独立の道を模索するのか、興味深いところである。

注

1　"Euskadi ta Askatasuna" 直訳すると「バスクと自由」の意。日本語では「バスク祖国と自由」の名称も使用されている。

2 バスク語では、"Euzko Alderdi Jeltzalea"（略称 EAJ）、スペイン語では、Partido Nacionalista Vasco（略称 PNV）、日本語では「バスク・ナショナリスト党」の他、「バスク民族党」などの名称も使用されている。

3 "ETA mili" の略。スペイン語では、ETA militar。

4 "ETA poli-mili" の略。スペイン語では、ETA politico-militar。

5 "Herri Batasuna"「エリ・バタスナ：人民統一」の意。

6 "Euskal Herritarrok"「エウスカル・エリタロック：われらバスク人民」の意。

7 「バタスナ：統一」の意。

8 「ビルドゥ：結集」の意。

9 *El País*, 22 de septiembre de 2015.（最終アクセス 2015 年 9 月 23 日）

10 *El País*, 8 de junio de 2014.（最終アクセス 2014 年 6 月 10 日）

11 *El País*, 27 de junio de 2014.（最終アクセス 2014 年 6 月 28 日）

12 "Sociometro vasco 56: Nuevo estatus politico", *Gobierno vasco*, (diciembre de 2014). https://www.irekia.euskadi.eus/uploads/attachments/5542/Sociometro_nota_de_prensa_cas.pdf?1417773749.（最終アクセス 2015 年 2 月 12 日）

13 *El correo*, 24 de julio de 2015.（最終アクセス 2015 年 7 月 25 日）

14 *El correo*, 30 de noviembre de 2015.（最終アクセス 2015 年 12 月 1 日）

15 Instituto de estadística de Navarra　http://www.navarra.es/hom.e_es（最終アクセス 2015 年 10 月 5 日）

16 Eustat (Euskal Estatistika Erakundea-Instituto Vasco de Estadística) http://www.eustat.eus（最終アクセス 2015 年 10 月 5 日）

17 バスク語で Lehendakari。Lendakari とも。バスク州の首班（スペイン語で、Presidente del Gobierno vasco）のこと。

18 Igor Anton。1983 年バスク州ビスカヤ県生まれ。

19 正式名称は、Athletic Club。創立は 1898 年。ホームスタジアムは、ビルバオのサン・マメス・スタジアムで、2013 年新スタジアムが完成し、5 万 3000 人収容する。

20 アスレティック・ビルバオの 2015 〜 2016 年の年間予算は 8682 万 9950 ユーロである（クラブ発表）。

21 *Mundo deportivo*, 26 de abril de 2015.（最終アクセス 2015 年 11 月 20 日）

22 *El País*, 14 de agosto de 2015.（最終アクセス 2015 年 8 月 15 日）

23 トンネルは全行程の60％で、ギプスコア県では74％である。高架橋（橋）が全行程の10％、ギプスコア県では15％。La Y Vasca: Un proyecto de País, una conexión internacional より。
24 *El País*, 3 de diciembre de 2008.（最終アクセス 2015 年 11 月 30 日）
25 BBVA.com http://www.bbva.com/（最終アクセス 2015 年 11 月 1 日）
26 IBERDROLA http://www.iberdrola.es/about-us/（最終アクセス 2015 年 11 月 1 日）
27 Petronor http://petronor.eus/es/sobre-petronor/historia/（最終アクセス 2015 年 11 月 1 日）
28 http://www.eitb.eus/es/noticias/economia/detalle/1301640/planta-coque-datos-nueva-planta-petronor-muskiz/（最終アクセス 2015 年 11 月 1 日）
29 José Ramón Fernández, *MONDRAGON 1956-2015*. http://www.mondragon-corporation.com/wp-content/themes/mondragon/docs/historia-MONDRAGON.pdf（最終アクセス 2015 年 11 月 2 日）
30 http://www.mondragon.edu/（最終アクセス 2015 年 11 月 2 日）
31 *El Diario Vasco*, 21 de diciembre de 2015. http://www.diariovasco.com/politica/（最終アクセス 2015 年 12 月 21 日）

参考文献

（書籍）

De Pablo, Santiago y otros (coordinadores), *Diccionario ilustrado de símbolos del nacionalismo vasco*. Madrid: Editorial Tecnos, 2012.
立石博高編『概説　近代スペイン文化史』ミネルヴァ書房、2015 年
立石博高・中塚次郎編『スペインにおける国家と地域――ナショナリズムの相克』国際書院、2002 年
萩尾生・吉田浩美編『現代バスクを知るための 50 章』明石書店、2012 年
坂東省次編『現代スペインを知るための 60 章』明石書店、2013 年

（新聞〔web〕）

BBVA.com　http://www.bbva.com/（最終アクセス 2015 年 11 月 1 日）
EiTB　http://www.eitb.eus/es/（最終アクセス 2015 年 11 月 1 日）

El correo http://www.elcorreo.com/bizkaia/（最終アクセス 2015 年 12 月 1 日）
El Diario Vasco http://www.diariovasco.com/politica/（最終アクセス 2015 年 12 月 21 日）
El País http://elpais.com/（最終アクセス 2015 年 11 月 30 日）
Eustat (Euskal Estatistika Erakundea-Instituto Vasco de Estadística) http://www.eustat.eus（最終アクセス 2015 年 10 月 5 日）
IBERDROLA http://www.iberdrola.es/about-us/（最終アクセス 2015 年 11 月 1 日）
Instituto de estadística de Navarra http://www.navarra.es/home_es（最終アクセス 2015 年 10 月 5 日）
Instituto Nacional de Estadistica http://www.ine.es（最終アクセス 2015 年 10 月 29 日）
Mundo deportivo http://www.mundodeportivo.com（最終アクセス 2015 年 11 月 20 日）
Petronor http://petronor.eus/es/（最終アクセス 2015 年 11 月 1 日）

（web）
MONDRAGON 1956-2015. http://www.mondragon-corporation.com/wp-content/themes/mondragon/docs/historia -MONDRAGON.pdf http://www.mondragon.edu/（最終アクセス 2015 年 11 月 2 日）
Sociometro vasco 56: Nuevo estatus politico, Gobierno vasco, (diciembre de 2014), https://www.irekia.euskadi.eus/uploads/attachments/5542/Sociometro_nota_de_prensa_cas.pdf?1417773749.（最終アクセス 2015 年 2 月 12 日）

第 8 章　ガリシアにおける新しいナショナリズム

大木 雅志

はじめに

　ガリシアはイベリア半島北西部に位置し、人口273万人を有するスペインの自治州のひとつである。州都サンティアゴ・デ・コンポステーラは、巡礼の道の終着点として有名であり、今でも毎年多くのキリスト教信者が巡礼に訪れている。かつてはガリシア王国が盛え、言語、音楽、工芸、文学等、ガリシア独自の文化を築き上げてきた。そのため、ガリシア自治州は、カタルーニャ自治州とバスク自治州と並び、「歴史的自治州」とされている。

　一方、ガリシアは、フランコ将軍（Francisco Franco Bahamonde）やその右腕と言われたマヌエル・フラガ（Manuel Fraga Iribarne、国民党PP及びその前身の国民同盟APの創設者）、マリアノ・ラホイ（Mariano Rajoy Brey）第六代スペイン首相の出身地であり、スペインを代表する保守政治家を輩出してきた地域でもある。1975年のフランコ死後に実施された自治州議会選挙においても、ガリシアでは現在に至るまで、保守系全国政党が第一党の座を維持している。歴史的に独自の文化を形成しながらも、他の歴史的自治州のように独立や自決権を求める動きがあまり見られず、むしろスペインを国家として承認した上で現状維持あるいは自治権を弱めるべきとの声が8割以上を占めている。

　ただし、地域ナショナリズムの動きが全くないわけではなく、19世紀にナショナリズムの萌芽が見られ、20世紀の第二共和政期には地域ナショナリズム政党（ガリシア主義党、PG）が発足し、アサーニャ（Manuel Azaña Díaz）率いる人民戦線に参加して、1936年にはガリシア自治憲章案を住民投票で可決させ

ガリシア自治州の州都サンティアゴ・デ・コンポステーラ
写真：大木雅志

ている。奇しくもガリシア自治憲章案の国会提出の2日後、フランコの蜂起をきっかけにスペイン内戦が始まり、ガリシアの地域ナショナリズムの指導者は弾圧され、一部はアルゼンチンやウルグアイ等に亡命し活動拠点を海外に移した。1975年のフランコの死去以降は、ガリシアの地域ナショナリズム政党が徐々に息を吹き返し、最近はその動きも活発化しつつある。本章では、ガリシア・アイデンティティの特殊性について指摘した上で、フランコ死去以降、ガリシア政治がどのように変遷したかを地域ナショナリズムの動きを中心に考察しながら明らかにする。

1．ガリシア・アイデンティティの特殊性

　スペインにおいては、「スペイン人」としてのアイデンティティだけでなく、それぞれの自治州あるいはネイションへのアイデンティティも持ち合わせている人が多い。社会科学研究所の調査によれば、「スペイン人」としてのアイデンティティしか持たないスペイン人は、全体のわずか10％程度である。アイデンティティについては自治州ごとに特徴があり、例えば、マドリード自治州やその周辺のカスティーリャ・ラ・マンチャ自治州、カスティーリャ・イ・レオン自治州では「スペイン人」としてのアイデンティティが比較的強い。それでは、ガリシア自治州においては、どのような特徴が見出せるのだろうか。以下では、カタルーニャ自治州及びバスク自治州と比較しながら、ガリシアのアイデンティティの特殊性について考察する。

　社会科学研究所は、スペインの全自治州を対象に不定期にアイデンティティに関する調査を実施している。同調査では、「自分をどのように認識しているか」との問いに対し、「A．スペイン人のみ」、「B．ガリシア／カタルーニャ／バスク人よりも、スペイン人」、「C．スペイン人とガリシア／カタルーニャ／バスク人の両方」、「D．スペイン人よりも、ガリシア／カタルーニャ／バスク人」、「E．ガリシア／カタルーニャ／バスク人のみ」の5つの回答が用意されている。

　グラフ1から明らかなように、ガリシアでは、「スペイン人とガリシア人」の両方のアイデンティティ、すなわち二重(デュアル)のアイデンティティを有しているのが特徴的である。自治州のみへのアイデンティティ（**グラフ1**のE）については、カタルーニャ自治州やバスク自治州では20％以上であるが、ガリシアではわず

グラフ1 「自分をどのように認識しているか」(2012年)

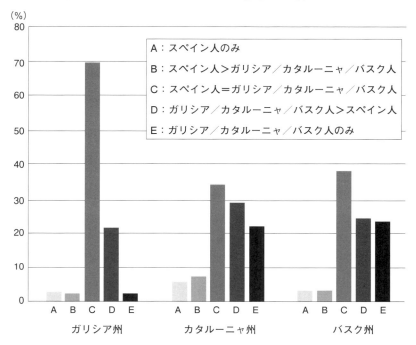

	ガリシア州	カタルーニャ州	バスク州
A. スペイン人のみ	2.8%	5.7%	3.2%
B. スペイン人＞ガリシア／カタルーニャ／バスク人	2.3%	7.2%	3.2%
C. スペイン人＝ガリシア／カタルーニャ／バスク人	69.9%	34.3%	38.4%
D. ガリシア／カタルーニャ／バスク人＞スペイン人	21.7%	29.2%	24.5%
E. ガリシア／カタルーニャ／バスク人のみ	2.3%	21.9%	23.5%
分からない	0.4%	0.4%	3.5%
無回答	0.5%	1.3%	3.8%

出所：社会科学研究所の統計データを基に筆者作成．

か2%程度であり、全国平均の6%も下回っている。一方、「スペイン人のみ」としてのアイデンティティも他の自治州と比べて低い結果となっている。

　ガリシアは伝統的に保守色が強く、その傾向が選挙結果にも表れている。フランコの死去以降のスペインでは、地域ナショナリズム勢力が徐々に拡大しつつあるものの、ガリシアにおいては、それも限定的であると言わざるを得ない。ガリシアは、固有の文化を有する歴史的自治州であるが、必ずしもそれが地域ナショナリズムの強さに帰結することにはならない。だからといって、スペイン国家にのみ帰属するという考えにもならないのである。ガリシア人の多くは、スペイン国家の枠組みの中で、スペイン人としてのアイデンティティを有すると同時に、ガリシア人としてのアイデンティティを有しているのである。このようなアイデンティティの曖昧さがガリシアの特徴である。

　このような特殊性は、国家のあり方に関する調査にも表れている。同調査は、「スペイン国家としてどのような形態が考えられるか」との質問に対し、「A. 自治権を認めない唯一の中央政府国家」、「B. 現状よりも自治州の自治権を弱めた国家」、「C. 現状と同様に自治州を有する国家」、「D. 現状よりも自治州の自治権を強めた国家」、「E. 自治州に対して、独立国家への転換の可能性を認める国家」の選択肢が用意された。

　カタルーニャ自治州及びバスク自治州においては、自治州の自治権拡大（**グラフ2のD**）あるいは独立の可能性を認めるべき（**グラフ2のE**）との考えが多い一方で、ガリシア自治州においては現状維持（**グラフ2のC**）の割合が高い。前述のアイデンティティに関する質問と深く関係しているが、ガリシア人は「ガリシアのみ」という単一的なアイデンティティを持つ人の割合が少ないため、独立意識も低いことが分かる。一方、ガリシアにおいて、「スペイン人のみ」としてのアイデンティティを有する割合が少ないにもかかわらず、自治権を廃した唯一の中央政府を求める声（**グラフ2のA**）が比較的多いのが興味深い。唯一の中央政府、自治州の自治権縮小及び現状維持を求める声が多いのは、ガリシアの保守性を示しているとも言える。

　続いて、「スペイン」を各自治州はどのように捉えているのだろうか。以下の調査では、「あなたにとって、スペインとは」との質問に対し、「A. 自分の国（País）」、「B. 自分が所属するネイション（Nación）」、「C. 自分が市民として所属

グラフ2 スペイン国家としてどのような形態が考えられるか（2012年）

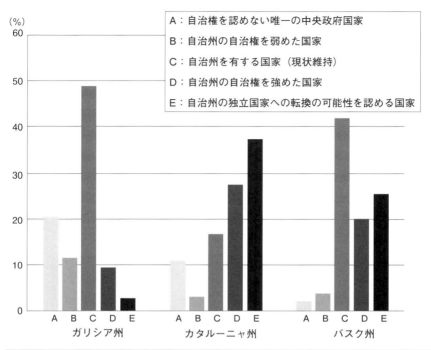

	ガリシア州	カタルーニャ州	バスク州
A. 自治権を認めない唯一の中央政府国家	20.1%	11.0%	2.0%
B. 自治州の自治権を弱めた国家	11.4%	2.9%	3.8%
C. 自治州を有する国家（現状維持）	49.0%	16.7%	42.2%
D. 自治州の自治権を強めた国家	9.6%	27.7%	20.2%
E. 自治州の独立国家への転換の可能性を認める国家	2.7%	37.4%	25.7%
分からない	6.5%	2.2%	4.0%
無回答	0.7%	2.1%	2.1%

出所：社会科学研究所の統計データを基に筆者作成．

第 8 章　ガリシアにおける新しいナショナリズム　　171

グラフ3 「あなたにとって、スペインとは」（2012年）

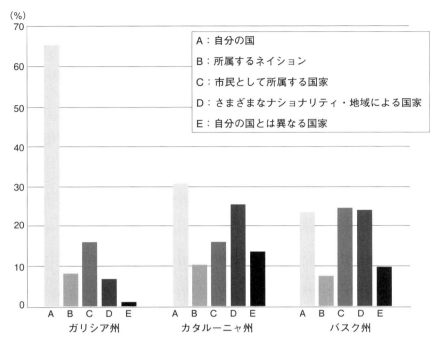

	ガリシア州	カタルーニャ州	バスク州
A. 自分の国	65.6%	31.0%	23.7%
B. 所属するネイション	8.6%	10.4%	7.9%
C. 市民として所属する国家	16.0%	16.4%	24.7%
D. さまざまなナショナリティ・地域による国家	7.0%	25.7%	24.1%
E. 自分の国とは異なる国家	1.1%	13.7%	9.8%
上記のいずれでもない	1.5%	2.0%	5.3%
分からない	0.0%	0.3%	2.7%
無回答	0.2%	0.5%	1.7%

出所：社会科学研究所の統計データを基に筆者作成．

する国家（Estado）」、「D. さまざまなナショナリティ（nacionalidades）及び地域（regiones）によって形成された国家」、「E. 自分の国とは異なる国家」との回答が用意された。

　ガリシアでは、実に約6割がスペインを「自分の国」であると認識しており、全国平均を上回っている。カタルーニャ自治州やバスク自治州では回答が分散しているが、ガリシア自治州では、カタルーニャ自治州やバスク自治州と比較しても、スペインを「自分の国」として捉えている人が圧倒的に多いことが分かる。ガリシア自治州では、スペインが「ネイション」あるいは「国家」という概念として強く認識されていないのである。

　スペインでは、多言語多文化が認められているがゆえ、「スペイン」と自分が所属する「ネイション」の間でアイデンティティの葛藤がしばしば起こりうる。ところが、ガリシアの場合は二重（デュアル）のアイデンティティによって、双方が個々の内面で共存しており、だからこそ、国民同盟と国民党という全国政党が受け入れられ、その枠組みの中でガリシアの自治が維持されてきたのではないだろうか。以下では、フランコ死後、ガリシアのアイデンティティの特殊性がガリシアの政治及びナショナリズムの発展にどのように影響を与えてきたかについて考察する。

2．「新しいナショナリズム」の誕生

　フランコ独裁体制末期、スペインでは反フランコ運動が高まり始めていた。反独裁体制を掲げる民主化運動の中で、地域ナショナリズムも徐々に顕在化してきた。ガリシアも例外ではなく、1963年、ガリシアの民族自決、ガリシア語の公用語化、教育におけるガリシア語の義務化等を綱領として掲げるガリシア人民同盟（UPG）が発足している。マルクス主義の影響を強く受けたUPGは、ガリシアをスペイン国家の植民地であると位置づけ、急進的なガリシア主義の運動を展開した。ガリシアの独立を求める一部の党員は、「バスク祖国と自由（ETA）」を模倣して暴力に訴えたが、1975年に起こった警察によるUPG指導部のモンチョ・レボイラス（Xosé Ramón（Moncho）Reboiras Noia）殺害を機に武装闘争路線を放棄した。

　時を同じくして、「歴史的ガリシア主義」の流れを汲むガリシア社会党（PSG）

が結成された。ガリシア主義とは、スペインの中央集権化が進んだ19世紀に起こったガリシア固有のアイデンティティを重視する思想であり、発展段階により、「プロビンシアリスモ（1840～1886）」、「レシオナリスモ（1886～1916）」、「ナショナリスモ（1916～、ナショナリズム）」に分類できる。特に、スペイン内戦までのガリシア主義は、歴史的ガリシア主義と呼ばれている。一方、UPGやPSG等の内戦終結以降に起こったガリシア主義は、「新しいナショナリズム」と呼ばれている。

　PSGは、結党集会に歴史的ガリシア主義の中心人物であるラモン・ピニェイロ（Ramón Piñeiro López. かつてはガリシア主義党の党員であり、内戦後は政治活動を再開するが投獄、その後は文化活動に従事していた）を招き、社会民主主義路線を主張した。PSGはUPGのように政治活動を積極的に行うことはなく、文化活動を中心に支持者を集めていた。

　しかし、このような「新しいナショナリズム」の勢いは、ガリシアにおいては限定的であった。1960年代のガリシアでは、沿岸部を中心に工業化が始まり、都市化が進んでいたが、住民の多くは代々受け継いできた土地を離れずにいた。そのため、自身の居住地域を超えたアイデンティティが形成されず、また、その地域の教会が影響力を有していたため、現状維持を求める保守的な思想が農村部を中心に続いていた。したがって、フランコ体制末期においては、UPGやPSGといった「新しいナショナリズム」の潮流が生まれつつも、経済発展の遅れにより、保守的思想が根強かったため、大きな運動に発展するまでには至らなかった。

　また、他の歴史的自治州と異なり、内戦前に勢力を拡大しつつあったガリシア主義党がフランコ体制中に衰退、解散したことにより、地域ナショナリズム運動の継続性が断たれたことが、その後のガリシアにおける地域ナショナリズムの発展を阻害する要因になった。したがって、ガリシアにおいては、マルクス主義の影響を受けた左派勢力を中心に、地域ナショナリズムが展開されることとなった。

3．ナショナリズム政党の結集と総選挙の実施

　1975年11月のフランコの死去によって、スペイン全体でポスト・フランコ

体制への移行が加速した。ガリシアにおいては、1975年4月、UPGの支援により、労働組合や個人が集められ、ガリシア人民民族会議（AN-PG）が発足した。現存する地域ナショナリズム政党、ガリシア・ナショナリスト・ブロック（BNG）の前身となる組織の誕生である。AN-PGの特徴は、ナショナリズム政党の連合ではなく、ガリシアの民族自決、自治、反植民地主義、民主主義等を志向する個人の集まりと位置づけられた点である。

その後、1976年1月には、UPGの呼びかけにより、PSG、ガリシア社会民主党（PGSD）等のナショナリズム政党が集められ、ガリシア改治勢力協議会（CFPG）が発足した。同協議会では、ガリシアの民族自決を定めた「連邦協定におけるガリシア・ネイションによる参加のための基本原則」が承認され、左派ナショナリズム勢力の結集が図られたが、最終的にUPGとPSGの対立により失敗に終わった。

一方、ガリシア住民の大半は、思想的には中道右派であり、フランコ独裁体制及びそれ以前から続く伝統の継続を望んでいた。そのため、かかる保守層については、地域政党として組織化されるには至らず、全国政党の民主中道連合（UCD）やAPがその支持を吸収することとなった。

1977年6月、第1回スペイン議会総選挙が行われ、スアレス（Adolfo Suárez González）率いるUCDが勝利したが、ガリシアにおいてもUCDが圧勝する結果となった。ガリシアのナショナリズム政党も議席を獲得するため、UPGとAN-PGがガリシア人民民族ブロック（BN-PG）を結成して選挙に臨んだが、1議席も獲得できなかった。選挙の敗北により、地域ナショナリズム政党では、党内の分裂が加速した。UPGの急進派はガリシア人民同盟プロレタリア路線（UPG-liña proletaria）を結成し、穏健派はガリシア労働者党（POG）を結成した。また、PSGの一部党員が離党し、全国政党の社会労働党（PSOE）と合流して、ガリシア社会党＝社会労働党（PSdeG-PSOE）を結成した。他方、左派ナショナリズムの分裂を横目に、歴史的ガリシア主義者を中心とする中道ナショナリズム勢力は、ガリシア主義党（PG）を結成し、第二共和政期の同名の党の後継党と主張した。

中央政府に目を移すと、1977年6月の第1回スペイン議会総選挙で勝利したUCDのスアレス首相は、憲法草案の作成の準備を進めていた。中でも自治権の

付与は難問となっていた。1977年7月、スアレス首相が暫定自治州を承認していく方針を固め、1978年3月にはガリシア暫定自治政府が設置された。ガリシア、カタルーニャ及びバスクは、第二共和政時代に自治州と認められていた歴史的自治州であるが、これら3地域と同様の自治権を求めて、スペインの各地域が暫定自治州の設置を始めることとなった。

憲法草案第2条に自治権に関する規定が盛り込まれ、「本憲法は、全スペイン人の共通で不可分の祖国たるスペイン・ネイションの永続的統一に基礎を置き、その構成員たる諸ナショナリティ及び諸地方の自治権並びに連帯を認め、保障する」とされ、自治権が認められた。問題となったのは「ナショナリティ」の定義であるが、国会においては、「ナショナリティ」と「ネイション」の違いについて活発な議論が交わされた。最終的に、ガリシアを含む3地域は、「かつて住民投票によって自治憲章案が承認された」自治州として、先行して自治権が付与された。1978年12月、スペイン憲法の承認にかかる国民投票が実施された。ガリシアでは住民の関心が低く、約半数が棄権し、投票率が全国平均（67.11％）を下回る一方、投票者の90.06％が賛成票を投じた。

1979年1月、第2回スペイン議会総選挙が実施され、前回同様にUCDが圧勝した。地域ナショナリズム勢力のPSG、POG及びPGは選挙連合を結成したが、議席を獲得するには至らなかった。BN-PGも得票率を上げたが、議席を獲得することはできなかった。

4．ガリシア自治憲章及び自治政府の成立

1979年の第2回スペイン議会総選挙後、ガリシア自治憲章草案作成委員会（「16人委員会」）が発足し、UCD 8名、民主同盟（CD、国民同盟を中心とした選挙連合）2名、PSdeG-PSOE 2名、ガリシア共産党（PCG）1名、ガリシア労働党（PTG）1名に加えて、地域ナショナリズム勢力からはPOG 1名及びPG 1名の計16名の各党代表者等がこれに参加した。

一方、他の有力な地域ナショナリズム勢力であるPSG及びBN-PGは、1976年に作成した「連邦協定におけるガリシア・ネイションによる参加のための基本原則」に基づく自治を求め、自治憲章草案作成プロセスへの参加を拒否した。1980年6月、PSG及びBN-PGは、「ガリシア政治勢力テーブル（MFPG）」を

結成し、ガリシア自治憲章のプロセスだけでなく、スペイン憲法やスペインのNATO加盟に反対し、抗議を繰り返した。PSGとBN-PGは、その後も急進派の地域ナショナリズム勢力として、協力関係が維持された。

その後、「16人委員会」によって作成された自治憲章案は、UCD 6名、PSdeG-PSOE 2名及びCD1名によって構成される「9人委員会」によって修正が加えられ、1979年6月28日（1936年のガリシア自治憲章の住民投票と同じ日）、国会に提出された。国会での手続きが膠着したため、1980年9月、UCD、CD、PSdeG-PSOE、PCG及びPGは、「オスタル協定」を締結し、自治憲章プロセスを促すことで一致団結した。

1980年12月、ガリシア自治憲章にかかる住民投票が実施された。上述のオスタル協定に署名した各党は賛成票を投じるよう呼びかける一方、BN-PG及びPSGは共同で反対キャンペーンを展開した。最終的に、住民投票の結果、ガリシア自治憲章は賛成73.35%で承認された。しかし、棄権率は7割を超えている。その原因は、政治への関心の低さや長期にわたる議論によって生じた気疲れとも言われている。

1981年4月、ガリシア自治憲章が国会で可決され、ガリシア自治政府（Xunta de Galicia）が成立した。なお、ガリシア自治憲章第1条では、ガリシアが歴史的ナショナリティと定義されており、また、第5条では、ガリシアの固有言語をガリシア語とし、スペイン語とともに公用語とすることが定められている。さらに、全ての人がガリシア語及びスペイン語を学び、使う権利があるとし、使用言語によって差別を受けないものとされている。

5．ガリシア自治州議会選挙の実施

1981年10月、第1回ガリシア自治州議会選挙が行われた。保守系全国政党のAPが全71議席中26議席を獲得し、先の総選挙で圧勝していたUCDは第二党（24議席）に甘んじた。PSdeG-PSOEは16議席を獲得した。急進派ナショナリズム勢力のBN-PGとPSGの選挙連合は、スペイン憲法及びガリシア自治憲章が「植民地的である」と訴え、3議席を獲得した。その他、PCGが1議席、POGの後身であるガリシア左翼（EG）が1議席を獲得した。選挙後の1982年1月、APのフェルナンデス・アルボール（Gerardo Fernández Albor）が初代ガ

リシア自治州代表に選出され、また同年、サンティアゴ・デ・コンポステーラが州都に選ばれた。

　1982 年 9 月、BN-PG は、PSG とともに、ガリシア・ナショナリスト・ブロック（BNG）を結成した。BNG 党首には、PSG の創設メンバーのひとりであったショセ・マヌエル・ベイラス（Xosé Manuel Hixinio Beiras Torrado）が就任した（以後、2002 年まで党首を務めた）。ガリシア自治憲章に反対していた BNG は、ガリシア自治州議会で議席を獲得して以降、民族自決路線を棚上げし、制度内でのガリシア社会経済の近代化や言語・文化面におけるガリシア語の普及に注力する方針に転換した。しかし、結党直後の 1982 年 10 月に実施された第 3 回スペイン議会総選挙では、前回選挙よりも得票率を落として敗北し、翌年、PSG が脱退し、さらに勢力を落としていった。

　1985 年の第 2 回ガリシア自治州議会選挙では、BNG が衰退する一方、ガリシア主義党の元党員を中心に結成された中道ナショナリズム勢力のガリシア同盟（CG）が 71 議席中 11 議席獲得という快挙を成し遂げた（選挙自体は、前回と同様に、AP の圧勝に終わった）。また、PSG と EG の連合が 3 議席を獲得したが、BNG は 1 議席に留まった。

　1987 年、CG の一部党員が穏健路線に反対して離党し、ガリシア・ナショナリスト党（PNG）を結成した。同年、与党の AP から離党者が出たことをきっかけに、CG、PNG 及び PSdeG-PSOE が連立を組み、アルボール自治政府代表の辞任動議を行った（なお、当時の自治政府副代表はマリアノ・ラホイ第六代スペイン首相である）。辞任動議は可決され、PSdeG-PSOE のフェルナンド・ゴンサレス・ラシェ（Fernando Ignacio González Laxe）が第 2 代自治政府代表に就任した。3 党の連立により、ラシェ政権は 1990 年まで続いた。

　1989 年の第 3 回ガリシア自治州議会選挙においても、AP の後身である PP が大勝利を収めた。なお、AP 及びその後身の PP は、ガリシア自治州選挙において、第一党の座を譲ったことが一度もない。また、全国レベルでは PSOE が大勝利を続けた 1982 年、1986 年、1989 年、1993 年のいずれのスペイン議会総選挙においても、ガリシア自治州では AP 及び PP が勝利している。

　ガリシアでは、従来から保守層が強かったことに加え、マヌエル・フラガが PP の党首を辞任してガリシアに戻ってきたことにより、保守勢力が勢いづいた。

1990 年、フラガは第 3 代ガリシア自治政府代表に就任し、その後 15 年以上にわたり、ガリシア自治州を統治することとなる。

6．保守長期政権「パックス・フラギアーナ」

ガリシア出身のマヌエル・フラガは、フランコ体制時代に情報観光大臣を務め、フランコの右腕として活躍していたが、出版物の規制を緩和する出版法を議会承認させたことをきっかけに罷免され、その後はフランコ体制から距離を置いていた。フランコ死後のアリアス（Carlos Arias Navarro）内閣では、副首相兼内務大臣を務め、改革の中心人物になるものと目されていた。しかし、皮肉なことに、フラガは中道右派の中心政党である AP を率いていった。そのスペイン政治における保守の中心とも言えるフラガが、1990 年、故郷ガリシアに戻ってきたのである。

ガリシアにおける 1990 年以降の政治は、「パックス・フラギアーナ（フラガによる平和）」と呼ばれ、PP のフラガ自治政府代表による保守長期政権が続いた。フラガは、「自己認識（autoidentificación）」という言葉を使いながら、スペイン国家の枠組み内でのガリシアのアイデンティティの防衛を主張する一方、民族自決は明確に否定した。このようなフラガの巧みな話術により、全国政党であった PP は、ガリシアの地域政党としての位置づけを確立し、ガリシア同盟等の中道派地域ナショナリストの勢力を弱体化させ、数々のナショナリズム政党を解散に導いた。その一方で、地域ナショナリスト勢力は、BNG に収斂されていくこととなる。

1993 年に実施された第 4 回ガリシア自治州議会選挙では、PP が全 75 議席中 43 議席を獲得する圧勝劇を見せたが、BNG は、PSdeG-PSOE の 19 議席に迫る 13 議席を獲得した。以後、ガリシアで行われる選挙は、主に上記 3 党（PP、PSdeG-PSOE、BNG）が議席を分け合うことになる。

一度は衰退しかけた BNG であるが、党内改革を行い、政策を綿密に練り上げ、政権公約を作成した。また、カタルーニャ自治州の「集中と統一（CiU）」やバスク自治州の「バスク民族主義党（PNV）」といった地域ナショナリズム政党との連携を図った（1998 年に「バルセロナ宣言」に署名）。

1997 年の第 5 回ガリシア自治州議会選挙では、BNG は、改革の努力が実り、

第8章　ガリシアにおける新しいナショナリズム　　179

表1　政党及び選挙連合等一覧

政党名略称	正式名称	政党名（和訳）
AG	Acción Galega	ガリシア・アクション
AGE	Alternativa Galega de Esquerda	ガリシア左翼オルターナティブ
AN-PG	Asemblea Nacional-Popular Galega	ガリシア人民民族会議
ANOVA	Anova-Irmandade Nacionalista	アノーバ友愛ナショナリスト
AP	Alianza Popular	国民同盟
BNG	Bloque Nacionalista Galego	ガリシア・ナショナリスト・ブロック
BN-PG	Bloque Nacional Popular Galego	ガリシア人民民族ブロック
CD	Coalición Democrática	民主同盟
CFPG	Consello de Forzas Políticas Galegas	ガリシア政治勢力協議会
CG	Coalición Galega	ガリシア同盟
CxG	Compromiso por Galicia	ガリシアの約束
EEG	Espazo Ecosocialista Galego	ガリシア環境社会主義者スペース
EI	Encontro Irmandiño	友愛集会
EG	Esquerda Galega	ガリシア左翼
EN	Esquerda Nacionalista	ナショナリスト左翼
EU	Esquerda Unida	統一左翼
FOGA	Fronte Obreira Galega	ガリシア労働戦線
FPG	Frente Popular Galega	ガリシア人民戦線
MFPG	Mesa de Forzas Políticas Galegas	ガリシア政治勢力テーブル
MpB	Movemento pola Base	原則運動
PCG	Partido Comunista de Galicia	ガリシア共産党
PG	Partido Galeguista	ガリシア主義党
PGSD	Partido Galego Social Demócrata	ガリシア社会民主党
PNG	Partido Nacionalista Galego	ガリシア・ナショナリスト党
POG	Partido Obreiro Galego	ガリシア労働者党
PP	Partido Popular	国民党
PSdeG-PSOE	Partido dos Socialistas de Galicia-PSOE	ガリシア社会党＝社会労働党
PSG	Partido Socialista Galego	ガリシア社会党
PSOE	Partido Socialista Obrero Español	社会労働党
PTG	Partido do Traballo de Galicia	ガリシア労働党
UCD	Unión de Centro Democrático	民主中道連合
UG	Unidade Galega	ガリシア・ユニット
UPG	Unión do Povo Galego	ガリシア人民同盟
+Galiza	Máis Galiza	マイス・ガリサ

表2 ガリシア自治州議会の政党別議席配分 (単位：議席)

		ア・コルーニャ	ルーゴ	オウレンセ	ポンテベドラ	合計
1981年	AP	9	5	5	7	26
	PSdeG-PSOE	6	3	3	4	16
	UCD	5	6	7	6	24
	BLOQUE-PSG	1	1	0	1	3
	PCG	1	0	0	0	1
	EG	0	0	0	1	1
	合計	22	15	15	19	71
1985年	CPG (AP-PDP-PL)	10	8	7	9	34
	PSdeG-PSOE	8	4	4	6	22
	CG	2	3	4	2	11
	PSG-EG	1	0	0	2	3
	BNG	1	0	0	0	1
	合計	22	15	15	19	71
1989年	PP	11	8	8	11	38
	PSdeG-PSOE	10	5	6	7	28
	BNG	2	1	0	2	5
	PSG-EG	1	0	0	1	2
	CG	0	1	1	0	2
	合計	24	15	15	21	75
1993年	PP	13	9	9	12	43
	PSdeG-PSOE	6	4	4	5	19
	BNG	5	2	2	4	13
	合計	24	15	15	21	75
1997年	PP	13	9	8	12	42
	BNG	6	3	3	6	18
	PSdeG-PSOE	5	3	3	4	15
	合計	24	15	14	22	75
2001年	PP	12	9	8	12	41
	BNG	6	3	3	5	17
	PSdeG-PSOE	6	3	3	5	17
	合計	24	15	14	22	75
2005年	PP	11	8	8	10	37
	PSdeG-PSOE	8	5	4	8	25
	BNG	5	2	2	4	13
	合計	24	15	14	22	75
2009年	PP	12	8	7	11	38
	PSdeG-PSOE	8	5	5	7	25
	BNG	4	2	2	4	12
	合計	24	15	14	22	75
2012年	PP	13	9	8	11	41
	PSdeG-PSOE	5	4	4	5	18
	EU-ANOVA	4	1	1	3	9
	BNG	2	1	1	3	7
	合計	24	15	14	22	75

出所：ガリシア自治政府公表のデータを基に筆者作成

表3 スペイン議会総選挙におけるガリシア州選出議員の県別議席配分 (単位：議席)

		ア・コルーニャ	ルーゴ	オウレンセ	ポンテベドラ	合計
1977年	UCD	6	4	4	6	20
	PSOE	2	0	0	1	3
	AP	1	1	1	1	4
	合計	9	5	5	8	27
1979年	UCD	6	3	3	5	17
	PSOE	2	1	1	2	6
	CD	1	1	1	1	4
	合計	9	5	5	8	27
1982年	PSdeG-PSOE	4	1	1	3	9
	AP-PDP	4	3	2	4	13
	UCD	1	1	2	1	5
	合計	9	5	5	8	27
1986年	PSdeG-PSOE	4	2	2	3	11
	AP-PDP-PL-C	4	3	2	4	13
	CDS	1	0	0	1	2
	CG	0	0	1	0	1
	合計	9	5	5	8	27
1989年	PSdeG-PSOE	4	2	2	4	12
	PP	4	3	3	4	14
	CDS	1	0	0	0	1
	合計	9	5	5	8	27
1993年	PP	5	3	2	5	15
	PSdeG-PSOE	4	2	2	3	11
	合計	9	5	4	8	26
1996年	PP	5	3	2	4	14
	PSdeG-PSOE	3	1	2	3	9
	BNG	1	0	0	1	2
	合計	9	4	4	8	25
2000年	PP	5	3	3	5	16
	PSdeG-PSOE	2	1	1	2	6
	BNG	2	0	0	1	3
	合計	9	4	4	8	25
2004年	PP	4	2	3	3	12
	PSdeG-PSOE	4	2	1	3	10
	BNG	1	0	0	1	2
	合計	9	4	4	7	24
2008年	PP	4	2	2	3	11
	PSdeG-PSOE	3	2	2	3	10
	BNG	1	0	0	1	2
	合計	8	4	4	7	23
2011年	PP	5	3	3	4	15
	PSdeG-PSOE	2	1	1	2	6
	BNG	1	0	0	1	2
	合計	8	4	4	7	23
2015年	PP	3	2	2	3	10
	Podemos-En Marea-EU-ANOVA	2	1	1	2	6
	PSdeG-PSOE	2	1	1	2	6
	C's	1	0	0	0	1
	合計	8	4	4	7	23

出所：スペイン政府内務省公表のデータを基に筆者作成

18議席を獲得し、ガリシア自治州議会で第二党に躍り出た。選挙自体は、PPが42議席を獲得して政権を維持する一方、PSdeG-PSOEは議席を15議席に減らす結果となった。BNGの躍進の理由は、ガリシアにおいて地域ナショナリズムの気運が高まって同党の政策が支持されたというよりも、PP及び社会労働党（PSOE）が派閥主義や汚職に走る中で、全国政党ではないBNGに希望を寄せたためとの見方もある。BNGは、地域ナショナリストの票だけでなく、反フラガ票や左派の多くの票を集約することに成功したのである。

2001年の第6回ガリシア自治州議会選挙においても、「パックス・フラギアーナ」の安定した政治が支持され、PPは41議席を確保した。BNGとPSdeG-PSOEはそれぞれ17議席を獲得した。

PPの地域政党化に成功したフラガは、「パックス・フラギアーナ」期において、自治拡大の動きも見せている。1992年の「単一行政案」の中央政府への提案がそのひとつである。同案には、中央政府と歴史的自治政府（ガリシア、カタルーニャ及びバスク）の二重行政を解消するため、財政、社会保障、内務、司法、防衛及び外交については中央政府が、それ以外の行政は自治政府が担うべきであるとの提案が盛り込まれた。一見、地域ナショナリズムを擁護するかのような提案であるが、フラガは、ナショナリストや分離主義者といった視点ではなく、ガリシアの歴史、文化、社会を自己認識した上で、スペイン国家の枠組みの中でガリシア自治州が行政に責任を持つべきとの視点で自治拡大を図ったのである。結局、同案は実現していないが、2012年のスペイン経済危機以降、財政健全化の手法として注目されている。

また、フラガはガリシアの文化政策にも注力した。最も代表的なプロジェクトは、「ガリシア文化都市」の建設である。「ガリシア文化都市」は、図書館、劇場、博物館等によって構成される文化施設で、2001年にサンティアゴ・デ・コンポステーラ郊外で建設が始まった（2015年時点でまだ完成していない）。

7．ヌンカ・マイス運動と環境意識の高まり

「パックス・フラギアーナ」後期、フラガにとって多くの批判を受ける事件が起こった。プレステージ重油流出事故の発生である。2002年11月13日、ガリシアの海岸沖を航行していた重油輸送タンカー、プレステージ号が難破し、重

油が流出した。ガリシア自治政府及び中央政府による事故の対応が遅れ、住民の不満が高まった。ガリシアの大多数の住民がボランティアで海岸の重油除去にあたった。

同年12月1日、州都サンティアゴ・デ・コンポステーラに20万の住民が集まり、PPに対する抗議デモを実施した。ガリシアの政党、労働組合、文化団体等、約250の団体が結集し、「ヌンカ・マイス（ガリシア語で「二度とごめんだ」の意味）」と呼ばれる市民プラットフォームが形成された。かつてない規模で行われた「ヌンカ・マイス」運動は、プレステージ重油流出事故をきっかけに発生した環境運動であるが、地域ナショナリズム政党であるBNGも参加しており、地域ナショナリズムの側面も強い。「ヌンカ・マイス」運動は、将来的にガリシア・ナショナリズムの「創造神話」の一種と捉えることもできるとの見方もある。「ヌンカ・マイス」運動は、2003年3月、マドリードにおいてもデモを実施し、政府に対して抗議を行った。

PPに対する批判がこれほど高まったにもかかわらず、ガリシアの保守色は強

ヌンカ・マイス運動　　　　　　　　　　　　　　　　　　写真：大木雅志

く、2003年5月に実施された市議会選挙や2004年のスペイン議会総選挙では、国民党が勝利を収めている。一方、2005年に実施された第7回ガリシア自治州議会選挙においてもPPが第一党を維持したが、過半数に届かなかったため、PSdeG-PSOEとBNGが連立により、PPは野党に転じた。第4代ガリシア自治政府代表には、PSdeG-PSOEのペレス・トゥリーニョ（Emilio Pérez Touriño）が選ばれた。ガリシア自治政府副代表には、BNG党首のアンショ・キンターナ（Anxo Manuel Quintana González）が就任した。

しかし、2009年に実施された第8回ガリシア自治州議会選挙では、PSdeG-PSOEとBNGの連立が過半数に届かず、PPに政権を譲り渡した。第5代ガリシア自治政府代表には、アルベルト・フェイホオ（Alberto Núñez Feijóo）が選ばれた。この頃スペインは未曽有の経済危機に見舞われており、ガリシアも例外ではなく、フェイホオ自治政府代表は、強力なリーダーシップで歳出削減や公共工事の見直しに取り組んだ。

8．現代におけるナショナリズムとBNGの分裂

1990年代以降、ガリシアにおけるナショナリズムはBNGに収斂し、ガリシア政治において一定の影響力を維持してきた。1991年、他の地域ナショナリズム政党であるPNG-PG（ガリシア・ナショナリスト党−ガリシア主義党連合）がBNGに加わり、UG（ガリシア・ユニット。PSG-EGの後身）も1994年に加わった。その後も成長を続け、ガリシア自治州議会で第二党となり、PSdeG-PSOEとの連立で与党を担ったこともあった。しかし、より多くの支持を獲得するために徐々に穏健路線に舵を切ったため、内部で不満を募らせる原因となっていた。特に、2001年の第6回自治州議会選挙以降、BNGは議席を減らしていたため、党執行部の方針に対する反発が強まってきた。

BNG内部の対立が益々深まった結果、2012年1月に開催された党大会において、とうとう党執行部の選出で紛糾し、党内派閥のEI（友愛集会。BNG創立者のショセ・マヌエル・ベイラスを中心とする派閥）が離党した。その後、ガリシア独立派のMpB（原則運動）やEN（ナショナリスト左翼）、中道派の+Galiza（マイス・ガリサ）、PNG-PGが相次いで離党した。

BNGを離党した複数の地域ナショナリズム派閥は、2012年10月の第9回

ガリシア自治州選挙を前に、連携を模索することとなり、2つの流れができ上がる。ショセ・マヌエル・ベイラスを中心とする派閥の EI は、「新共同計画 (Novo Proxecto Común)」と呼ばれる連合を立ち上げ、BNG から離党した MpB の他、FPG（ガリシア人民戦線）や FOGA（ガリシア労働戦線）がそれに加わった。2012 年 7 月、新共同計画は、「ANOVA（アノーバ友愛ナショナリスト）」に名前を変え、共和主義、独立主義及び環境主義を掲げた。

一方、+Galiza もナショナリズム勢力の再結集を図り、2012 年 5 月、BNG を離党したナショナリスト左翼の他、AG（ガリシア・アクション）、EEG（ガリシア環境社会主義者スペース）とともに、CxG（ガリシアの約束）を立ち上げた。

選挙直前の 2012 年 9 月、ANOVA は、PCG 等によって構成される EU（統一左翼）及びガリシア EQUO 党とともに選挙連合「AGE（ガリシア左翼オルターナティブ）」を結成した。ANOVA は、CxG とも選挙連合の可能性を模索したが、最終的に交渉は決裂した。一方、交渉決裂に失望した EEG は CxG を離党し、AGE に加わった。

こうして迎えた第 9 回ガリシア自治州議会選挙では、AGE が 9 議席獲得する一方、CxG は 1 議席も獲得することができず、明暗が分かれた。他方、BNG は議席数を減らし、AGE を下回る 7 議席となった。選挙結果の全体を見れば、41 議席を獲得した PP の圧勝であったが、ガリシアの地域ナショナリズム及び環境主義を掲げる AGE の躍進は注目に値する。地域ナショナリズムと環境主義の親和性は、2002 年のヌンカ・マイス運動でも確認できる。同運動をきっかけにガリシア人の環境意識と地域ナショナリズムが高まり、その親和性を背景に AGE が票を獲得できたとも言えよう。また、同じ地域ナショナリズムを掲げる BNG とは対照的に、AGE が躍進した理由は、既存政党による政治を明確に否定し、スペインの経済危機や汚職に対する市民の不満の受け皿となったためである。

2015 年 12 月に実施された第 12 回スペイン議会総選挙においては、ANOVA は、創立して間もない左派の全国政党ポデモスや統一左翼とともに、選挙連合「エン・マレア（En Marea）」を結成した。ガリシアにおいては、エン・マレアは、PP（得票率 37.10%）に次いで多くの票（得票率 25.04%）を獲得し、6 議員が選出された。他方、1996 年のスペイン議会総選挙以来、国会議員を継続的に輩

グラフ4 ガリシア自治州議会の政党別議席配分推移（議席数）

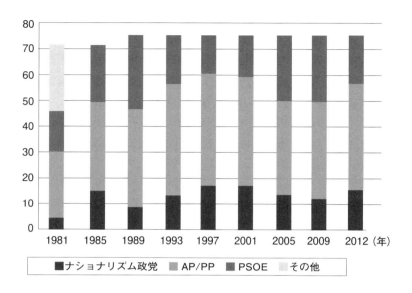

	1981	1985	1989	1993	1997	2001	2005	2009	2012
ナショナリズム政党	4	15	9	13	18	17	13	12	16
AP/PP	26	34	38	43	42	41	37	38	41
PSOE	16	22	28	19	15	17	25	25	18
その他	25	0	0	0	0	0	0	0	0

出所：ガリシア自治政府公表のデータを基に筆者作成

第8章　ガリシアにおける新しいナショナリズム　187

グラフ5　スペイン議会総選挙の政党別ガリシア州選出議員数推移（議席数）

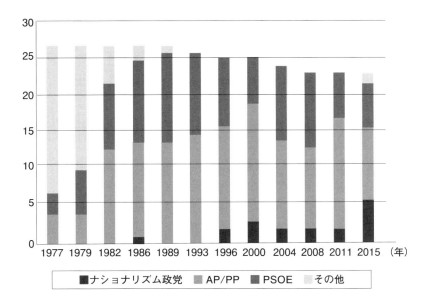

	1977	1979	1982	1986	1989	1993	1996	2000
ナショナリズム政党	0	0	0	1	0	0	2	3
AP/PP	4	4	13	13	14	15	14	16
PSOE	3	6	9	11	12	11	9	6
その他	20	17	5	2	1	0	0	0

	2004	2008	2011	2015
ナショナリズム政党	2	2	2	6
AP/PP	12	11	15	10
PSOE	10	10	6	6
その他	0	0	0	1

出所：スペイン政府内務省公表のデータを基に筆者作成

出してきた BNG は、ひとりも当選できず、明暗が分かれた。

　ガリシアにおける地域ナショナリズムの発展においては、常にショセ・マヌエル・ベイラスが重要な役割を果たしてきた。「新しいナショナリズム」の始まりとなった PSG の結党、フランコの死去以降のナショナリズムの中心政党 BNG の結党、そして、現在のナショナリズムで新しい波を作りつつある ANOVA を創立し、党首を務めている。なお、ショセ・マヌエル・ベイラスは、内戦前の地域ナショナリズムの中心政党「ガリシア主義党」（1931 年発足）の創設者のひとり、マヌエル・ベイラス・ガルシア（Manuel Beiras García）の息子であり、その思想が連綿と受け継がれているとも言える。

　フランコ死後以降、ガリシアにおける「新しいナショナリズム」の中心的存在であった BN-PG、そしてその後身の BNG は、21 世紀に入って内部分裂を引き起こし、存在感が失われつつある。一方、BNG から分裂した ANOVA は、ショセ・マヌエル・ベイラスのリーダーシップにより、他の左派勢力と連携しながら、着実に勢力を拡大している。

結論

　フランコ死後のガリシアでは、他の歴史的自治州と比較して都市化が進まなかったため、フランコ独裁体制時代に築かれた保守的思想が根強かった。また、内戦前に展開された PG を中心とする地域ナショナリズム勢力は、フランコ独裁体制時に衰退し、ガリシアにおける地域ナショナリズムの断絶が生じた。1960 年代に登場した「新しいナショナリズム」は、UPG や PSG といった左派勢力を中心に展開されたが、あまりに急進的と捉えられ、当初は大きな勢力には発展しなかった。

　その後は、中道ナショナリズム勢力の台頭や左派ナショナリズム勢力の穏健路線への変更により、ガリシア自治州議会において、議席を獲得するようになった。1990 年以降の PP のフラガ自治州代表による保守長期政権「パックス・フラギアーナ」においては、BNG が地域ナショナリズム勢力を収斂させただけでなく、反フラガ票や左派の票を獲得し、州議会における議席数を大きく伸ばした。

　しかし、党が成長するにしたがって、党内での対立が起こり、BNG から離党

者が相次ぎ、地域ナショナリズム勢力の再編が生じた。その中で、BNG を離党した派閥、ANOVA が環境政党と連携したことにより、ガリシアにおける地域ナショナリズムの中心的存在としての地位を確立しつつある。

一方、地域ナショナリズム政党が隆盛、衰退、再編を繰り返す中、ガリシア自治州議会においては、常に全国政党の AP 及びその後身の PP が第一党を維持してきた。その点が、同じ歴史的自治州であるカタルーニャやバスクと異なる点である。その背景には、ガリシアにおいて、「スペイン人でもあり、ガリシア人でもある」という二重（デュアル）のアイデンティティを有する人の割合が多いことが挙げられる。このような二重（デュアル）のアイデンティティが形成されるに至った経緯については、内戦及びフランコ独裁体制の歴史にまで遡らなければならないが、教会を中心とする伝統的農村社会やフランコ独裁体制における非政治化が少なからず影響していると考えられる。

フランコ死後のスペインの民主化への移行及びその後の歴史において、歴史的自治州の存在は、常にスペイン国家の分裂を招く可能性をはらんでいるが、ガリシアにおいては、分裂どころか、スペインとガリシアの両方を内面に共存させており、スペインにおける自治州の好例を示しているとも言えるのではないか。

注

1 スペインの各自治州の住民のアイデンティティについては、社会科学研究所が 2005 年、2010 年及び 2012 年に実施した「自治バロメーター調査」の統計結果を基に考察した。
2 19 世紀からスペイン内戦までのガリシア主義の歴史については、Beramendi, Justo G. *El nacionalismo gallego*. Madrid: Arco Libros, S. L., 1997. が詳しい。
3 「新しいナショナリズム」の歴史については、Quintana Garrido, Xosé Ramón. *Un longo e tortuoso camiño*. Vigo: Editorial Galaxia, S. A. 2010 が詳しい。
4 ヌンカ・マイス運動については、De Toro, Suso. *Nunca máis*. 1ª. edición. Barcelona: Ediciones Península S. A., 2003. Fundación Santiago Rey Fernández-Latorre (ed.), La huella del fuel. Barreiro Rivas, Xosé Luís. Prestige: *A catástrofe que despertou a Galiza?* 1ª. edicion. Santiago de Compostela: Candeia Editora. 2003. が詳しい。

参考文献

Baltar Tojo, Rafael. *Otra visión de Europa: Escrita en Galicia*. Madrid: Fundación Encuentro, 1996.

Barreiro Rivas, Xosé Luís Barreiro. *Prestige: A catástrofe que despertou a Galiza?*. 1ª. edicíon. Santiago de Compostela: Candeia Editora, 2003.

Beramendi, Justo G. *El nacionalismo gallego*. Madrid: Arco Libros, S.L.,1997.

De Juana, Jesús y Julio Prada. *Historia contemporánea de Galicia*. 1ª. edición. Barcelona: Editorial Ariel, S.A., 2005.

De Toro, Suso. *Nunca máis*. 1ª. edición. Barcelona: Ediciones Peninsula s.a., 2003.

Fundación Santiago Rey Fernández-Latorre (ed.). *La huella del fuel : Ensayos sobre el <Prestige>*. A Coruña: Fundación Santiago Rey Fernández-Latorre., 2003.

Gabilondo, Iñaki. *Testigo de la historia*. 2ª. edición. Madrid: Santillana Ediciones Generales, S. L., 2005.

Garcia Rovira, Anna Maria (ed.). *España, ¿nación de naciones?*, Madrid: Marcial Pons Historia Estudios, 2002.

Gemie, Sharif. Galicia: *The concise history*. 1st edition. University of Wales Press, 2006.

González Palau, Daniel. *Os irmandamentos en Galicia: Globalización, redes e goberno local*. Baiona: IGADI, 2010.

Méixome Quinteiro, Carlos. *Textos e Documentos para a Historia Contemporánea de Galicia (século XX)*. Vigo: Edicións do Cumio, S. A., 1999.

Moral, Félix. *Identidad regional y nacionalismo en el Estado de las Autonomías*. 1ª. edición. Madrid: Centro de Investigaciones Sociológicas, 1998.

Quintana Garrido, Xosé Ramón. *Un longo e tortuoso camiño*. Vigo: Editorial Galaxia, S.A., 2010.

Ríos, Xulio. *Galicia e a sociedade das nacións*. Vigo: Editorial Galaxia, S.A., 1992.

Sampedro Orellán, Domingos. *Historia contemporánea de Galicia: finais do século XX- principios do século XXI*, A Coruña: Hércules de Ediciones, 2014.

Villares, Ramón. *Breve historia de Galicia*. Alianza Editorial, 2003.

Villares, Ramón. *Historia de Galicia*. 2ª edición, revisada. Vigo: Editorial Galaxia, S.A., 2004.

碇順治『スペイン　静かなる革命——フランコから民主へ』彩流社、1990 年

碇順治『現代スペインの歴史——激動の世紀から飛躍の世紀へ』彩流社、2005 年

大木雅志「19 世紀のガリシア——ガリシア主義のはじまり」、「20 世紀のガリシア——ガリシア・ナショナリズムへの発展」、「スペイン内戦とガリシア——石のように冷たく重苦しい長い夜」、「スペイン憲法公布後のガリシアとガリシア自治州憲章——ガリシアの夜明けと自治権獲得」、「EU 加盟後の現代のガリシア——新しいガリシア主義の時代へ」（坂東省次・桑原真夫・浅香武和編『スペインのガリシアを知るための 50 章』明石書店、2011 年）

川成洋・奥島孝康編『スペインの政治——議会君主制の「自治国家」』早稲田大学出版部、1998 年

立石博高『スペイン・ポルトガル史』（新版　世界各国史 16）山川出版社、2004 年

中塚次郎「ガリシア主義の歴史」（立石博高・中塚次郎編『スペイン国家と地域——ナショナリズムの相克』国際書院、2002 年）

宮島喬・若松邦弘・小森宏美『地域のヨーロッパ——多層化・再編・再生』人文書院、2007 年

第9章　現代スペイン社会における「宗教性」のゆくえ

渡邊 千秋

1．前史―「国教とはカトリック」だった時代―

　19世紀から20世紀のスペインにおける自由主義国家建設のプロセスを通じて、特に進歩派や共和派、また復古王政下での自由党の流れを汲む政治エリートの多くは、隣国フランスなどで起きた宗教変動の動向を参照軸としつつ、カトリック教会のコントロールを離れた社会の実現のために、反教権主義的政策を実施しようとした。しかし結果として、政教分離の原則や宗教的多元主義がスペインの社会心性として広範に根づくことはなかった。カトリック教会は国が認める唯一の公認宗教＝国教として、例えばプロテスタント教会諸教派に対して絶対的に優位であり続けた。そのような状況は、例えば、スペイン初の憲法とされる1812年憲法を筆頭に、他の憲法の多くがカトリックを国教と規定している事実に明らかに読みとることができる。また、1868年革命の産物としての1869年憲法も、他の信仰の私的実践を認めカトリックに国教の地位こそ与えなかったが、国家がカトリック信仰と聖職者禄を維持する義務を負ったことで、徹底した政教分離を打ち出すことはできなかった。スペイン第一共和政（1873年）は憲法を公布することなく短命に終わり、続く復古王政（1874～1923年）のもとで公布された1876年憲法では、カトリックが再び国教としての明確な地位を獲得し、他の宗教集団・教派とは別格の扱いを受けるに至った。この時期、自由党は国家の宗教的中立を模索する政策を打ち出したが、成功せず、プリモ・デ・リベラ（M. Primo de Rivera）独裁体制（1923～30年）ではカトリック教会は体制によって保護されていた。

第二共和政（1931〜36年）は、1931年憲法で国教を持たない国スペインを規定した。イエズス会が追放され、その他の修道会にも教育・経済活動への従事が禁じられると、世俗化した近代的な社会が実現するかのように見えた。しかし、このような反教権主義的政策によって攻撃を受けたカトリック教会は、第二共和政を尊重しながらも憎悪し、一連の世俗化政策への対抗策を練ったのであった。その一方で、民衆の多くは教会権力に憎悪を向け、それを象徴するような教会建造物や聖職者に対して暴力的行為を繰り返した。第二共和政の転覆をはかったクーデタに端を発するスペイン内戦（1936〜39年）では、共和国陣営によって8000名を超える聖職者が殺害された上、破壊を免れた教会建造物や貴重な宗教用具や宗教美術品等を接収されたカトリック教会は、フランコ陣営を支持しその精神的支柱となったのであった。内戦の勝者によって建設されたフランコ独裁体制（1939〜75年）のもと、カトリック教会はまたも国教として国家からの公的保護を受けた。カトリック以外の宗教を信仰する自由は認められない中で、カトリック教会は、全スペイン国民はカトリックであると公言していた。1953年には、スペイン国家とローマ教皇庁との間で政教条約が結ばれ、「国家カトリック主義」と名づけられた政教一致の状況が生まれた。カトリック以外の宗教の信徒や信仰を持たない者が国内にいなかったわけではないが、彼らは社会のマイノリティとして沈黙を強いられたのである。

　1960年代に入ると、このような状況に変化が起きた。第二バチカン公会議（1962〜65年）が開催され、カトリック教会が人権として宗教の自由を認める路線をとったことが、フラガ情報観光相（Manuel Fraga Iribarne）のもとでの1967年法律第44号、いわゆる宗教的自由法の発布に道を開いた。これにより、法務省の宗教団体登記簿にカトリック以外の宗教集団が登記することができるようになった。あくまでもカトリックが国教であることに変わりはないが、宗教的マイノリティに対して礼拝場所を設けることや自らの宗教による結婚式や葬儀を行うことを認めるなど、宗教的寛容に基づく一定の措置がとられたのである。この時期、スペインが大衆消費社会へと変貌を遂げる中で勢いが増した世俗化の動向は、フランコ独裁体制末期から民政移行期にかけてのカトリック教会のあり方にも影響をおよぼしたのだった。

　フランコ独裁体制末期には、急激なスピードで世俗化の波が押し寄せた。フ

ランコ死後のスペイン社会では、それ以前の、「ナシオナル・カトリシスモ」と呼ばれた政教一致の状況のもとでは目立たなかった、カトリック以外の信仰を持つ人々、そして信仰を持たない人々の存在が明らかになった社会で、長期間にわたっての国教のステイタスを失ったカトリック教会とその信徒が、どうすれば他宗教の人々と共存できるのかが問われるようになっていったのである。

2. 宗教関連事項の法的枠組み―民政移行期以降―

　1976年7月、国王フアン・カルロス1世が、長年にわたるカトリック教会と国家の結び付きの象徴であった聖職者推挙権を放棄した。この当時のカトリック教会は、マドリード大司教であったタランコン枢機卿のもと、民政移行に協力し、新しい社会の誕生において積極的役割を果たしたのだった。こうして、長年国教としての特権を保持してきたカトリック教会とスペイン国家の関係は、新たな局面を迎えることとなったのである。

　1978年12月に発布されたスペイン憲法（現行）は、第二共和国憲法が規定した敵対的で攻撃的な政教分離とは異なる、バランスのとれた位置づけをカトリック教会またその他の宗教集団に対して行った憲法であると評されている。宗教の自由を基本原則としており、第16条第1項は法が遵守するべき公共の秩序に必要な場合を除いて制限されることのない、広い意味でのイデオロギー的・宗教的自由、個人的・集団的信仰の自由を謳う。第16条第2項では何人も自らのイデオロギー、宗教、信念を公にすることを強制されないことを、また第16条第3項は、カトリック教会はもちろん、その他の宗教集団と協力することは国家の義務であるとしながらも、どの宗教集団も国家的性格を持たないことを規定したのであった。こうして、スペイン国民には自由に選んだ宗教を告白する自由、もしくは何も告白しない自由、またそれまでの宗教を変える自由があることも明文化されたのである。また、1980年法律第7号、いわゆる「宗教的自由に関する組織法」の第1条は、宗教的信条が法の前の不平等や差別の理由となってはならないと規定する。また法務省への宗教団体登記を通じて、諸宗教集団が法人格を得ることができるようになった。こうして、理論的には宗教的多元主義に基づく社会の構築が目指されたのであった。

　その一方で、教育への関与や国庫補助金受領システムの構築などの事項をめ

ぐって、ローマ教皇庁とスペイン国家との間で民政移行期の1976年と1979年に結ばれた諸協定は、カトリック教会に他の宗教集団が持たない特権を認めている。1992年には、スペイン国家とスペインに深く根をおろす宗教集団であるキリスト教福音派（プロテスタント）、イスラーム、ユダヤ教はそれぞれ、スペイン福音派宗教団体連合、スペイン・イスラーム委員会、スペイン・ユダヤ共同体連合といった各宗教集団・教派を統合する代表機関を通じて、スペイン国家との間に協力協定を締結した。

2004年には法務省により多元主義と共生財団が設立された。この財団は宗教的マイノリティと地方自治体や教育機関との関係改善などを働きかけ、宗教的マイノリティへの助成を行い、宗教的多元主義が社会に根づくよう支援することを活動目的とする。2016年にはこの財団へ150万ユーロの国庫支出が予定されている。なお、この数値は前年度比8.56%の増加である。

また、2013年11月には法務省の管轄下に主要な宗教集団の代表によって構成される宗教的自由勧告委員会が設置され、宗教的結婚、宗教実践の場の設置、宗教的祝日の選択、公務に従事する人々の宗教的装束のあり方、宗教的マイノリティの墓地設置管理に関する事項など、宗教的自由に関する事項の年次報告書を提出することとなった。

3. スペインに居住する人々の宗教性、その変化

ところで、近年、スペインに居住する人々は「宗教的には」いったいどのような傾向を示しているのだろうか。数値から、その大まかな傾向を見てみよう。

2008年に出版されたスペインの宗教モニター調査結果に基づいてスペインにおける教派分布の状況を分析した宗教社会学者カサノバは、この調査対象となったスペイン人の多数派である79%がカトリックであると自覚していると述べる。他方、プロテスタント教派は1%、またキリスト教以外の信仰を持つ者は1%であり、何の宗教的所属も持たないとする者が18%だったとする。

別の調査から、同じように教派分布の結果をみてみよう。世界規模独自ネットワーク市場調査社による2014年末の調査では、カトリックとしての自覚を持つ者が47%、プロテスタント1%、他のキリスト教が1%、ロシアもしくは東方正教会・イスラーム・ユダヤ教・仏教がそれぞれ1%未満、その他が1%、無

第 9 章　現代スペイン社会における「宗教性」のゆくえ　　197

神論・不可知論 39％、回答拒否・無回答が 9％であった。

　またスペイン内閣府の外郭団体である社会学研究所が出した 2014 年 12 月のバロメーターによれば、「宗教的事項に関して自身をどのように定義しますか：カトリック信者ですか、他の宗教の信者ですか、信仰を持たない人ですか、無神論者ですか？」という設問に対して、カトリックと回答したのは 71.0％、カトリック以外の宗教が 1.5％、信仰を持たないが 15.9％、無神論が 9.1％、無回答が 2.5％ であったという結果が出ている。

　これらは、調査時期もサンプル数またその対象も異なる調査結果であること、また基本的にそれぞれ調査実施時の状況を提示するだけで、将来を予測するものではないということを踏まえても、上記の数値からは、スペインでは今でも、依然としてカトリックを自認する人が多数派であり、宗教的多元主義が広範に広がっているとは社会とは言えないであろう。フランコ独裁体制下のスペインでは、カトリック教会による幼児洗礼が一般的な伝統慣習として行われてきた。そしてカトリック教会は、一度授けた洗礼を本人の希望があったからといって取り消すことをしない。よって、世代交代が起こっている中にあっても、宗教的な所属をたずねられた場合には、スペイン人の多数が自らをカトリックと自覚するのも無理ないことなのである。

　しかし、自分がどの程度「宗教的」な人間であるかを測るという話になると、状況は一変する。カトリック信徒には主日のミサへの出席をはじめとする日常の宗教実践が義務として求められるが、宗教社会学者ペレス・アゴテによれば、自分のことを宗教実践を行うカトリック信徒であるとした人は、1965 年には 83％ もいたのに対し、1988 年には 41％、2008 年には 28％弱に減少しているという。他方で、宗教実践を行わないが自分はカトリックであるした人は、1965 年には 15％、1988 年には 40％、2008 年には 45.8％ と、増加傾向にあるという。また、他の宗教を信仰する人々は 1965 年には 0％ であったが、1988 年には 1％、2008 年には 1.6％ という微増の数値を示す一方で、何も信じないとする人は 1965 年には 2％ だったのに対し、2008 年には 14.5％ におよんでいると述べる。このような数値に「女性」という変数を加えて分析してみると、女性のほうが宗教実践を行う率が上昇するという。また「世代」という変数を加えてみると、青年層では、ミサへの参加など、教会での日常的な宗教実践の度合いは

低くなる。[8]

　またここで注目すべきは、宗教的帰属を持たないと宣言する人々が年々増加しつつある傾向であろう。近年になって、自分の洗礼を取り消すようカトリック教会に求め、受け入れられずに司法の場に訴える人々が現れ始めた。[9] このような人々は、確かに社会の多数派であるとは言えない。しかし、カトリック教会との関係を自分の意志に基づいて決定的に断ちたいと望む人々の存在が明るみに出たということ自体が、フランコ独裁体制期とは異なり、現代では世俗化そして脱宗教化と呼ばれる現状が見られるようになっている事実を雄弁に物語っている。

4. 数値から見る宗教的マイノリティの存在

　カトリック以外の宗教集団に所属する人々がスペインに住んでいるのだという事実が広く社会的に受け入れられるようになった要因のひとつとして、2000年代からの外国籍移民の急激な増加を挙げる研究者は多い。1999年にはスペイン全体の人口4000万人強のうち1.86%のみが外国籍保有者であったのだが、2011年には4700万強のうち12.19%が外国籍の保有者となった。[10] このように、トランスナショナルな人々、国境をこえた移民がスペインに居住地を定める中、彼らの一部は時間の経過とともにスペイン国籍を取得するが、宗教的な慣習としてはカトリック以外の宗教集団に所属し続ける現状が生じる。そして、このような状況が、現在社会におけるカトリック以外の宗教集団の信徒数増加を招いていると言われる。それではまず、プロテスタント、イスラーム、ユダヤという、社会に深く根づく宗教として、1992年に国家と協力協定を結んだ宗教的マイノリティについての現状を見てみよう。

　1967年の宗教的自由法以降、法務省登記簿へのカトリック以外の宗教集団の登記数は増加の一途をたどっている。表1. 法務省宗教団体登記簿から見る宗教集団別登記団体数の推移（1968〜2014）を参照されたい。[11]

　また、2014年のスペイン法務省のデータによれば、スペインには教会に所属する約50万人のプロテスタントが居住する。ヨーロッパ連合域内出身者でスペインに6ヵ月以上滞在する者で、教会に所属しないプロテスタントが80万から100万人ほどがおり、同様に教会に所属しないラテンアメリカやアジア、アフ

表1　法務省宗教団体登記簿から見る宗教集団別登記団体数の推移（1968～2014）

	1968年	1980年	1992年	2012年	2014年
プロテスタント	73	221	539	1865	2098
ムスリム	1	5	42	1147	1356
ユダヤ教	2	11	13	27	30
ギリシア正教	1	4	5	14	100
仏教	0	0	6	66	71

出所：Observatorio del pluralismo religioso en España (ed.), Explotación de datos. Directorio de lugares de culto. Junio de 2014, pp.3-4. にもとづき作成．

リカ等ヨーロッパ連合域外出身者のプロテスタントが10万人から15万人いると推定される。また、ジプシーの10％～15％がプロテスタントであるという数値も挙げられている。ただし、プロテスタントと一概にいってもその教派は多様であり、教派ごとの信徒人数の詳細は不明であるのが現状のようだ。

スペイン・イスラーム共同体同盟による2015年の調査では、スペインに居住する人々のうち約4％がムスリムであり、そのうちの41％がスペイン国籍保有者、59％が外国籍の保有者であるとされている。とはいえ、スペインに居住するムスリムの正確な人数については不明である。例えば、国との協定を結ぶイスラーム側の当事者としてのスペイン・イスラーム委員会に所属する2つの組織、スペイン・イスラーム宗教団体連盟とスペイン・イスラーム共同体同盟とは、ムスリムの数について、それぞれ前者が200万人、後者が185万人という異なる数値を提示している。このような不一致は、外部からは「ムスリム」としてひとまとめにされる人々の中に多様性があるいう事実を示唆していよう。

ユダヤ教徒に関して言えば、古くはカトリック両王による追放により、スペインのユダヤ人コミュニティは激減したのであるが、20世紀初頭には再び一定数を形成しつつあった。しかし、第二次世界大戦期のナチス・ドイツとフランコ独裁体制の協力により、当時スペインに居住していたユダヤ人は強制収容所に送られた。その後、冷戦期の1950年代以降、モロッコやラテンアメリカにいたユダヤ人がスペインに移り住んだ。また1995年5月の第4号組織法は、ユダヤ人に対する人種差別主義の否定、ジェノサイドを肯定する発言を罰すること等を定めた。これがきっかけとなり、1995年11月の第10号組織法は反ユダヤ

ハラール食品を売る店（マドリード）
看板の下段には「スペイン・バングラデシュ・パキスタン・インド・アフリカ・モロッコ」という文字列が並び、スペイン在住のムスリムの多元性をうかがわせる。
撮影者：渡邊千秋

主義的人種差別に反対する原則を定めたのであった[17]。現代では、スペイン・ユダヤ共同体連合は、約4万5000人がスペインに居住すると見積もっている[18]。また、2015年6月には、カトリック両王期に出された1492年の追放令によってスペインを追われたユダヤ人の子孫で、現状でスペインと特に深いつながりをもつユダヤ人はスペイン国籍を取得できるとする法律が発布され、同年10月に施行された[19]。なおこの法的処置を通じて国籍を得る者は、現在保有する国籍を放棄することも、スペインに居住することも強制されない。ただしこれは3年の時限立法であり、最終的にどの程度の人数がスペイン国籍を得ることになるのか、本稿を執筆中の2016年4月の段階では予測がつかない。

次に、スペインに深く根づいた宗教として認められてはいるが国家との協力協定を締結するには至っていない宗教集団についても触れておきたい。スペイン仏教徒共同体連合は、スペイン国内には仏教徒8万人が居住するとしている[20]。正教徒は150万人と言われるが、ギリシア正教会、ロシア正教会、ルーマニア

正教会など多様であろうと思われるその内訳は不明である。また、よく異端的キリスト教であり、カルトやセクトとして分類される傾向にあるモルモン教やエホバの証人も、法務省に宗教団体として登記するとともに、スペインに根づいた宗教として承認されている。モルモン教徒は5万2747人、エホバの証人は17万人の信徒を擁すると言われる。またそれぞれ、国家との協力協定を締結したいという希望はあるようだが、実現には至っていない。その他、例えばサイエントロジーや統一教会なども、法務省宗教団体登記簿に登記を行い、現在もスペインで活動を展開している。

5. 宗教教育をめぐる攻防

　フランコ独裁体制末期から今日に至るまで、教育現場では宗教科目の扱いをめぐり意見の対立が収まらない。言うまでもなく、国教＝カトリック、のフランコ独裁体制下ではカトリックの宗教教育が初等教育から大学教育まで義務化されている一方、宗教的マイノリティの子弟の教育をどうするのかという課題が存在していた。国教を持たないスペインの懸案事項となっているのは、義務教育における宗教科目の扱いである。ほぼカトリックに特化した宗教教育で果たしてよいのか否か、また政教分離の国で公教育が宗教教育を行うべきなのか否か、といった点が争点となっているのである。

　公立学校での宗教教育は、受講を望む保護者の要望に従いその子弟のために設置されることになっている。社会労働党ゴンサレス政権下で1990年10月に制定された教育制度総合整備法（LOGSE）では、幼児・初等・中等・高等教育でカトリックの宗教科目は公立か私立学校かを問わず提供されるが、その受講は生徒側の選択によるものと定められ、カトリック以外の宗教に関しても、スペインに深く根づいた宗教に関しては、生徒に受講の権利が保障された。しかし、現実には、宗教的マイノリティの子弟にそれぞれの宗教についての科目が開講される機会は非常に限定的なものでしかなかった。

　カトリック以外の教派の宗教科目が実際に教えられるようになったのは、例えばプロテスタントが1994年、イスラームは1996年からである。2014年の法務省による調査では、1万2560名がプロテスタント派の宗教科目を、8万500名がイスラームの宗教科目を受講する。しかし、さまざまな宗教集団・教派の

宗教科目の開講状況には地域差があり、例えばイスラームの宗教科目の開講数が不十分な自治州では、保護者が子弟に教育を受けさせる権利を享受できないとの不満を持つ状況は今も存在する。また他方、カトリック教会は、初等・中等教育でのカトリックの宗教教育科目は50％しか実施されず、高等教育では全面的に科目が廃止されたとして、政教間で結ばれた1979年の協力協定が不履行であると抗議しているのである。

　また、宗教的マイノリティから見れば不均衡でしかない開講状況に対し、国家の宗教的中立を徹底的に追求する人々の主張が絡んでくるため、ことはより複雑になる。近年では、各政権が事態を安定させようと宗教教育をめぐる政策を変更し続けている。例えば、国民党のアスナール政権が2002年12月に制定した教育の質に関する組織法（LOCE）では、宗教は「社会・文化・宗教」という枠組みでの選択肢のうちのひとつとして、幼児・初等・義務中等・高等教育において提供されるものとなり、生徒はどちらかを選択しなくてはならないとされた。しかしその後、社会労働党サパテロ政権でLOCEは廃止され、2006年5月に教育に関する組織法（LOE）が出された。LOEは、全教育機関が宗教科目を提供することを認める一方で、科目を受講するのは希望者のみ、また宗教科目は奨学金を獲得するための成績や進学のための選抜試験における成績には含まないことを定めた。LOEにより、寛容・連帯・正義・自由・多元主義の尊重などを教える「市民性と人権のための教育」という科目が新設される運びとなった。こうして、義務教育において宗教科目に代わる道徳教育科目の設置が模索されたのである。しかし、当然のように、カトリック教会やカトリックの保護者はこの道徳教育科目の設置に反対した。彼らは、学校教育の枠組みの中でキリスト教的価値を自由に表現する権利を国家が侵害していると非難した。くわえて、宗教的マイノリティの団体や保護者の中からも、「市民性と人権のための教育」は非宗教性という「教義」の国家による押しつけだと主張する者や子弟の受講を拒否する者も現れた上、自治州ごとに科目の開講度・浸透度にばらつきが出たのである。その後、国民党ラホイ政権では2013年9月の教育の質を向上させるための組織法（LOMCE）で、宗教科目を選択科目として教育システムに再度組み込み、成績が出る科目としたのである。近年は、カトリック以外の宗教的マイノリティからも、自分たちの宗教を学校教育科目としてより積

極的に取り入れることを求める声があがっている。とはいえ 2015 年 12 月の総選挙において、社会労働党はもとより、第三勢力と目される政党、シウダダーノスやポデモスも「宗教」を学校教育における学習科目から外すことを公約に掲げた。宗教教育をめぐっては政権交代の度にコンフリクトが生まれていることからも、将来どの党が政権運営を担うのかによって、今後の宗教教育のゆくえも予断を許さない状況である。[29]

6.「宗教」へのコミットメント
―宗教的多元主義から戦闘的な宗教的中立まで―

　21 世紀に入った今、人々は国教がカトリックだった時代をやっと過去のものとすると同時に、社会の世俗化を体験している最中であると言える。多くのカトリックを自認する人々にとって、宗教実践は日常生活に密接に関連しているとは言い難いのは事実だ。しかし社会の世俗化の過程は決して不可逆的なものではない。世俗化の中にあって、カトリック教会内部ではエリート団体として有名なオプス・デイや、「新たな洗礼志願者の道（カミーノ・ネオカテクメナル）」など、カリスマ的な指導者のもとに信徒が集まり、カトリック的スピリチュアリティを滋養する団体の隆興が起きている。[30] また、カトリック以外の宗教的マイノリティに対する行政側の不十分な対応が問題を引き起こし、宗教的マイノリティの存在がひときわ目立つようになる事態も発生している。例えば、多くのイスラーム団体が、埋葬方法に関する衛生関連の法律上の問題でイスラームの定めに従って埋葬を行う墓地を所有できないため、各地域の行政当局や、その他の宗教集団に帰依する人々とムスリムとの間のもめ事の火種となっている現状はその一例であろう。[31]

　伝統的なカトリック的道徳観から大きく外れる政策が社会的な争いにつながるケースとしては、同性婚や人工妊娠中絶また尊厳死などの「カトリック的タブー」容認をめぐる政府の対応と、それに対するカトリック教会の反応を挙げることができる。例えば、2005 年に社会労働党サパテロ政権が同性婚を認める法律を整備した折の状況はその典型例であろう。「同性婚」を合法化するというカトリック的道徳観と正面から対立する政策を政府が実践したことに対して、家族フォーラムというカトリックの市民団体が中心となって抗議集会を開催

し、何万人もの信徒がマドリードに結集したのであった。またこの折には、カトリックの平信徒はもちろんだが、通常は発言はあっても直接行動には姿を見せない高位聖職者を含む聖職者たちも示威行動・集会に参加した。その後も家族フォーラムは毎年のように集会を開催し続けた。この集会が中止されたのは、2013年に選出された教皇フランシスコによって、新しいマドリード大司教オソーロ（Osoro）が任命された2014年のことであった。[32]

19世紀以来の、進歩派は世俗化を狙う政策を打ち出し、保守派がそれに対抗するという構図に変化が見られたのは民政移行期のことである。フランコ死後の民政移行期を主導した左派の政治エリートは、宗教問題をめぐって内戦に至った過去をふりかえり、その教訓を活かして徹底的な政教分離政策をとらない選択をした。そして、その方針は広範な社会層の人々に共有され、また支持され、その後民主主義の安定を目指す過程においてもおおむね維持されていたのであった。カトリック信徒の中からは、社会労働党が提案する諸政策に共感を示すものも現れた。第二共和政期であれば、信心深いカトリック信徒が反教権的政策を前面に出す社会労働党に投票するなど起こりえなかった。しかし、1982年総選挙での社会労働党の勝利に関して言えば、同党の当時のリーダーたちも、自分たちの勝利にカトリック信徒の票が大きく貢献したことを認めているほどなのである。[33]こうして、宗教は政治的信条とは関係のないものとして、捉えられるかのように見えた。

しかし近年再び、政治的信条が宗教政策立案に大きく関係する状況が生まれた。左派諸政党は国家の宗教的中立を追求する立場を尖鋭化している。例えば左翼連合は、リャマサレス（Llamazares）がコーディネーターとなった2000年頃から、排他的で徹底的な政教分離を再度標榜し始めた。国家は納税者が所得税申告時に希望した場合、その納税分から一定の割合を国庫からカトリック教会に払うという、カトリック教会にのみ認められている特権を廃止するべきだとして、2005年11月には下院に関連法の修正案を提出した。この案は否決されたとは言え、一連のプロセスが、結果的にはカトリック教会とスペイン政府との間に一時的な軋轢をもたらした。問題をなるべく円満に解決するため、当時のサパテロ社会労働党政権は、2006年に教皇庁と交渉し、1988年以来続いていたカトリック教会への国庫負担の割合を見直し、希望者の所得税納税分から

教会へ国庫が譲渡する割合を 0.5239% から 0.7% に引き上げたのである[34]。よって、現状としては、歴史的にスペイン国民とゆかりの深い宗教であるカトリック教会に税制上一定の優遇措置がとられているのは紛れもない事実である。例えば 2013 年の所得税申告時には、34.88%がカトリック教会への寄付を希望したとされる[35]。他方、カトリック教会以外の宗教集団には、度重なる要求にもかかわらず、カトリック教会と同じ措置はとられていないのである。

　国家の宗教的中立に基づく政教分離を徹底して求める人々は、まずはともかくカトリック教会の既存の社会的影響力を排除しようと、戦闘的に活動している。特に2000年代に入って、国家の非宗教性を求めて活動する諸団体の存在が際立ってきている。例えば、草の根運動のレベルで、カトリック教会への税制上の優遇措置に対して継続的な反対運動を展開する「脱宗教的なヨーロッパ (Europa Laica)」という団体は、毎年のように、カトリック教会への寄付につながる処置をとらないようにと納税者に呼び掛けるキャンペーンを繰り広げる。また、徹底した政教分離や、宗教的に完全に中立な学校教育を求める署名運動を行うなど、さまざまな啓蒙・啓発運動を展開する。また、特に最近では、公教育の場や役所、病院、地域の弁護士会や医師会など公的空間から十字架その他の宗教的シンボルを撤去するため、撤去を実践した者に少額の謝礼を出すといったキャンペーン活動を行っている[36]。

7. おわりに―スペイン社会における世俗化のゆくえ―

　2000年代以降の移民の流入を機に、スペインでも宗教的多元性の承認がそれまで以上に強く求められるようになった。現代では、他者の基本的人権を脅かさない限り、ニューカマー独自のアイデンティティ要素のひとつである宗教は尊重されるべきであり、社会的にも承認されるべきだと考えられるようになりつつある。移民は、改めて宗教をスペインの人々の目に映りやすいものにしたといえよう。

　フランコ死後のスペインでは、宗教的多元主義を尊重するとともに、大多数の国民がカトリックに帰依していた社会から、世俗化が進行する社会へと急激に移行していった。カトリックは、スペイン人の社会的アイデンティティを広く規定するものでも、国教として公的な性格を持つものでもなくなった。カト

リックを自認する人々の中で、日々の宗教実践を行う人々の割合は激減している。特に、1980年代までの急激な世俗化を経験した世代の保護者に育てられた現代の青年たちは、親世代と比べると、なおさら宗教的なものに興味を持つことはなくなっている。結果として、カトリック教会は「老い」ていき、以前とは異なる形での教会運営を迫られている。

しかし、民俗学的な意味で、カトリックの祝祭は根強く社会に残存する。例えば、熱心なカトリック信徒ではなくとも、日本ではサンタクロースでなじみ深いクリスマスの時期には、12月24日夜中から25日の明け方にではなく、「東方の三博士」がイエス・キリストの誕生を祝って訪れた新約聖書の記述にちなむカトリックの伝統的祝祭日、主の公現の祝日をめがけ、1月5日夜中から6日の明け方に子どもたちに贈り物をする保護者は多数いる。また、イエス・キリストの受難と復活を記念する聖週間ともなれば、毎年、国内のいたるところで人々はキリスト磔刑像や聖母マリア像を山車（パソ）にのせて担ぎ、ナサレノとして頭長からつま先までを覆い隠して宗教行列の一員となるもの、また街中にたたずむ時にも通りを過ぎ去る山車の動きに心をとらえられて涙するもの、

マドリード市当局により歩道に掲示された聖週間の宣伝パネル
撮影者：渡邊千秋

さまざまである。この時期、この祝祭を見るためにスペインを訪れる観光客によって、観光地は生かされている状況もある。日常生活の中で何か問題が起きた時に頼りにするというような、素朴な、聖母マリアを筆頭とする聖人崇敬も数多くみられる。

　また既に述べたように、カトリック教会の中には、世俗化の波にのまれながらも、伝統的な形態からの変革を遂げて信徒の精神生活を増す、カリスマティックな刷新運動が起きている。社会の世俗化が進む一方で、このような「回帰」にも見える現象の中、信仰に自覚的なカトリック信徒、そして新たなカトリック的原理主義者（インテグリスタ）が生まれているのである。

　宗教的多元主義を容認する立場をとる人々は、1978年憲法が保障する信仰の自由を享受するためには、徹底した政教分離が必要であると主張する。しかし現行憲法によるカトリック教会と国家の協力関係を見直すことは、カトリック教会が国庫からの支出を受けず、自己調達資金のみで運営するよう求めることにつながる。これが、慈善事業などの社会活動を行う団体の資金源を断つことにもなりかねないという観点から、徹底した政教分離に反対する人々も後を絶たない。こうした点から、現代でも多くの人々が、徹底した政教分離をもってしても社会にある不平等な状況は回避されないと理解し、カトリック教会が持つ社会的・限定的な権威を容認していると考えられる。[37]

　世俗化を経験した現代にあっても、実際には国家との協力関係にあるカトリック教会が文化・社会的な影響力を発揮しているのがスペインという国である。世俗化とともに、制度としての教会や日常の宗教実践から人々が遠ざかり、またカトリック以外の宗教団体の信徒が存在感を増す中にあっても、習俗としてのカトリックは人々の中に残存しているのが現状でもある。しかし、今後の政権が宗教をめぐってどのような政策を立案し、実施していくのかによっては、状況に変動が生じる可能性もある。われわれは、スペイン社会における世俗化のゆくえを、今後も注意深く見守る必要がある。

注

1　Oficina General de Información y Estadística de la Iglesia en España (ed.), *Guía de la Iglesia en España*, Madrid: Oficina General de Información y Estadística de la Iglesia en España, 1954, p.39. 例えばこのカトリック教会の年鑑では、人口 2800 万人中、カトリック信徒が 2800 万人と記載されている。

2　北原仁・芳賀学「第 3 章スペイン」文化庁編『海外の宗教事情に関する調査報告書』文化庁、2012 年、148 〜 151 頁 .

3　"Justicia3 destina 1,5 millones a la normalización del pluralismo religioso", *La Vanguardia*, 1 Diciembre 2015. (http://www.lavanguardia.com/vida/20151201/30520930202/justicia-destina-1-5-millones-a-la-normalizacion-del-pluralismo-religioso.html　最終アクセス 2016 年 4 月 30 日)

4　Ministerio de Justicia (ed.), *Informe anual sobre la situación de la libertad religiosa en España 2014*, Madrid: Ministerio de Justicia. Secretaría General Técnica, 2015, p.11. 以下 *Informe anual...* と略記。(http://www.mjusticia.gob.es/cs/Satellite/Portal/es/areas-tematicas/libertad-religiosa/informe-anual-sobre-situacion　最終アクセス 2016 年 4 月 30 日)

5　Casanova, José V., *Genealogías de la secularización*, Barcelona: Anthropos, 2012, p.295.

6　Worldwide Independent Network of Market Research, Gallup International, *End of Year Survey 2014. Regional & Country Results, Spain*, p.38. (http://www.wingia.com/web/files/richeditor/filemanager/Spain_Tables_V3_a.pdf　最終アクセス 2016 年 4 月 30 日)

7　Centro de Investigación Sociológica, *Barómetro de Diciembre 2014*. Estudio n.º 3047, Madrid: CIS, p.25. 国内に居住する 18 歳以上の男女 2500 名を対象としたインタビューによる。有効回答 2477 名。(http://www.cis.es/cis/export/sites/default/-Archivos/Marginales/3040_3059/3047/es3047mar.pdf　最終アクセス 2016 年 4 月 30 日)

8　Pérez-Agote, Alfonso, *La secularización en España: las tres lógicas contemporáneas de la religión*, Madrid: CIS, 2012, pp. 114-119.

9　Casanova, José V., *op.cit*., p. 295.

10　Pérez-Agote, A., *op.cit*., p. 38.

11　Observatorio del pluralismo religioso en España (ed.), *Explotación de datos. Directorio de lugares de culto. Junio de 2014*, Madrid: Observatorio del Pluralismo Religioso en España, 2014, pp.3-4. (http://www.observatorioreligion.es/upload/77/34/Explotacion_junio_2014.pdf　最終アクセス 2016 年 4 月 30 日)

12 *Informe anual...*, p. 16.
13 Observatorio del Pluralismo Religioso en España, (ed.), *Explotación de datos. Directorio de lugares de culto, Junio de 2015*, Madrid: Observatorio del Pluralismo Religioso en España, 2015, pp.9-16. (http://www.observatorioreligion.es/upload/50/63/Explotacion_Directorio_Junio_2015.pdf 最終アクセス 2016 年 4 月 30 日)
14 Observatorio Andalusí, *Estudio demográfico de la población musulmana. Explotación de datos del censo de ciudadanos musulmanes en España referido a la fecha 31/12/2015*, Madrid: Unión de Comunidades Islámicas de España, 2016, p.14. (http://ucide.org/sites/default/files/revistas/estademograf15.pdf 最終アクセス 2016 年 4 月 30 日)
15 *Informe anual...*, p. 16.
16 Rozenberg, Danielle, *La España contemporánea y la cuestión judía*, Madrid: Marcial Pons, 2010, p. 272.
17 Rozenberg, D., *op.cit*, pp. 306-308.
18 *Informe anual...*, p. 16.
19 *Boletín Oficial del Estado*, 151 (25-06-2015), pp.52557-52564. (https://www.boe.es/boe/dias/2015/06/25/pdfs/BOE-A-2015-7045.pdf 最終アクセス 2016 年 4 月 30 日)
20 *Informe anual...*, p. 18. この数値には中国人移民は含まないとする。
21 *Informe anual...*, p. 19
22 *Informe anual...*, pp. 17-18.
23 2007 年登記。Llona, Guillermo, "La mitad de los que vienen a ver qué es la cienciología ha tomado antes psicofármacos", *ABC*, 14 Febrero 2013. (http://www.abc.es/sociedad/20130209/abci-cienciologia-ivan-arjona-madrid-201302081843.html 最終アクセス 2016 年 4 月 30 日)
24 2001 年登記。登記をめぐるコンフリクトについては以下を参照。Sánchez Motos, Enrique, *Intolerancia religiosa. Discriminación en la España democrática*, San Lorenzo de El Escorial: Ediciones Libertarias, 2000.
25 *Informe anual...*, p. 28.
26 Observatorio Andalusí, *Estudio demográfico...*, pp. 10-11.

27 *Informe anual...*, p. 28.
28 López Castillo, Antonio, "A propósito del fundamento constitucional de la enseñanza (confesional) de la religión en el sistema público de enseñanza", López Castillo, A. (ed.), *Educación en valores. Ideología y religión en la escuela pública*, Madrid: Centro de Estudios Políticos y Constitucionales, 2007, pp. 163-185.
29 "Ciudadanos y Podemos quieren la Religión fuera de las aulas", *El País*, 21 Octubre 2015. (http://politica.elpais.com/politica/2015/10/20/actualidad/1445373023_665854.html 最終アクセス 2016 年 4 月 30 日)
30 Ruano Espina, Lourdes, "Los nuevos movimientos de espiritualidad, las nuevas comunidades y otras realidades eclesiales", Escudero, J. A. (ed.) *op.cit.*, pp.1233-1240.
31 Observatorio Andalusi, *Estudio demográfico...*, pp. 14-15.
32 Bedoya, Juan G., "El Papa Francisco está armando la que había que armar", *El País*, 29 Diciembre 2014. (http://politica.elpais.com/politica/2014/12/28/actualidad/1419795052_662920.html 最終アクセス 2016 年 4 月 30 日)
33 Sebastián Aguilar, Fernando, "La Iglesia en la España democrática", Escudero, J. A. (ed.), *La Iglesia en la historia de España*, Madrid: Marcial Pons, 2014, p. 1145.
34 Marset, Joan Carles, *Ateísmo y laicidad*, Madrid: Los Libros de la Catarata, 2008, p. 144. この処置をめぐっては、社会労働党内部でも賛否をめぐって意見が分かれていた。
35 *Informe anual...*, p. 15
36 「脱宗教的なヨーロッパ（Europa Laica）」は 2001 年に創立された。活動内容詳細は団体のホームページを参照されたい。(https://laicismo.org/categoria/raiz/europa_laica 最終アクセス 2016 年 4 月 30 日)
37 Garcia-Santesmases, Antonio, *Laicismo, agnosticismo y fundamentalismo*, Madrid: Biblioteca Nueva, 2007, pp. 46-51.

参考文献

Callahan, William J., *The Catholic Church in Spain, 1875-1998*, Washington: The Catholic University of America Press, 2000.
Casanova, José V., *Genealogías de la secularización*, Barcelona: Anthropos, 2012.

Díaz-Salazar, Rafael, *España laica. Ciudadanía plural y convivencia nacional*, Madrid: Espasa Calpe, 2007.

Escudero, José Antonio (ed.), *La Iglesia en la historia de España*, Madrid: Marcial Pons, 2014.

García-Santesmases, Antonio, *Laicismo, agnosticismo y fundamentalismo*, Madrid: Biblioteca Nueva, 2007.

López Castillo, Antonio (ed.), *Educación en valores. Ideología y religión en la escuela pública*, Madrid: Centro de Estudios Políticos y Constitucionales, 2007.

Marset, Joan Carles, *Ateísmo y laicidad*, Madrid: Los Libros de la Catarata, 2008.

Ministerio de Justicia (ed.), *Informe anual sobre la situación de la libertad religiosa en España 2014*, Madrid: Ministerio de Justicia. Secretaría General Técnica, 2015.

Oficina General de Información y Estadística de la Iglesia en España (ed.), *Guía de la Iglesia en España*, Madrid: Oficina General de Información y Estadística de la Iglesia en España, 1954.

Pérez-Agote, Alfonso, *La secularización en España: las tres lógicas contemporáneas de la religión*, Madrid: CIS, 2012.

Rozenberg, Danielle, *La España contemporánea y la cuestión judía*, Madrid: Marcial Pons, 2010.

Sánchez Motos, Enrique, *Intolerancia religiosa. Discriminación en la España democrática*, San Lorenzo de El Escorial: Ediciones Libertarias, 2000.

文化庁編『海外の宗教事情に関する調査報告書』文化庁、2012年

文化庁編『海外の宗教事情に関する調査報告書 資料編8 スペイン宗教関係法令集』文化庁、2012年

コラム ③

スペインの多文化性とマイモニデス

影浦 亮平

　ヨーロッパ諸国の中でも、キリスト教文化とイスラーム文化が混在するのがスペインの特殊性である。ユダヤ哲学史においてマイモニデス（1135-1204）は欠かすことができない存在であるが、マイモニデスは同時に、スペインの多文化性を体現する存在でもあった。当時はイベリア半島を含む、地中海世界のほとんどはイスラーム文化圏にあり、コルドバ生まれのこのユダヤ哲学者はイスラーム文化圏で生き、イスラームの言葉であるアラビア語を用いたユダヤ人であった。さて、マイモニデスがなした哲学史上の功績であるが、それはユダヤ教神学とイスラーム文化を融合させたことである。

　ここで言うイスラーム文化とは何かということであるが、それはギリシャ哲学であり、アリストテレスである。西欧哲学史を論じる際、スタート地点をギリシャ哲学に定めるのが通例であるが、しかしヨーロッパの哲学はギリシャ哲学から直線的に発展してきたわけではないことは強調されなければならない。キリスト教圏ではローマ帝国の時代に、ギリシャ哲学を含むギリシャの学問的英知は一端忘れ去られ、断絶を経験している。ギリシャ哲学は、イスラーム文化のほうで保存され、継承されたのである。後に、イスラーム文化を通じてヨーロッパ世界はギリシャ哲学を再発見していくことになる。イブン・ルシェド（アヴェロエス）と共にマイモニデスはその先駆的な存在だと言えるだろう。

　アラビア語で書かれた『迷える人々の為の導き』（*Dalâlat al-hâ'irin*, 1190年頃成立）は彼の主著とされ、中世のユダヤ哲学において最も重要な著作とされる。この著作においてマイモニデスがなそうとしていることは、ギリシャ哲学もしくはアリストテレス哲学が示す理性による真理追求は、ひとりの神を信仰することと矛盾しないということを示すことであって、ヨーロッパが過去に失った英知を再び神学につなぎ合わせることである。マイモニデスは、自然現象の観察は、神を否定するのではなく、むしろ神をより良く認識することにつながると考える。そして数学、天文学、医学、そして論理学はとりわけ、（旧約）聖書理解のために必要と考える。マイモニデスはこのように、理性に基づく宗教理解を提唱するのである。

　聖書を読む際、科学的な真理に反する記述が出てくることがある。その時、聖書に間違いがあると考えるべきではない。聖書の字句を文字通り受け取るのではなくて、それは何かのアレゴ

リーとして理解し、そのアレゴリーを解釈することが聖書の正しい理解につながるとマイモニデスは主張する。「うわべの言葉は真理と対立し、理性的なものから遠ざかっているが、それはすべてアレゴリーなのだ」。聖書の記述をそのまま受け入れるのは、聖書を理解したことを意味しない。この著作は、タイトルが示しているように、聖書の記述に疑念を抱く、「迷える人々」に向けてマイモニデスは書いたものだが、彼からすれば、「迷える人々」は聖書の記述を文字通りにしか理解しておらず、聖書は理性から理解される真理と反していると思い込んでいるに過ぎない。聖書の記述は、深遠な意味を示すアレゴリーとして理解されなければならない。「無知な者とそそっかしい者が（アレゴリーを）そのうわべの意味でとり、そこに秘密の意味を見ないのだ」。聖書を理解するということは、決して聖書の記述をそのまま受け入れるということではなく、その記述を、何か秘密の意味が隠されたアレゴリーとみなした上で、その秘密の意味を明らかにすることなのだ。聖書の記述と科学的真理との対立は、このように記述が対立しようとも、隠された秘密の意味のほうは科学的真理と矛盾しないと考えることで、マイモニデスは信仰と哲学すなわち科学または理性とを融和させたのである。

ユダヤ哲学史上に挙げることができる哲学者を、ユダヤの思想文化を軸にして、異なる思想文化に対する態度を考えた場合には、2つのカテゴリーを想定することができる。すなわち他の思想文化と距離を取って独自性を追求する態度と、他文化を積極的に取り入れようとする態度である。距離を取るほうの態度で言えば、例えばヘーゲル哲学を拒絶したフランツ・ローゼンツヴァイク（1886-1929）や、ハイデガー哲学を拒絶したエマニュエル・レヴィナス（1906-1995）を念頭に置かれたい。それに対し、積極的に取り入れるほうでは、カント哲学を積極的に取り入れて発展させたヘルマン・コーエン（1842-1918）を挙げることができるだろう。こうした違いは、個人の資質にも当然依っているが、時代背景の要素も抜きがたくある。例えば、コーエンの世代はドイツ人に同化しようとした世代であったのに対し、ローゼンツヴァイクの世代は、同化を諦めるようになった世代である。世代の違いが、異なる哲学を生み出しているということはある程度の妥当性を持つだろう。イスラーム文化の英知を取り入れたユダヤ哲学を、イスラームの言葉で書いたマイモニデスの場合は、他文化を積極的に取り入れようとする態度を取った側にカテゴライズできる。そしてそれも時代に負う部分がやはり大きいだろう。彼の時代のユダヤ人は皆、イスラームが支配するスペインに生きざるを得なかったのであり、マイモニデスの哲学はそうした時代の制約の下で存在しているのであり、逆に言うと、そうした時代にしか生み出され

得ない哲学であった。その意味では、マイモニデスの哲学はユダヤ教、イスラームそしてキリスト教が交差するスペインの地、または地中海世界を体現した哲学であると言ってよい。

なお、多文化性の観点からすれば、マイモニデスの理性主義は、ユダヤ教思想文化の中だけに留まらず、トマス・アクィナス（1225-1274）など、中世のキリスト教神学にも影響をおよぼしていくことになったことも併せて付記しておきたい。

注

1 補足すると、コルドバ生まれであるが、25歳のときにモロッコのフェズに移り、30歳のときにエジプトのカイロに移り、そこで生涯を閉じることになる。

2 Maïmonide, *Le guide des égarés : Traité de théologie et de philosophie*, trad. S. Munk, tome 1, Paris : A. Franck, 1856, p. 15.

3 *Ibid.*, p. 8.

第10章　現代スペインにおける女性問題の変遷

磯山　久美子

　19世紀後半から20世紀初頭にかけて活躍したスペインの女性作家エミリア・パルド・バサン（Emilia Pardo Bazán）は、女性の教育についてこう述べている。
　「ガリシアの名家の出身だった曾祖母から聞いたことがある。彼女は一人で書くことを学ばなければならなかった。桑の実から作った少量のインクに、とがった棒をペンにして印刷された本の文字を書き写した……。私が子どものころは、母が私に文字を教えてくれた。曾祖母につくろわれたクッションのように価値ある仕事として」。
　パルド・バサンは先駆的なフェミニストの作家として、作品だけでなく女性の解放について積極的な発言をしていくが、19世紀のフェミニストたちにとって主要なテーマは女性の教育だった。統計がとられ始めた1860年、男性の非識字率が64.9％に対して、女性は85.9％であり、8割以上の女性は読み書きができなかった。教育を受けられたのは富裕層の女性だけで、しかも初等教育に限られていた。1842年、後に刑法学者、作家となるコンセプシオン・アレナル（Concepción Arenal）は、初めて大学で学ぶことを許されたが、立場は聴講生であり、男装で授業に臨んだ。19世紀末、さまざまな規制を受けながらも44人の女性が大学で学んだとされる。当時の進学先は医学系が多く、女性として初の放射線専門医となったクラドラ・ボルデスや、外科医となったマルティナ・カステルスなどがいる。女性に自由な高等教育への道が開かれたのは、1910年になってからだった。
　そこから現在まで百年余り、女性をめぐる状況は大きく変わった。1991年、

女性の大学進学率は51％と男性を逆転し、これ以降男性を上回るようになった。大学院に進学し、専門職のキャリアに結びつけていく女性もいる。女性の高学歴化は、近代の大きな変化のひとつであり、それは女性の労働に大きな関わりをもたらしただけでなく、政治など意思決定への参加、日常的なありようにまで影響を与えたと言ってよい。

　こうした変化はどのようにもたらされたのだろうか。そして旧来の「女性らしさ」を規定するものとして、尻尾のように残っているものはあるのだろうか。そしてこの先、女性たちはどのように変化していこうとしているのだろうか。

1．良妻賢母から、働く女性の登場へ

　女性を長い間支配していた規範は、良妻賢母思想だった。女性の役割は夫に仕え、よい母親として子供を育てることだという考えは、16世紀の聖職者であり詩人でもあったルイス・デ・レオン（Fray Luis de León）が著した『完璧な妻』が基にあるとされる。19世紀、「家庭の天使」という言葉は女性の役割を示す象徴として用いられたが、必ずしもスペインに限ったことではなかった。

　こうした規範の他に女性は法的にも不平等な立場にあった。1889年に制定された民法は妻の夫への服従（第57条）が明記され、夫は家長（第66条）であり、妻の代理人（第60条）とされた。このように成人とみなされていない反面、刑法においては、女性の方が重い罪を科された。夫は妻に暴力をふるった場合には罪に問われたが、妻は口答えをすることも刑罰の対象となった（第603条）。さらに「不貞」に関しては女性の方が罪が重く、夫が妻もしくは相手の男性をその場で殺したり重傷を負わせた場合には追放に処されたが、重傷でない場合には刑は免じられた。しかし女性が同様の罪を犯した場合には終身刑が科され（第438条）、この条項はカルメン・デ・ブルゴス（Carmen de Burgos）をはじめとする20世紀初頭のフェミニストたちの闘うテーマのひとつとなっていく。

　だが女性は夫に従ってさえいればよい、教育はいらないという旧来の考えは、やがて「賢い母性」を求めて、一定程度の知識を促すという教育観の変化をもたらした。その背景には、まず識字率の向上とともに、産業の発達に伴って労働者を教育する必要から1857年に施行された公教育基本法（モヤーノ法）による男女初等教育の義務化（6〜9歳）がある。さらに「母親の無知」が、平均5

人にひとりが死亡する高い乳幼児死亡率を引き起こしていると医師らによって問題とされたため、「家庭衛生の基礎知識」が女子の科目にとり入れられていく。この時期、男女は別学で、キリスト教倫理に基づく教育が行われたが、男子の工業、商業の知識は、女子においては裁縫などの「女性特有の仕事」に、さらに上級のクラスでは、男子の自然科学や幾何学は「手仕事に即した絵の学習や家庭衛生の基礎知識」におきかえられた。そこには19世紀半ばから導入されてくる新しい知としての衛生概念があり、家庭衛生の担い手は将来、丈夫な次世代を産み、育てるべき女子だとされたのである。1909年に教育年齢が12歳まで引き上げられることにより、識字率の向上が本格的になっていった。

　こうした旧来のジェンダー規範が、女性を家庭に押しとどめる一方で、女性を労働力として社会に参加させようという流れも起きてくる。女性の家庭外労働としては他家で働くメイドが「伝統的」な職種で、第三次産業であるサービス業の7割を占めていた。そこへ19世紀半ばから、鉱工業の第二次産業に労働者階級の女性が進出していく。働く先は繊維や既製服工場、たばこ工場などの工場労働だった。同時期、スペインでは女性の労働市場への参加が他のイギリスやフランス、ドイツなどと比べて遅れており、労働力率も低かったが、要因としてはそれまでのジェンダー規範と同時に、工業化の遅れが原因だとされている。女性の工場労働者は男性に混じって10～12時間と長時間働きながら、報酬は男性の2分の1から3分の1だった。そして当初、工場労働の女性たちに教育の有無は問われなかったと言ってよい。

　商業化の進展とともに新しい職種が生まれてくる。1880年、郵便局と電報・電話局に男性の代替として女性労働者の雇用が認められた。が、電報・電話局に就職するには初等教育を修了していること、モールス信号を打てることが条件だった。その後、都市部での銀行の開設、デパートのような新しい商業施設の開設は、化粧品や衣服、ストッキングなど女性を対象とした商品の販売に女性職員を必要とし、1919年、マドリードに開通した地下鉄は、「マドリードの顔」として出札掛や改札掛に女性を雇用した。さらに専門職として重要な伸びをみせるのが初等教育に携わる教師であり、次に看護師、助産師といった医療系の職業、少数ながら図書館司書、弁護士などの職種などが現れてくる。1910年と18年には女性の公務員を採用する政策もとられた。その結果、第三次産業

に従事する女性の労働者の中で新しい職業に就く女性の数は、1900年の約4万3000人から1930年には約2倍の8万5000人へと推移した。

　この女性労働者の拡大をもたらした背景には、高等教育の進展や専門教育機関の設立がある。1920年代の終わり、初等、中等、大学などの高等教育を受けた女性は約93万人に達していたが、それは教育を受けるべき年齢の女性たちの中で26.5％にしかすぎなかった。しかもその9割は初等教育の段階で終了していた。中等教育は、大学進学のための中等教育課程と教職、そして専門学校の3方向があったが、中等教育課程に進む女性はごく少数者であり、教職、次いで専門学校に進む者が多かった。

　専門学校は1878年に商業学校が開設されて以降、フランス語、ドイツ語、イタリア語、英語などの通訳養成学校、通信学校、司書養成学校、速記・タイプ学校などが開設されていく。これらの専門学校は、第三次産業へ女性を参加させていくことに少なからず貢献したと言えるだろう。その中で、美術学校や音楽学校などは、もっぱら結婚するまでの教養を高める、花嫁修業的な性格を持った。

　女性の教育と家庭外労働との関わりを考えるならば、教育の程度と職種をめぐって階層の分化があると言えるだろう。19世紀に工場労働に参加していった労働者階級の女性たちには、労働力だけがもっぱら求められたのに対し、「新しい職種」に参加していく女性たちには一定程度の教育レベルや専門知識が要求された。それらの取得にはある程度の経済力が必要だったため、新しい職種で働く女性たちは中産階級かそれ以上の階層に属していたのである。

　新しい職種に就いた女性たちは、「新しい女性」「近代女性」とも言われ、彼女たちは断髪に短いスカート、肌色のストッキング姿で、当時の流行を体現していた。電話のオペレーターは、「音楽のような声、やさしくて美しい」ことを要望されて「新しい女性」の花形となり、タイピストもまた典型的な職業とされた。それは一方では近代を表象する新しい女性像でもあったが、資本の側は新しいジェンダーモデルとして戦略的に女性を組み込みながら、結婚を機に退職させて「若い新しい女性」を再生産させようとしたとも言える。相変わらず「女性は家庭で夫と子供の世話をすべき」、という風潮は根強く、パイオニアとなった女性たちは、世間の批判を受けながら働いていたのである。

2. さまざまな分野での女性の可視化——第二共和政時代から内戦まで

「新しい女性」が登場したプリモ・デ・リベラ（Primo de Rivera）独裁政権（1923～1930年）が崩壊し、続く1931年に発足した第二共和政では、さまざまな分野で女性の姿が見られるようになっていく。法的整備から言えば、共和国政府は男女平等を掲げ、「全てのスペイン人は法の前に平等である」（第2条）と規定し、第25条で社会階層、出自、政治信条、宗教に並んで性別による差別を禁止した。さらに第43条で夫婦間の平等が謳われ、第40条で労働における性差別を禁止した。

そして共和国政府が力を入れたのが教育の充実だった。学校の増設、教員養成、報酬の増収をはかり、政教分離の立場から宗教教育を必修科目から外し、男女共学を進めた。初等教育は女子が50.1％を占め、中等教育には、1935～36年には31％が進んだ。それでも大学における女子学生は、1935～36年になっても2600人足らずと全体の8.8％で、1割にも満たなかった。大学に進学した女子学生は専門性を追求して科学系に進む場合が多かった。

第二共和国時代に進んだ女性政策といえば、離婚法の制定（1932年）だろう。夫と両者の合意、重婚、不貞、正当な理由のない家庭遺棄、身体・精神的な虐待、婚姻外の関係で持ち込まれた伝染性の強い病気などといった事由で、どちらかの申し出により離婚が可能になった。この法律は同時代において先進的なものだった。その結果、1933年までに離婚・別居の請求が7891件出されることとなったが、女性からの申し出が多かった。女性は主張し始めたのである。また教会によらない民事婚も容認された。

そして政治分野においては、1931年に投票権を含む女性参政権が実現した。女性参政権は、クララ・カンポアモールやビクトリア・ケントなどフェミニストの中でも賛否両論が噴出したテーマであり、実際には女性票を取り込もうとした右派と左派との政治的かけひきの結果、もたらされたものだったが、女性が意思決定の場に参加することを可能にしたのである。1933年と36年に行われた総選挙では、社会労働党からマルガリータ・ネルケン（Margarita Nelken）、マリア・マルティネス・シエラ（María Martínez Sierra）、マティルデ・デ・トーレ、ベネランダ・ガルシア、フリア・サントスらが当選し、共産党はドロレス・イバルリ（Dolores Ibarruri）を、右派からはスペイン独立右翼連

合（CEDA）のフランシスカ・ボイガスらが当選した。1936 年、アナキストであるファダリーカ・ムンセニィ（フェデリーカ・モンセニィ Federica Montseny）は、スペイン初の女性閣僚として衛生と社会福祉大臣に任命された。

　女性の家庭外労働は大きく進展したわけではなかったが、20 年代に約 103 万人だった女性労働者は、共和国時代には 110 万人に増加した。報酬は依然として男性よりも低く、独身の一時期を労働市場に身を投じて、その後は専業主婦になることが多いという状況ではあり、また世界恐慌の影響を受けて女性を職場から閉め出すような流れがあったにもかかわらず、あらゆる分野で女性の姿は捉えられるようになっていった。家庭外労働で、政治の場で、教育の場で。

　しかし、マリー・ナッシュが「初めて女性は集団として可視化された」と評した状況が訪れる。それは共和国側と、フランコ将軍を首謀者とする反乱軍側に二分して行われたスペイン内戦（1936 ～ 1939 年）だった。内戦は、女性の行動様式を大きく変えた。共和国側では「女性よ、働こう！」というスローガンのもとに、男性の代替として女性は地下鉄での勤務や工場での武器の製造、パスタの製造などに参加し、看護師として病院や野戦病院で傷病兵の看護にあたった。孤児たちの世話も女性の役割として課せられた。第一次世界大戦に参加したイギリスやフランスの女性たちが男性の代替として働き、報酬を得たのと同様に、内戦によってさまざまな労働をすることになったスペインの女性たちもまた、経済的な手段を獲得することになった。

　内戦が勃発したごく初期に、共和国側の陣営では女性兵士が登場した。青いつなぎにシャツ姿、あるいは思い思いの服装で、銃を持ち、中には幼い子どもを抱いて写真に収まる女性兵士の姿もある。これらは戦争のプロパガンダとして数多く撮られ、利用された。が実際に戦場で命を落とした女性兵士もいた。共産主義青年同盟の一部、統一社会主義青年同盟のリーダーだったリナ・オデーナ（Lina Odena）は、1936 年 9 月、南スペインでフランコ将軍が率いる北アフリカのイスラーム軍に捕獲された際、自ら命を絶った。また、爆弾で片手を失った女性兵士ロサリオ・サンチェス（Rosario Sánchez）は、詩人ミゲル・エルナンデス（Miguel Hernández）によって「爆弾テロリスト」とその栄誉を称えられた。彼女たちの行為は、反ファシズムの誇り高き行動として繰り返しプロパガンダとして用いられた。

一方、反乱軍側の女性たちも、銃後の守りとしての活動内容は、共和国側の女性たちと変わりはなかった。前線の男性兵士を補助するために、軍服の縫製工場、病院、衣類の洗濯、慰問、研究所や火薬庫での労働、募金、食料供給へとかり出された。違う点があるとすれば、共和国側の女性たちは、賃金労働による経済的自立は、女性解放への道だという意識だったのに対し、反乱軍側の女性はあくまでも「妻として、母として」、この非常事態を乗り切るために参加していたことだった。戦争が終われば女性は家庭に帰るべきだと考えていた。効率的、組織的に活動が進められたのは、内戦を優位に戦っていた反乱軍側の方だった。

3．妻、母への回帰——フランコ独裁

　1936年4月1日、マドリードが陥落することにより、反乱軍側が勝利した。ここからフランコ独裁が終焉する1975年まで、女性は過去に引き戻された。共和国で成立した離婚法は無効となり、民事婚も禁止された。第二共和政期に廃止された民法の条項が復活し、夫は妻を庇護し、妻は夫に従わなければならない（第57条）、夫は妻の代理人であり（第182条）、夫婦の財産の唯一の管理者であり（第59条）、さらに子どもの親権も夫が有した（第172条）。成人は21歳だったが、婚姻を除いて女性は25歳まで親元を離れることができなかった（第321条）。財産の売買、口座の開設、遺産の相続にも夫の許可が必要であり、商法においても、妻が商業活動をするにも夫の許可が必要だった。つまり旧来のジェンダー規範の復活により、女性はまたしても成人とはみなされなくなったのである。これらの民法のいくつかは後に改正されていく[4]。が女性が男性の支配下にあるという構図自体は、フランコ体制を通して維持された。女子教育は、唯一の政治組織ファランへの女性部セクシオン・フェメニーナが担い、カトリックの教義を基本として、理想の女性は妻であり母であり、夫に従うことが妻の本分であるという良妻賢母教育をさまざまな手段を通して行っていった。

　リプロダクティブ・ヘルス／ライツ（性と生殖に関する健康・権利）について言えば、合法的な人工妊娠中絶の禁止はもちろんのこと、避妊具の使用や広告、販売も罰則の対象となった。その結果、望まぬ妊娠をした場合、密かに中絶手段を求めてイギリスなどへ旅行する女性も現れる中、それができない女性たち

の中には、危険な堕胎手段を用いて命を落とすケースもあったと言われる。

　では女性の労働はどのようになっていたのだろうか。1938 年、既婚女性を労働から解放する、という名目で労働憲章が公布され、夫が戦死などで家にいない場合を除き、女性を労働市場から閉め出した。ただし経済発展に伴って女性の労働力が必要になると法改正をし、女性の就労を促していく。さらに 1970 年以降は結婚後も職が保障されるようになった。女性の労働力率は、1950 年では 15.8％だったが、体制末期の 1975 年では 28.7％と上昇した。だが教職を除き、多くは補助的であり非熟練労働に留まっていた。

　また女性の教育に関しては、フランコ政権では再び男女別学となり、中等教育課程は 1930 年では男女合わせて約 7 万人で、女性は 14％、1935 年には 31％にまでに伸びていたが、その後伸び悩んでいく。教育評論家アドロフォ・マロは、「われわれの女性教育のプランは、嘆かわしいことに遅れている。多くの若い女性が初歩の高等教育しか受けていない。妻、母といった伝統への回帰が進んでいる」と述べた。

　しかしフランコ政権末期の 1970 年では男女合わせて中等教育を受ける人が約 154 万人と、総数そのものが増加していき、女性の比率は 45.7％と、男女差が均衡するようになっていく。大学進学者は、1935 年では男女合計 2 万 9000 人余りで女性は 8.8％に過ぎなかったが、1970 年には合計約 23 万人の中で、女性は 26.6％まで伸びた。6 万人余りが大学に進学したのである。これは経済発展によって生活が豊かになったために、教育の大衆化が促進された結果だと言えるだろう。時の政権に左右されながらも、女性にもより高度な教育をと、目が向けられていった。それはやがて民主化の時代を担う女性たちを養成する土壌にもなったのである。

4．個としての女性へ

　1975 年にフランコ将軍が死去し、3 年間の移行期間を経てスペインは民主化体制へ移管した。1978 年に施行された現行憲法は、法の下の平等が明記され、性別による差別の禁止が明文化された。また 1980 年の労働法改正では性差別の違法性を明記し、男女平等の原則が保障された。これ以降、女性のライフステージは大きく変化していく。

（1）高学歴化とキャリア形成

　独裁政権末期、すでに女性の高等教育は上昇傾向になってきていたが、民主化はさらにそれを押し進めた。大学において女性の進学率が男性を上回る現象が1991年以降続き、大学院へ進む女性の割合も男性と同じ程度の割合となっている。学問分野も1985年段階では人文系が多数を占めていた。現在では専攻する科目が社会科学系、健康科学系、複合領域と多岐にわたっている。人文系における女性の比率は相変わらず7割を占めているが、選択分野としては社会科学、健康科学、科学技術に次ぐ4番目になっており、それほど人気が高いとはいえない。科学技術系は、男性が7割を占めている分野だが、これは女性が3割も占めるようになったと考えるべきなのではないだろうか。近年問題になっている退学者の割合は男性の方が多く、女子学生が学問に対して真面目で熱心だというのはよく知られている。

　こうした女性の高学歴化は、女性のキャリア形成に大きな役割を果たしてきた。業種別動態から見ると、専門技術、科学者、知的職業従事者の割合は、2002年の段階で、女性が50％を超えたことからも理解できる。現在、医療の現場では、女性が多く占めていることは新しい傾向と言えるだろう。産婦人科においては7割が女性であるというデータもある。

　しかし労働との関係で見た時、状況はもっと複雑になっている。例えば法曹部門においては、下級裁判官は女性が男性を上回っているものの、上級裁判官になるにつれて男性が上回るようになり、最高裁判官においては、圧倒的に男性が優位で、2014年段階でも女性は1割にすぎない。同様に企業および行政の管理職に就く女性はまだ3割程度である。ここには高学歴を達成したとしても、見えない「ガラスの天井」が女性のキャリアアップを阻んでいるという、ジェンダーの問題が明らかだ。

　こうした職業とは別に、女性が多い職域として秘書や専門技術の補助といった補助業務もある。またレストランや販売などの接客業、個人の家庭で清掃や家事を行うメイドのようなスキルのいらない非熟練労働も挙げられる。現在70万人いるとされる家事労働者の90％が女性である。高学歴化は、女性の職業の選択肢を広げることに貢献した。だが女性の職業と結びついているものは必ずしもそれだけではない。

（２）女性労働の問題

　現在、女性の９割近くは第三次産業のサービス業で働いている。民主化以降、女性の労働力率は右肩上がりを続けてきた。フランコ体制末期の28.7％から、2008年には51.4％になった。そして現在では働く母親の方が７割近くを示し、専業主婦を上回っている。つまり女性が当たり前に働く時代になっている。だが、2008年のリーマン・ショックは、この上昇に影響を与えることになった。労働者総同盟（UGT）の資料によれば、当初打撃を受けたのは建設・工業分野で男性の雇用であり、女性の雇用は若干上向きだった。しかしその後の経済状況の悪化は、女性が多い職域に影響をおよぼしていき、現在ではそれほど伸びていない。2013年の労働力率は男性が59.2％、女性は50.3％と下がっている。経済不況のあおりを受けて、専業主婦が働きに出るという現象も起きている。

　失業率は、リーマン・ショック以前は女性が一貫して男性の２倍近くを示しており、しかも一度失業すると再就職が難しいという状況だった。リーマン・ショック以降は失業率そのものが男女とも上がり、数値は2014年で女性25％、男性24％で、女性の方がやや高いが、総じて男女ともに不安定雇用のリスクを負っている。EU28ヵ国平均の失業率が10.8％と比較してわかるように、スペイン経済再生の道はまだ道半ばといえるだろう。

　女性が働く際の問題は、まず給与格差があることだ。格差は1989年段階では男性を100とした場合、女性の給与は70でしかなかったが、次第に縮まっていき、2014年では、商業省のデータによれば平均年収の差は、76になった。が、以前として格差そのものは存在している。この給与格差はスペインだけに限らず、EU全体でも同程度になっており、女性の労働に対する共通の課題と言えるだろう。また、スペインにおける女性の労働を考えた場合、移民の女性の問題を無視することはできない。例えば先に述べた女性の家事労働者のうち、63％は移民の女性たちで、主にラテンアメリカの出身者だ。彼女たちは不安定な雇用、低賃金といった労働環境の中で働いている人が多い。

　もうひとつの問題点は労働形態で、フルタイム労働に比べてパートタイム労働が上回っていることだ。リーマン・ショック後の影響として、男性はフルタイム労働が減少し、パートタイム労働が増えている。が女性はフルタイム労働もパートタイム労働も減少している結果が示されている。2010年、国立統計研

究所の報告によれば、パートタイム労働の 8 割を女性が占めており、その理由として一番に挙げているのが、フルタイム労働を見つけることが困難だということだった。この答えは男女ともに同じだが、2 番目に男性は「他の理由」を挙げているのに対し、女性は「家庭の事情」がある場合にはパートタイムを選ばざるを得ないと答えている。それは子どもや病人、要介護者が家庭にいる場合にはその世話をするということが理由だ。ここには家庭で何らかの事情が生じた場合には、女性がケアする役割を担うことが期待されている。

　ワーク・ライフ・バランスという点で見れば、働く女性が抱えている問題は大きい。まず保育のインフラが整っていないことが挙げられる。保育所の数不足が以前から問題になっており、特に公立の保育所が不足しているが、リーマン・ショック後の経済不況で、公立の保育所の増設が延期されている地域もある。企業や省が運営する保育所もあるが数は限定されている。そこで約 3 割はベビーシッターを雇うか、あるいは近くの祖父母など無給の保育者に頼ることで乗り切ろうとしている。こんな調査もある。16 〜 64 歳までの男女で、パートタイム労働を選ぶ、あるいは就労せずに 14 歳以下の子どもの世話をしている理由を尋ねると、6 割の男女は保育料が高いことを挙げている[6]。実施されていた児童支援策がリーマン・ショック後に打ち切られるなど、女性の就労が増えた割には、それを支援する制度は整っていない。国民党のラホイ政権（2011〜2015 年）での緊縮財政の導入は、社会保障費を削減する形で進められてきたからだ。

　さらに女性の家事負担もある。1993 年、女性の家事負担は、男性が 2 時間 30 分に対して 3 倍強の 7 時間 58 分だった。それが次第に短くなっていき、現在では女性の家事・育児時間は 3 時間 47 分、一方男性は 2 時間 21 分である。以前に比べて負担が減ったとはいえ、相変わらず女性が家事を担っている割合は多い[7]。ここには家庭と女性の役割を結びつける旧来の女性役割が見える。

　こうした背景は、現在の少子化にもつながっていると言えるだろう。女性が生涯で子どもを産む数を示す合計特殊出生率は、フランコ体制期においては 2.9 だった。それが民主化後減少し続け、現在では少し回復して 1.33（2015 年）になっている。しかしこの数字には移民の外国人女性の出産も含まれている。女性の労働力率が上がるのと反比例するように、女性は子どもを産まなくなって

いったのである。さらに晩婚化に伴う晩産化も進んでいる。2011年には初産の平均年齢が31.5歳になった。少子化にはさまざまな要因が考えられるが、不安定雇用の中でも女性が仕事を続けていこうとする場合、ワーク・ライフ・バランスに配慮した政策がなければ、女性が子どもを産みにくい状況は改善されないだろう。

（3）女性はどこへ向かうのか

　民主化以降、女性をめぐる政策は少しずつ進んでいった。1981年、離婚法が成立した。この場合には一定の別居期間（1～5年）という制限付きだったが、離婚件数は増加した。そして2005年、別居期間を設けることなくどちらかの申し出により離婚することが可能になり、離婚件数が2008年で11万件と、2000年の約3倍にもなった。今や新しいパートナーと人生をやり直すこともけっして珍しいことではない。また2010年、人工妊娠中絶に関する法改正が行われ、妊娠14週以内であれば条件なしに女性の自由意思で中絶手術が受けられるようになった。これに反対した国民党が法改正の動きを見せたが、実現することはなく現在に至っている。

　2005年、同性婚を認める民法改正が可決された。男女の区別なく養子縁組や年金の受給、相続、離婚などの法的権利が認められたという点で、オランダ、ベルギーに次いで3番目の国となった。そして2007年3月、性転換手術および司法裁定がない場合でも、身分証明書などの公的書類上で性別および氏名の変更を可能にする法令修正案が下院で可決された。性的マイノリティの人たちへも等しく市民権が与えられることになったのである。

　これらの政策は、社会労働党のサパテロ政権（2004～2011年）の時に進められたものだが、女性政策はサパテロ政権で大きく前進したと言ってよいだろう。

　サパテロは総選挙で政権を獲得した際、公約に基づいて中央政府の閣僚半数を女性にした。初の女性第一副首相としてマリア・テレサ・フェルナンデス・デ・ラ・ベガ（María Teresa Fernández de la Vega）が就任し、以降女性の閣僚を半数にするという姿勢を貫いた。当初、女性の閣僚は主要なポストに就けていないという批判も受けたが、最終的には外務、経済、防衛大臣を女性が担う

という経験もしている。

　そのサパテロ政権のもと、2007年、「実質的男女平等のための組織法」が可決された。この法律は、スペインにおける男女共同参画を推進する政策として大きな意味を持つ。主要な内容としては、350人以上の労働者を要する企業は、雇用や就業の男女不均衡をなくすため、労使間の協議や是正計画が義務づけられた。株式上場企業では女性の管理職の比率を上げるために、経営理事会の少なくとも40％を女性が占めることが目標とされた。この40％という数値は、ノルウェーのようなジェンダー平等に積極的な国でも目標とされているものである。次に、男性の育児参加を促す政策として、父親の単独育児休暇を15日間とることが可能になった。育児は協同で行うものだという考えである。

　さらに、女性の政治参加、つまり意思決定の場への参加について、あらゆる選挙において各党の選挙立候補者リストの40％以上60％以下にする（人口5000人以下の市町村は除く）クオータ制（割り当て制）を導入した。これまでは社会労働党による政党レベルでの導入に留まっていた。その結果、女性の政治への参加は1977年の総選挙の6％から、現在では女性が35％を占めるまでになっている。傾向としては、国政よりも地方の方がより多くの女性議員が誕生していることが示されている。クオータ制そのものへの批判はあるにしても、女性が政治の場に参加するという一定の道筋が示されたと言える。

　女性は現在、多用なライフコースを生きていると言えるだろう。教育を受けたいと願う時代は終わったと言える。しかし女性を取り巻く状況は決して楽観的ではない。女性はさまざまな分野に社会進出していったが、それを支援するインフラ整備はまだ不十分であり、家庭においては女性に旧来の役割を期待する現象も残っている。また年間60人近くが旧／現パートナーによって命を落とすドメスティック・バイオレンスの問題も存在している。

　それでも女性は変化している。結婚することが本分とされた時代から、今や結婚せずにパートナーと生活する事実婚や、子どもを産むことも増えているからだ。婚外子率は、民主化初期の1991年では10.1％だったが、現在では30％まで上昇した。制度はまだこうした変化に追いついていない。女性がより自分の実感に即して生きようとする時、社会の対応力が問われている。

注

1 Martin Gaite, Carmen, *Desde la ventana*, Madrid, Espasa Calpe, 1987, pp. 22-23.
2 第三次産業に従事する数の総体は、1900 年が 35 万 573 人で 1930 年が 48 万 7146 人である。このなかで 7 割を占めるのがメイドだった。
3 Nash, Mary, Rojas. *Las mujeres republicanas en la Guerra Civil*, Madrid, Taurus, 1999, p. 92.
4 1950 年代になると法改正が行われ、夫の許可のもとに、女性が遺言の立会人になることが認められた。また妻が働くには夫の許可が必要だったが、労働差別が禁止される。
5 Sanchicrían Blanco, Carmen,"El modelo de bachillerato universitario de 1938, La difícil incorporación de las mujeres en este nivel", *La educación en España a examen 1898-1998* I, Zaragoza, Ministerio de Educación y Cultura, 1999 I, p. 60.
6 *Mujeres y hombres* 2013. Instuituto Nacional de Estadística, Madrid.
7 *Mujeres y hombres en España, 2011*, Instuituto Nacional de Estadistica, Madrid.

参考文献

Cabrera Pérez, Luis Alberto, *Mujer, trabajo y sociedad (1839-1983)*, Madrid,Fundación F. Largo Caballero, 2006.

Capel Martínez, Roza María, *El trabajo y la educación de la mujer en España (1900-1930)*, Madrid, Ministerio de Cultura / Instituto de la Mujer, 1960.

Cuesta Bustillo, Josefa (dir.), *Historia de las Mujeres en España Soglo XX, tomo III. IV*, Madrid, Instituto de la Mujer, 2003.

Informe "Trabajar Igual, Cobrar Igual, Conciliar Igual" UGT. 8 de marzo de 2015.

Informe sobre igualdad salarial. UGT, 22 de febrero de 2011.

Mujeres y hombres en España, Madrid, Instituto Nacional de Estadística, 2000, 2012, 2012, 2013, 2014.

Nash, Mary, *Mujer, Familia y Trabajo en España 1875-1936*, Barcelona, Anthoropos, 1983.

碇順治編『ヨーロッパ読本　スペイン』河出書房新社、2008 年

立石博高編『概説　近代スペイン文化史』ミネルヴァ書房、2015 年

姫岡とし子他『ジェンダー』（近代ヨーロッパの探求 11）ミネルヴァ書房、2008 年

三浦まり・衛藤幹子編『ジェンダー・クオータ──世界の女性議員はなぜ増えたのか』明石書店、2014 年

索　引

―――――― 人名索引 ――――――

ア行

アスナール Azunar, José María　15, 16, 139, 150, 202
アリアス・ナバロ Arias Navorro, Carlos　3
アルベルティ Alberti, Rafael　5
アルマダ Armada, Alfonso　8-12
アレイルサ Areilza, José María　3, 4, 103
イバレチェ Ibarretxe, Juan José　123, 148
オルテガ・イ・ガセー Ortega y Gasset, José　65, 106, 114-8
オレハ Oreja, Marcelino　103

カ行

カスティエーリャ Castiella, Fernando María　103
カリージョ Carrillo. Santiago　5, 7, 12
カルボ・ソテロ Calvo Sotero, Leopoldo　6, 13
カレロ・ブランコ Carrero Blanco, Luis　101, 148
ゲラ Guerra, Alfonso　7, 14
ゴンサレス González, Felipe　5, 7, 12-5, 48, 49, 55, 148, 158, 177, 201, 234

サ行

サパテロ Zapatero, José Luis Rodríguez　16, 34, 105, 120, 202-4, 226, 227
スアレス Suarez, Adolfo　2-8, 12, 13, 48, 104, 107, 174, 175
ソラナ Solana, Javier　104, 107, 108

タ行

デ・ブルゴス de Burgos, Carmen　216

テヘロ Tejero, Antonio　1, 7-12

ハ行

ピニェイロ Piñeiro López, Ramón　173
フアン・カルロス Juan Carlos I　2, 8, 11, 16, 18, 19, 48, 104, 148, 156, 195
フェルナンデス・デ・ラ・ベガ Fernández de la Vega, María Teresa　226
プジョール Pujil, Jordi　9
フラガ Fraga Iribarne, Manuel　3, 4, 12, 165, 177, 178, 182, 188, 194
フランコ Franco, Francisco　1-6, 8, 12, 13, 17-9, 21, 26, 39, 40, 47, 48, 57, 60, 64, 101-7, 109, 110, 125, 136, 147, 148, 152, 158, 161, 165, 167, 169, 172-4, 178, 188, 189, 191, 194, 197-9, 201, 204, 205, 220-2, 224, 225
ホベール Jover, José María　108

マ行

マス Mas, Artur　107, 108, 120, 121, 126, 127, 129, 131, 132, 134, 137, 206, 214
ミランス Miranz del Bosch, Jaime　7, 8, 10, 11, 12

ラ行

ラ・パッシオナリア（ドロレス・イバルリ）La Pasionaria: Ibárruri, Dolores　5
ラホイ Rajoy, Mariano　16, 108, 165, 177, 202, 225

事項索引

数字

11 - M　16
23 - F　1, 2, 6, 13

アルファベット

AGE（ガリシア左翼オルターナティブ）　179, 185
Batasuna　148, 162
BNG（ガリシア・ナショナリスト・ブロック）　174, 177-85, 188, 189
CFSP（共通外交・安全保障政策）　107
CG（ガリシア同盟）　175-7, 179-81, 185
CiU（集中と統一）　15, 120, 125, 131, 132, 178
EAJ-PNV（バスクナショナリスト党）　147, 160, 162
ETA（バスク祖国と自由）　6, 7, 14-6, 50, 120, 147-50, 157, 162, 172
EU（EC／欧州連合／欧州共同体）　13, 14, 24, 25, 29, 31-4, 36-42, 50-3, 58, 69-72, 74, 75, 78-83, 85-7, 93-5, 97, 98, 100, 102-7, 109, 110, 119, 122-4, 129, 132, 134-6, 149, 151, 161, 185, 224
EU憲章　129
GAL（反テロリスト解放グループ）　15, 50, 148
"Gure esku dago"「私たちの手にある」　150
LOE（教育に関する組織法）　202
NATO（北大西洋条約機構）　13, 14, 102-6, 134, 176
PG（ガリシア主義党）　165, 172-7, 179, 180, 184, 185, 188
PP（国民党［人民党］）　15-7, 50, 52, 95, 106, 108, 120-3, 125, 140, 148, 150, 151, 160, 165, 172, 177-85, 188, 189, 202, 225, 226
PSdeG-PSOE（ガリシア社会党＝社会労働党）　174-82, 184
PSG（ガリシア社会党）　172-7, 179, 180, 184, 188
PSOE（社会労働党）　2, 6, 13, 34, 48-50, 100, 103-6, 108, 120-3, 125, 150, 153, 160, 174-82, 184, 186, 187, 201-4, 210, 219, 226, 227
UCD（民主中道連合）　5, 6, 13, 48, 49, 104, 107, 121, 174-6, 179-81
UGT（労働者総同盟）　7, 14, 15, 103, 106, 224, 228
UPG（ガリシア人民同盟）　172-4, 179, 188

ア行

アウタルキー　102
新しい女性　218, 219, 236
アパレル　89
アラブの春　104, 105
イスラエル　32, 102
イベルドローラ社　158
イベロアメリカ会議　106
移民・難民問題　107
エクアドル　28-32, 34, 35, 37, 43, 236
欧州地域言語少数言語憲章　128
欧州・地中海会議　104
オリーブ　54, 62

カ行

カスティーリャ語　61, 121, 126-9, 152, 153
カタルーニャ・オンブズマン　121, 137
カタルーニャ語　120, 121, 125-9, 137
カタルーニャ自治憲章　119-23, 125, 126, 131, 136, 137
カタルーニャ自治憲章の違憲判決（2006年）　120
カタルーニャ州政府在外公館　124
カトリック教会　193-8, 202-8
ガリシア語　172, 176, 177, 183
ガリシア自治憲章　165, 167, 175-7
ガリシアのアイデンティティ　167, 172, 178
教育水準　85, 88, 92
教育に関する組織法　202

金融危機　29, 31, 69, 83, 91, 92, 95, 100, 108, 109, 119
言語正常化法　126
憲法裁判所　95, 121, 123, 125, 127, 131, 132, 161
高学歴化　59, 63, 216, 223
公立学校での宗教教育　201
国連憲章　129
国家対外行動法　108

サ行

サンタンデール銀行　89, 93, 97
サンティアゴ・デ・コンポステーラ　165, 166, 177, 182, 183
シェリー酒　55
自決権　119, 130, 134-6, 142, 145, 150, 161, 165
自治州化調和のための組織法律　121
ジブラルタル問題　103
住宅建設ブーム　26
女子教育　221
女性議員　227, 229
女性参政権　219
女性のキャリア形成　223
スペイン国営テレビ　107
スペイン債務危機　26
スペイン性　103, 106, 107
スペインの競争力ランキング　92
セウタ　39, 103, 122, 140
世俗化　60, 61, 194, 198, 203-7
セマナ・サンタ（聖週間）56, 61, 206
セルバンテス文化センター　108

タ行

大土地所有制　47, 50, 61, 64
地中海地域の安全保障　105
地中海連合　104
地方政党　125
中央集権制　124, 125
直接投資　69-71, 73-97, 100, 235
テレフォニカ　93, 97

闘牛禁止条例　156
同性婚　60, 203, 226
ドメスティック・バイオレンス　227

ナ行

「ナショナリティ」と「ネイション」　175
ヌンカ・マイス運動　182, 183, 185, 189

ハ行

バスク語復権運動　152
反教権主義的政策　193, 194
非効率な政府・官僚組織　93
武器輸出　105
武装闘争の終結宣言　150
文明の同盟　105

マ行

マイノリティの人権　130
マルカ・エスパーニャ　108
メリーリャ　39, 61, 62, 103, 122
モロッコ人　24, 25, 27-9, 32, 35, 58

ヤ行

ユーロ危機　69, 92, 95, 235

ラ行

立憲君主制　13, 124
リベラル・ナショナリズム　131
良妻賢母　216, 221
ルーマニア人　28, 32, 33-5
歴史的記憶　108
歴史的自治州　48, 121, 122, 123, 125, 165, 169, 173, 175, 188, 189
連邦制国家　124

監修者・編著者・執筆者紹介

【監修者紹介】
坂東 省次（ばんどう・しょうじ）
京都外国語大学名誉教授
専攻：スペイン語学、日西交流史研究
主な著書：『スペイン王権史』（共著、中央公論新社、2013 年）、『スペインを訪れた作家たち』（単著、沖積舎、2011 年）、『スペイン文化事典』（共編、丸善出版、2011 年）、『日本とスペイン 文化交流の歴史』（共著、原書房、2015 年）、『現代スペインを知るための 60 章』（編著、明石書店、2013 年）、『ドン・キホーテの世界——ルネサンスから現代まで』（共編、論創社、2015 年）ほか

【編著者紹介】
牛島 万（うしじま・たかし）
城西国際大学専任講師、慶應義塾大学非常勤講師、現在、京都外国語大学 国際言語平和研究所嘱託研究員。博士（言語文化学）。
専攻：米墨関係史、スペイン・ラテンアメリカ研究、米国ヒスパニック研究、国際関係史等。
主な著書・論文：『アメリカのヒスパニック＝ラティーノ社会を知るための 55 章』（共編著、明石書店、2005 年）、『現代スペインを知るための 60 章』（共著、明石書店、2013 年）、「アラモ砦事件再考」（『国際言語文化』創刊号、2015 年 3 月）、「人民／民族の自治権と国家形成をめぐる国際法上の相克と限界——スペイン・カタルーニャ分離独立の行方を分析する一視座として」（『COSMICA』第 XLIV 号、2015 年）、「テキサスの象徴としての『カウボーイ』と『ロングホーン』の形成過程」（『アメリカスのまなざし——再魔術化される観光』天理大学出版会、2014 年）ほか

【執筆者紹介】

川成　洋（かわなり・よう）　第1章
法政大学名誉教授・社会学博士（一橋大学）
専攻：スペイン現代史
主な著書：『スペイン文化読本』（編著、丸善出版、2016年）、『ジャック白井と国際旅団——スペイン内戦を戦った日本人』（単著、中央公論新社、2013年）、『スペイン内戦——政治と人間の未完のドラマ』（単著、講談社、2003年）、『スペイン戦争 青春の墓標——ケンブリッジの義勇兵たちの肖像』（単著、東洋書林、2003年）、『スペイン 未完の現代史』（単著、彩流社、1990年）ほか

中川　功（なかがわ・いさお）　第2章
拓殖大学教授
専攻：ヨーロッパ経済史、ヨーロッパ経済論、職業と人生
主な著書・論文：『アンダルシアを知るための53章』（共著、明石書店、2012年）、「移民受け入れ先進国となったスペインの移民政策と経済成長」（単著、『経済志林』（法政大学）第77巻第4号、2010年）、「入ってくる移民——その多元化過程——」（単著、『朝倉世界地理講座7　地中海ヨーロッパ』2010年）、『世界地名大事典』第4〜6巻、ヨーロッパ・ロシアⅠ〜Ⅲ（共著、朝倉書店、2016年）ほか

塩見 千加子（しおみ・ちかこ）　第3章
元関西外国語大学外国語学部准教授、現セビーリャ在住
専攻：スペイン現代史、アンダルシア地域研究
主な著書・論文・訳書：「伝統的モラルと新たな市民性」（立石博高編『概説 近代スペイン文化史——18世紀から現代まで』ミネルヴァ書房、2015年）『アンダルシアを知るための53章』（共編著、明石書店、2012年）、「土地と自由を求めて——民主化後のアンダルシアにおける農業労働者組合（SOC）の運動」（岡住正秀・中野博文・久木尚志編『たたかう民衆の世界——欧米における近代化と抗議行動』彩流社、2005年）、アルベルト・ゴンサレス・トゥロヤーノ他『集いと娯楽の近代スペイン——セビーリャのソシアビリテ空間』（共訳、彩流社、2011年）ほか

成田 真樹子（なりた・まきこ）　第 4 章
長崎大学准教授
専攻：ヨーロッパ経済論、スペイン経済研究
主な著書・論文：''Spanish regions under the euro crisis: Did the crisis escalate interregional tension?''（*Evolutionary Political Economy in Action: A Cyprus Symposium*、単著、Routledge、2016 年）、「1990 年代以降のスペインの経済動向と対外直接投資の進展」（『研究論文集——教育系・文系の九州地区国立大学間連携論文集』単著、2011 年）、「ユーロ危機下におけるスペイン直接投資」（『経営と経済』、単著、長崎大学経済学部、2011 年）ほか

細田 晴子（ほそだ・はるこ）　第 5 章
日本大学商学部准教授
専攻：国際関係史、スペイン史
主な著書・論文：『カストロとフランコ』（単著、ちくま新書、2016 年）、「スペイン内戦・冷戦・民主化」（『冷戦史を問いなおす』共著、ミネルヴァ書房、2015 年）、"La diplomacia pública de Japón: de la reconstrucción de postguerra a la actualidad"（*Estrategías de Diplomacia cultural en un mundo interpolar*、共著、Ramón Areces、2015）、『カザルスと国際政治』（単著、吉田書店、2012 年）、『戦後スペインと国際安全保障』（単著、千倉書房、2011 年）ほか

牛島 万　（編著者紹介参照）　第 6 章

梶田 純子（かじた・じゅんこ）　第 7 章
関西外国語大学教授
専攻：文化人類学、バスク地域研究
主な著書・論文：『スペイン文化読本』（共著、丸善出版、2016 年）、『スペイン文化事典』（共著、丸善出版、2011 年）、『現代スペイン史』（単著、現代スペイン史学会、2016 年）ほか

大木 雅志（おおき・まさし）　第 8 章
デロイト トーマツ ファイナンシャルアドバイザリー合同会社コンサルタント、元ガリシア国際情報研究所（IGADI）研究員
専攻：国際政治学、ガリシア史研究
主な著書・論文：『スペインのガリシアを知るための 50 章』（共著、明石書店、2011 年）、『マドリードとカスティーリャを知るための 60 章』（共著、明石書店、2014 年）、Cara onde vai o Xapón de Shinzo Abe?, *Tempo Exterior* No. 27, 2013、A Comunidade do Leste Asiático (CLA) e a complexidade rexional, *Tempo Exterior* No. 20, 2010、A remilitarización de

Xapón, *Tempo Exterior* No. 16, 2008 ほか

渡邊 千秋（わたなべ・ちあき）　第 9 章
青山学院大学国際政治経済学部教授
専攻：スペイン現代史
主な著書・論文：「第 10 章 教会・国家と脱宗教化」（立石博高編『概説 近代スペイン文化史』所収、ミネルヴァ書房、2015 年）、「スペイン王立アカデミア編纂『スペイン語辞書』第 23 版への見出し語「ライシダー（laicidad）」採用について」（『青山国際政経論集』93 号、2014 年）、*Confesionalidad católica y militancia política: La Asociación Católica Nacional de Propagandistas y la Juventud Católica Española, 1923-1936*（単著、UNED、2003）ほか

磯山 久美子（いそやま・くみこ）　第 10 章
青山学院大学非常勤講師
専攻：スペイン史、スペイン・ジェンダー史
主な著書・論文：『断髪する女たち――1920 年代のスペイン社会とモダンガール』（単著、新宿書房、2010 年）、「たばこ工場労働者カルメンの表象」他（舘かおる編『女性とたばこの文化誌』世織書房、2011 年）、「新しい女性の形成」他（坂東省次編著『現代スペインを知るための 60 章』明石書店、2013 年）、「女性像の変容」（立石博高編著『概説 近代スペイン文化史――18 世紀から現代まで』ミネルヴァ書房、2015 年）ほか

影浦 亮平（かげうら・りょうへい）　コラム 1・2・3
京都外国語大学国際言語平和研究所嘱託研究員。京都大学卒。ストラスブール大学博士課程修了。博士（哲学）。エクアドル・クエンカ大学で日本語教員を経験。
専攻：哲学、思想史
主な著書・論文：*Joseph de Maistre and his European Readers*（共著、Brill、2011）、*Doxa : Études sur les formes et la construction de la croyance*（共著、Philologicum、2010）、「カンタン・メイヤスーの思弁的唯物論」（『国際言語文化』創刊号、2015 年）、「ベンヤミンにおける革命と芸術」（『文明構造論』10 号、2014 年）、「ベンヤミンにおけるゲーテの『親和力』と救済について」（『モルフォロギア』34 号、2012 年）ほか

現代スペインの諸相
―― 多民族国家への射程と相克

2016年12月31日　初版第1刷発行

監修者	坂東省次
編著者	牛島万
発行者	石井昭男
発行所	株式会社明石書店

〒101-0021 東京都千代田区外神田6-9-5
電話　03（5818）1171
FAX　03（5818）1174
振替　00100-7-24505
http://www.akashi.co.jp

装丁　　　明石書店デザイン室
印刷／製本　モリモト印刷株式会社

（定価はカバーに表示してあります）　ISBN978-4-7503-4453-9

JCOPY 〈(社) 出版者著作権管理機構 委託出版物〉
本書の無断複写は著作権法上での例外を除き禁じられています。複写される場合は、そのつど事前に、(社) 出版者著作権管理機構（電話 03-3513-6969、FAX 03-3513-6979、e-mail: info@jcopy.or.jp）の許諾を得てください。

エリア・スタディーズ	書名	編著者	価格
12	ポルトガルを知るための55章【第2版】	村上義和、池 俊介編著	●2000円
23	スペインを知るための60章	野々山貞輝帆	●2000円
24	キューバを知るための52章	後藤政子、樋口 聡編著	●2000円
45	メキシコを知るための60章	吉田栄人編著	●2000円
52	アメリカのヒスパニック=ラティーノ社会を知るための55章	大泉光一、牛島 万編著	●2000円
88	スペインのガリシアを知るための50章	坂東省次、桑原真夫、浅香武和編著	●2000円
91	現代メキシコを知るための60章	国本伊代編著	●2000円
98	現代バスクを知るための50章	萩尾 生、吉田浩美編著	●2000円
110	アンダルシアを知るための53章	立石博高、塩見千加子編著	●2000円
116	現代スペインを知るための60章	坂東省次編著	●2000円
126	カタルーニャを知るための50章	立石博高、奥野良知編著	●2000円
130	メソアメリカを知るための58章	井上幸孝編著	●2000円
131	マドリードとカスティーリャを知るための60章	川成 洋、下山静香編著	●2000円
150	イギリスの歴史を知るための50章	川成 洋編著	●2000円
151	ドイツの歴史を知るための50章	森井裕一編著	●2000円
153	スペインの歴史を知るための50章	立石博高、内村俊太編著	●2000円

〈価格は本体価格です〉

ドイツの歴史【現代史】
世界の教科書シリーズ ⑭
W・イェーガー、C・カイツ編著　中尾光延監訳
●6800円

コスタリカの歴史
世界の教科書シリーズ ⑯
イバン・モリーナ、スティーブン・パーマー著　国本伊代、小澤卓也訳
●2800円

イタリアの歴史【現代史】
世界の教科書シリーズ ⑲
ロザリオ・ヴィッラリ著　イタリア高校歴史教科書
村上義和、阪上眞千子訳
●4800円

ドイツ・フランス共通歴史教科書【現代史】
世界の教科書シリーズ ㉓
P・ガイス、G・L・カントレック監修　福井憲彦、近藤孝弘監訳
1945年以後のヨーロッパと世界
●4800円

メキシコの歴史
世界の教科書シリーズ ㉕
ホセ・デ・ヘスス・ニエト・ロペスほか著　メキシコ高校歴史教科書
島津寛共訳
●6800円

スイスの歴史
世界の教科書シリーズ ㉗
バルバラ・ボンハーゲほか著　スイス高校現代史教科書〈中立国とナチズム〉
国本伊代監訳　スイス文学研究会訳
●3800円

キューバの歴史
世界の教科書シリーズ ㉘
キューバ教育省編　キューバ中学校歴史教科書　先史時代から現代まで
後藤政子訳
●4800円

フランスの歴史【近現代史】
世界の教科書シリーズ ㉚
マニュエル・ヴァリエキョーム編　フランス高校歴史教科書　19世紀中頃から現代まで
福井憲彦監修　遠藤ゆかり、藤田真利子訳
●9500円

イギリスの歴史【帝国の衝撃】
世界の教科書シリーズ ㉞
ミカエル・ライリー、ジェイミー・バイロン、クリストファー・カルピン著　イギリス中学校歴史教科書
前川一郎訳
●2400円

デンマークの歴史教科書
世界の教科書シリーズ ㊳
イェンス・オーイェ・ポールセン著　デンマーク中学歴史教科書　古代から現代の国際社会まで
銭本隆行訳
●3800円

オーストリアの歴史
世界の教科書シリーズ ㊵
アントン・ヴァルトほか著　ギムナジウム高学年歴史教科書　第二次世界大戦終結から現代まで
中尾光延訳
●4800円

スペインの歴史
世界の教科書シリーズ ㊶
J・アロステギ・サンチェスほか著　スペイン高校歴史教科書
立石博高監訳　竹下和亮、内村俊太、久木正雄訳
●5800円

ドイツ・フランス共通歴史教科書【近現代史】
世界の教科書シリーズ ㊸
P・ガイス、G・L・カントレック監修　福井憲彦、近藤孝弘監訳
ウィーン会議から1945年までのヨーロッパと世界
●5400円

ポルトガルの歴史
世界の教科書シリーズ ㊹
アナ・ロドリゲス・オリヴェイラほか著　小学校歴史教科書
東明彦訳
●5800円

スペイン内戦
世界歴史叢書
ポール・プレストン著　包囲された共和国 1936-1939
宮下嶺夫訳
●5000円

メキシコ系米国人・移民の歴史
世界歴史叢書
マニュエル・G・ゴンサレス著
中川正紀訳
●6800円

〈価格は本体価格です〉

ビッグヒストリー われわれはどこから来て、どこへ行くのか
宇宙開闢から138億年の「人間史」
デヴィッド・クリスチャンほか著　長沼毅日本語版監修
●3700円

ヒトラーの娘たち ホロコーストに加担したドイツ女性
ウェンディ・ロワー著　武井彩佳監訳　石川ミカ訳
●3200円

現代ヨーロッパと移民問題の原点
1970、80年代、開かれたシティズンシップの生成と試練
宮島喬
●3200円

欧米社会の集団妄想とカルト症候群
少年十字軍、千年王国、魔女狩り、KKK、人種主義の生成と連鎖
浜本隆志編著　柏木治、高田博行、浜本隆志、細川裕史、溝井裕一、森貴史著
●3400円

現代を読み解くための西洋中世史
アンドレス・オッペンハイマー著　渡邉尚人訳
●4600円

創造か死か ラテンアメリカに希望を生む革新の5つの鍵
アンドレス・オッペンハイマー著　渡邉尚人訳
●3800円

フィデル・カストロ自伝 勝利のための戦略
フィデル・カストロ・ルス著　山岡加奈子、田中高、工藤多香子、富田君子訳
●4800円

キューバ革命勝利への道 キューバ革命の闘い
フィデル・カストロ・ルス著　工藤多香子、田中高、富田君子訳
●4800円

世界人権問題叢書89 シーリア・シャゼルほか編著　赤阪俊一訳
差別・排除・不平等への取り組み

ラティーノのエスニシティとバイリンガル教育
牛田千鶴
●3900円

言語と貧困 負の連鎖の中で生きる世界の言語的マイノリティ
松原好次、山本忠行編著
●4200円

言語と格差 差別・偏見と向き合う世界の言語的マイノリティ
杉野俊子、原隆幸編著
●4200円

ビジュアル大百科 聖書の世界
マイケル・コリンズ総監修　月本昭男日本語版監修　宮崎修二監訳
●30000円

教皇フランシスコ 偉大なる改革者の人と思想
オースティン・アイヴァリー著　宮崎修二訳
●2800円

女性たちが創ったキリスト教の伝統
聖母マリア、マグダラの聖マリア、ビンゲンのヒルデガルト、アシジの聖クララ、アビラの聖テレサ、マザー・テレサ……
テレサ・バーガー著　廣瀬和代、廣瀬典生訳
●5800円

イスラーム世界歴史地図
デヴィッド・ニコル著　清水和裕監訳
●15000円

イスラーム・シンボル事典
マレク・シェベル著　前田耕作監修　甲子雅代監訳
●9200円

〈価格は本体価格です〉